ATLAS ILUSTRADO DE LOS

CABALLOS Y PONIS

ESCRITO POR
Sandy Ransford

FOTOGRAFIADO POR
Bob Langrish

susaeta

Título original
The Kingfisher Illustrated Horse & Pony encyclopedia

Dirección editorial
Isabel Ortiz

Traducción
Herminia Bevia

Corrección
Mª Carmen Gómez

Diseño
Marcus Andrews, Nigel White

Fotografía
Bob Langrish

Maquetación
Comunicación Gráfica Taurus

Preimpresión
Marta Alonso

C/ Campezo, 13 - 28022 Madrid
Tel.: 91 3009100 - Fax: 91 3009118
www.susaeta.com

Contenido

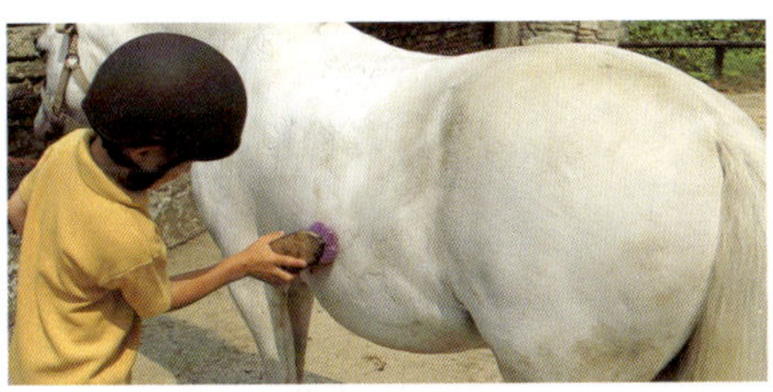

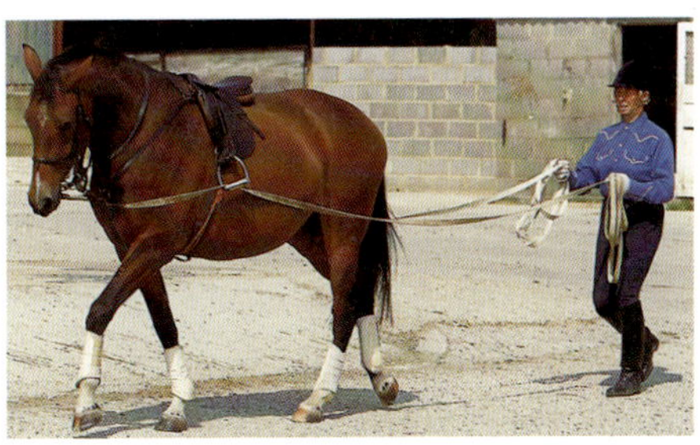

Introducción al CABALLO

Caballo de Przewalski
Este caballo, descubierto en Mongolia en estado salvaje en la década de 1870, guarda un enorme parecido con los antecesores primitivos de los caballos y ponis actuales.

Generosos, voluntariosos, pacientes, los caballos han sido animales de gran utilidad para el ser humano durante miles de años. Los hemos montado y conducido, los hemos utilizado para tirar de pesadas cargas, para arar nuestros campos y librar batallas. Tremendamente poderosos, y al mismo tiempo muy delicados, buscan en nosotros un líder, razón por la que nos permiten darles órdenes. Fueron nuestro único medio de transporte durante siglos. Hoy día recurrimos a ellos, fundamentalmente, por placer. Debemos aprender de los caballos todo lo posible para intentar comprenderlos y tratarlos con cariño. Se lo debemos.

***Hyracotherium* (*Eohippus*)**
55 millones de años

Mesohippus
40 millones de años

Merychippus
25 millones de años

Pliohippus
5 millones de años

Equus caballus
1,5 millones de años

Evolución

El primer antepasado claro del caballo vivió hace unos 55 millones de años en Norteamérica. Tenía el tamaño aproximado de un zorro, cuatro dedos en las extremidades delanteras y tres en las traseras. Habitaba en zonas pantanosas, en las que se alimentaba de la vegetación. A lo largo de millones de años, el caballo se fue haciendo más grande y los dedos desaparecieron. Su dentadura se adaptó al pastoreo y la posición de los ojos cambió para ofrecerle visión periférica.

Domesticación y adiestramiento

Los caballos han recorrido un largo camino desde sus ancestros salvajes. Por ejemplo, el caballos de doma es entrenado para que obedezca al menor movimiento de las manos, los pies o el peso de su jinete. En cambio, a un ejemplar de competición se le ordena saltar obstáculos que nunca saltaría por sí mismo. Un caballo de la policía tendrá que avanzar hacia una multitud alborotadora y desafiante. Un jinete comprensivo y empático puede apaciguar los temores del animal e impedir que se deje llevar por un instinto que le lleva a huir del peligro.

En la pista
El caballo es un animal tan especial que puede ser entrenado para que destaque en una amplia gama de actividades, como este hermoso ejemplar entrenado para concursos de doma.

Ponis salvajes en Exmoor
En la naturaleza, los caballos y ponis viven en grupos –yeguas, potros y animales jóvenes– con el semental de la manada. Para ellos no es natural verse solos; por eso prefieren la compañía.

Los caballos en la naturaleza

Los caballos y los ponis son animales de manada. Forman grupos, en cuyo seno se desarrollan relaciones de amistad y también enemistades. En estado salvaje, los caballos pasan hasta veinte horas al día pastando, desplazándose lentamente y de forma continua en busca de comida. Cuando descansan, al menos un miembro del grupo se mantiene en guardia para vigilar el sueño de sus compañeros.

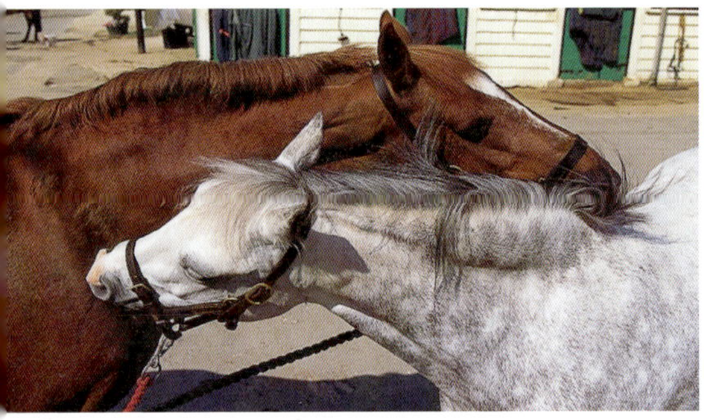

Acicalamiento mutuo

Si la relación entre ellos es de amistad, tanto los caballos y ponis salvajes como los domesticados se acicalan mutuamente. Rascan el cuello, la cruz o el lomo del otro con sus dientes delanteros. Este gesto es su manera de fortalecer una relación de amistad.

Fruncido del labio superior (*Fleshmen*)

Los caballos y los ponis curvan hacia arriba el belfo superior cuando perciben un olor o un sabor inusuales. Esta curiosa reacción permite que el aire llegue a un órgano sensorial situado en el cielo de la boca de modo que puedan analizarlo.

Lenguaje corporal del caballo

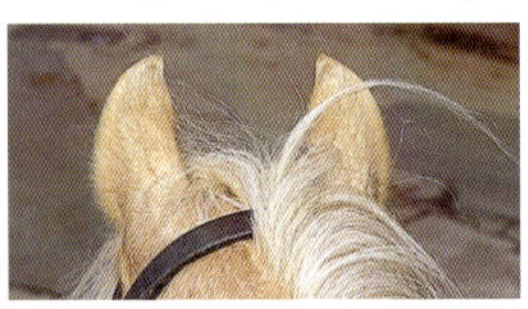

Sus orejas apuntan hacia delante
Cuando tiene las orejas hacia delante, es que está interesado en lo que está pasando y espera algo bueno.

Tiene una oreja hacia un lado
El animal está distraído con algo distinto a su principal objetivo.

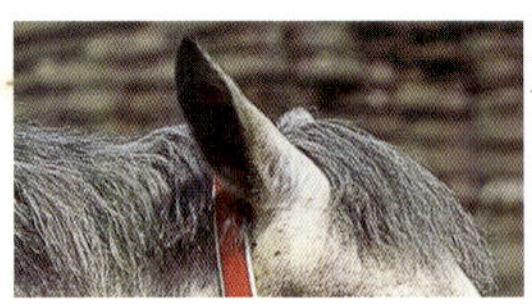

Orejas hacia atrás
El caballo tiene angustia o miedo. Nos advierte a nosotros, o a otro caballo, de que puede cocear o dar un bocado.

Caballos domesticados

Un caballo se puede sentir desgraciado si se queda solo. Si no hay otros caballos o ponis a su alrededor, otros animales, como ovejas o cabras, pueden constituir una buena compañía. La vida que lleva un caballo y un poni domesticado no es natural, así que deberemos intentar que tenga toda la libertad posible.

Animales de manada

En la naturaleza, los caballos y los ponis, como estos Mustangs de Estados Unidos, viven en pequeños grupos familiares. Estos grupos están formados por un semental, varias yeguas y sus crías, así como animales jóvenes que permanecen con la manada hasta que forman la suya propia.

Disputa acalorada

En un grupo de caballos y ponis existe una jerarquía. Cada animal ocupa una posición. Así, se pueden producir disputas si uno de ellos intenta aspirar a una posición más alta. En estado salvaje, los machos pelean con los rivales, mordiéndoles y empujándoles con una de las patas delanteras, o dándose la vuelta para dar una coz. En realidad, los caballos y ponis, más que luchar, se retan. Las orejas echadas hacia atrás y el cuello estirado son, con frecuencia, señales suficientes para alejar a otro rival.

La edad de un caballo

Podemos averiguar la edad que tiene un caballo mirando su dentadura. A medida que envejece, sus incisivos se prolongan y se inclinan, y las marcas en la superficie de los mismos cambian.

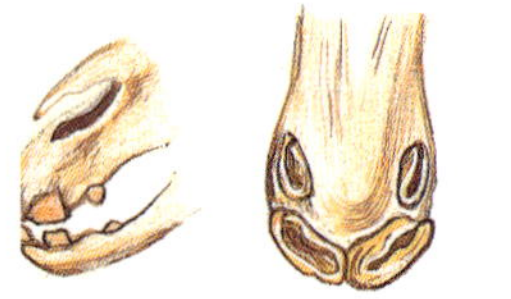
Hasta los seis meses

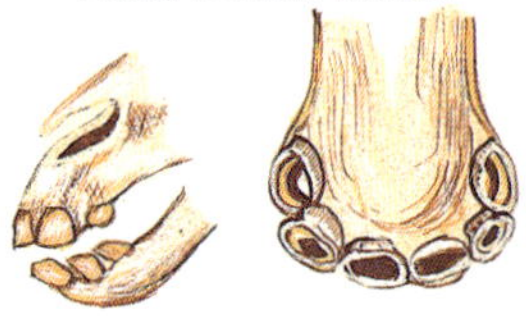
Dos años

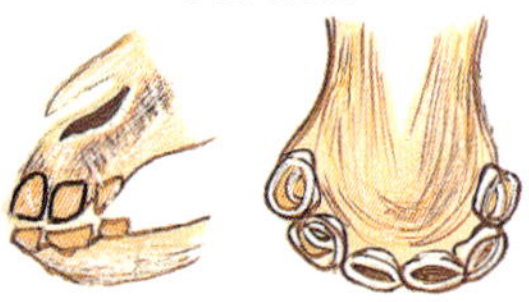
Tres años

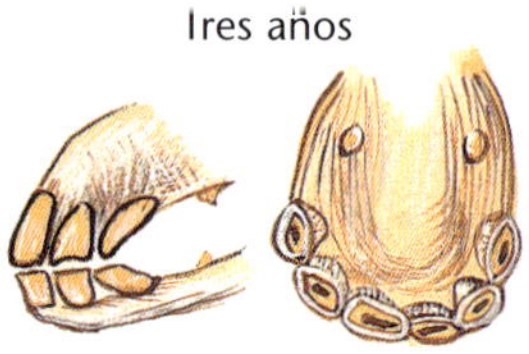
Cinco años

Siete años

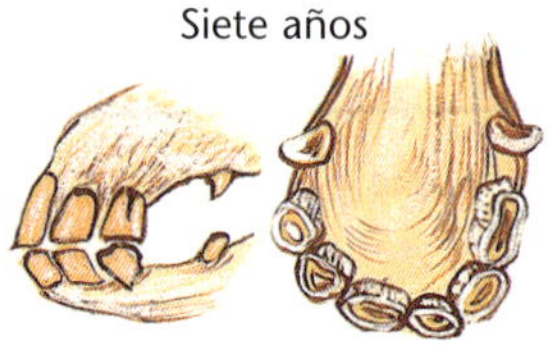
Nueve años

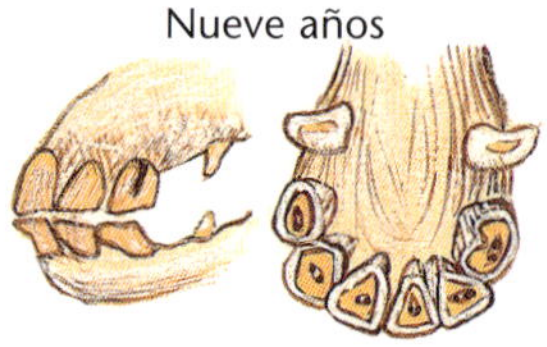
Quince años

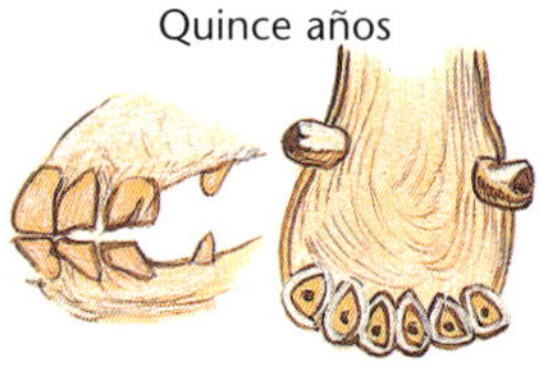
Veinticinco años

El ciclo vital del caballo

Los caballos y los ponis continúan creciendo hasta que tienen cinco o seis años; a esa edad alcanzan la madurez. Antes de llegar a esa etapa, los huesos del caballo no son lo bastante fuertes para el trabajo duro. Según se van haciendo mayores, la forma de sus dientes y las marcas en los mismos cambian. Se considera que un caballo ha llegado a la vejez cuando se acerca a la veintena. Sin embargo, muchos siguen trabajando con normalidad después de los veinte. Pueden vivir alrededor de treinta años.

Yegua preñada

Esto significa que una yegua está embarazada. El embarazo dura once meses y hacia el final de ese tiempo tiene un aspecto muy redondeado. Su forma es particularmente apreciable si la vemos desde detrás o de frente.

Recién nacido

Cuando el potrillo nace, la yegua lo lame para limpiarlo. Normalmente consigue ponerse de pie al cabo de una hora más o menos, momento en que empieza a mamar. Aunque al principio resultan torpes, los potros que nacen en la naturaleza pueden caminar, trotar e incluso galopar siguiendo a sus madres pocas horas después de su nacimiento.

Primeros días

Durante los primeros doce meses de vida, se considera que el caballo o poni es un potrillo. Sus largas patas les permiten moverse deprisa. Las crías maman hasta que tienen cuatro o seis meses, pero mucho antes de eso ya comienzan a alimentarse de hierba.

Potro de un año

Entre los doce meses y el año de vida, el potro tiene las patas muy largas y un aspecto desgarbado.

Dos años

Hacia los dos años empieza a cobrar la apariencia de un adulto, aunque aún no ha alcanzado la madurez.

Cuatro años

A los cuatro años el caballo es casi un animal maduro y está listo para el trabajo.

Diez años

Entre los cinco y los doce años, el caballo está en la flor de la vida. En esta etapa, los animales que compiten se encuentran en su mejor momento.

Vejez

Hacia los veinte años aparecen algunas señales de la vejez: el lomo y la parte delantera de la cruz suelen arquearse, y sus extremidades y articulaciones pueden engrosarse mucho.

La domesticación del caballo

Los primeros humanos cazaban caballos como alimento. Hace unos 6.000 años empezaron a agruparlos y es posible que a montarlos. Los dientes fosilizados hallados parecen mostrar que los caballos llevaban bocados quinientos años antes de que se inventara la rueda. Los carros tirados por caballos eran utilizados en las guerras, en las carreras y también para cazar animales salvajes. Con el tiempo, los caballos se utilizaron como medio de transporte para tirar de carruajes y comenzó la tradición de manejar a los caballos desde su lado izquierdo. Guiados o montados, el caballo se hizo indispensable para el transporte y las tareas agrícolas. Desde hace poco tiempo hemos comenzado a emplearlos para nuestro recreo y placer.

Carreras de cuadrigas

Las carreras de carros tirados por caballos eran un deporte popular entre la aristocracia en tiempos de los antiguos romanos. Este relieve del siglo II muestra una cuadriga en el Circo Máximo de Roma.

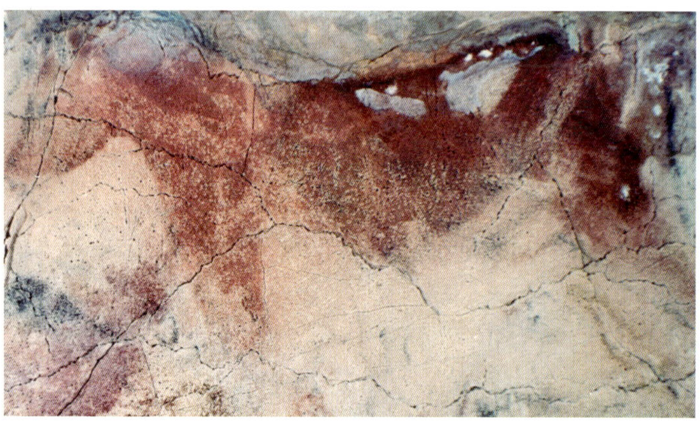

Pinturas rupestres

En las paredes de las cuevas de Altamira, en el norte de España, hay dibujos de caballos, entre otros animales. Fueron realizados entre los años 15.000 y 10.000 a.C.

Justas

Durante la Edad Media, los caballeros libraban batallas a caballo. Además, practicaban sus habilidades en torneos y justas: armados con lanzas, cabalgaban uno contra otro para intentar derribar al contrario de su montura.

Napoleón

Como los soldados, incluido Napoleón, llevaban la espada a la izquierda, tenían que montarse a caballo por ese mismo lado del animal. Hoy día, esta costumbre continúa vigente por tradición.

Transporte

La imagen inferior muestra una diligencia del duque de Beaufort en Picadilly, Londres, en 1841. Los pasajeros pagaban por viajar en un asiento en el interior cinco de los antiguos peniques por cada milla, o la mitad por ir sentados en la parte superior.

Alta escuela

Este caballo exhibe un paso de alta escuela de doma llamado «paso español». Camina levantando y estirando hacia delante las patas delanteras.

Tipos de caballos

Hay muchos tipos de caballos y ponis: desde los grandes y pesados como los animales de tiro, al esbelto y veloz pura sangre inglés; desde el sólido Cob galés de enganche al elegante poni de exhibición. Las diferentes razas suelen ser resultado de una mezcla de razas anteriores, y muchas de ellas han sido seleccionadas. Así, por ejemplo, el cruce de un caballo pesado con un pura sangre inglés producirá un animal capaz de cargar con un jinete grande y pesado.

Caballos pesados
Este tipo de caballo tiene una constitución maciza. Tiene los huesos muy grandes, así como los músculos. Estos caballos son capaces de arrastrar cargas verdaderamente pesadas.

Caballo de enganche

Los caballos y ponis apropiados para el enganche suelen tener la espalda recta –perfecta para que el collar del enganche se ajuste– y cuartillas verticales. Con frecuencia, son animales de alto rendimiento y se lucen tirando de un carro, aunque pueden ser incómodos como caballos para montar.

Caballos para carruajes
Los caballos para el enganche deben ser también muy fuertes, pero su constitución es más ligera y elegante, y con frecuencia tiene un paso alto. Una pareja de caballos coordinada es algo muy apreciado.

Caballo de silla

El caballo o poni destinado a ser montado debe ser lo bastante fuerte para cargar con su jinete, pero también muy esbelto. Un caballo con los hombros inclinados tendrá un paso largo y bajo, algo que resulta cómodo para el jinete. Las cuartillas inclinadas también convierten al caballo en una buena montura. Además, unos cuartos traseros fuertes y unas extremidades posteriores largas le aportan habilidad para el salto.

Caballos de concurso
Los ponis y caballos de concurso son animales atractivos. Deben tener una buena constitución y un bonito paso, y su comportamiento debe ser intachable.

Cob
Un *cob* es un caballo tranquilo con las patas cortas y el cuerpo profundo. Estos caballos suelen ser montados por personas mayores y gruesas. Por lo general, las crines del *cob* van rapadas.

Caballos de polo
Los caballos de polo son animales de tamaño pequeño. Tienen que ser veloces, capaces de arrancar y detenerse con rapidez. Además, han de obedecer al instante las órdenes de sus jinetes.

Caballos de salto
Es un animal de constitución más sólida y definida que el clásico caballo de concurso. Además de ser un buen caballo para montar, ha de ser capaz también de galopar y saltar.

Anatomía de un caballo

En esta doble página presentamos las partes del caballo. Cada una de las partes recibe un nombre y resulta útil conocerlas para entender la información de las revistas y los libros sobre caballos, y las instrucciones que nos den si recibimos clases de equitación. Al familiarizarnos con estos términos, aprendemos más cosas acerca de los caballos, y, por lo tanto, estaremos en mejor disposición para hablar con otras personas interesadas en los caballos. Además, conocer las partes de su cuerpo nos permitirá comentar asuntos relativos a su cuidado y ofrecer detalles sobre posibles problemas a un veterinario.

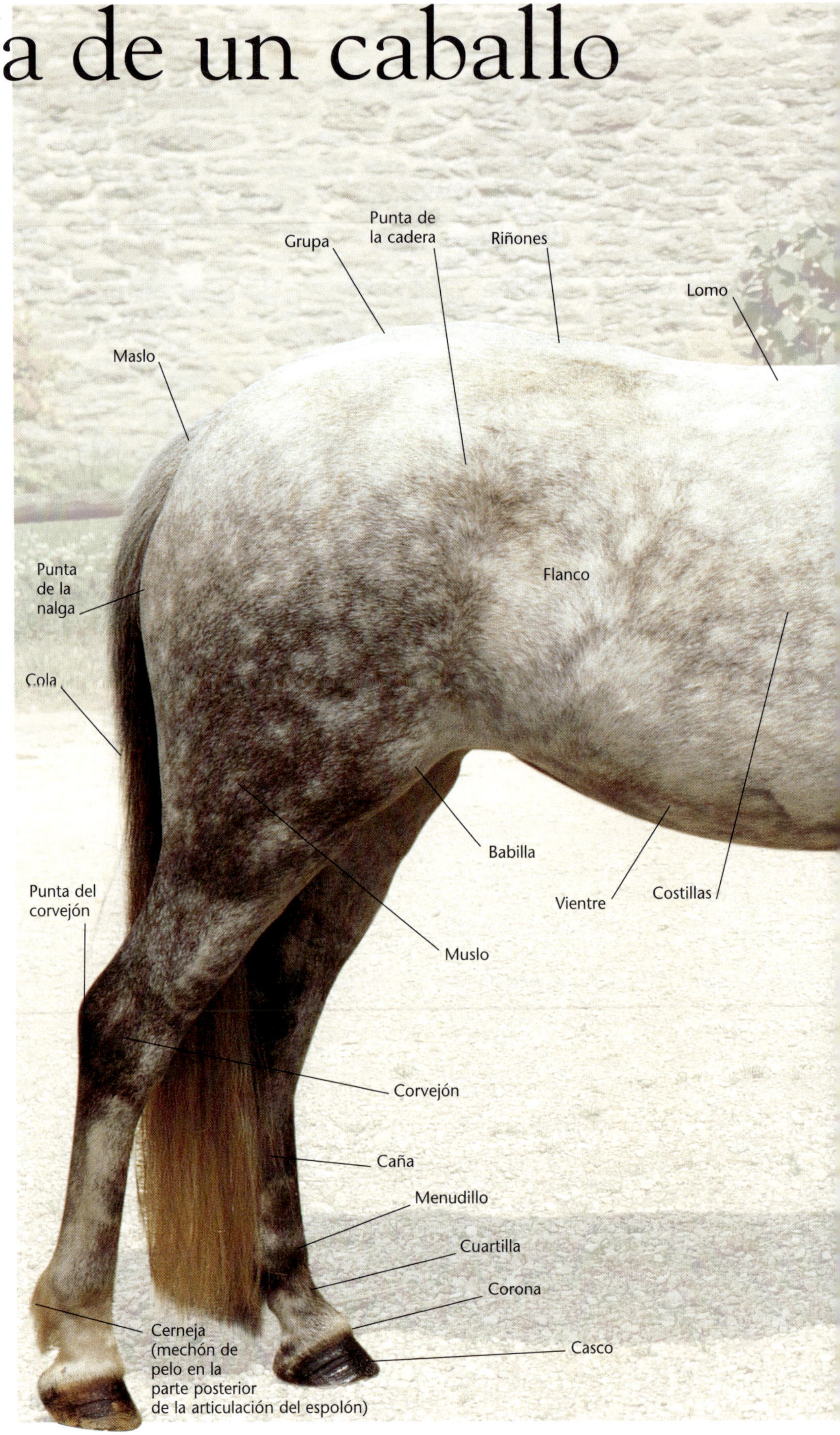

Conformación

La conformación de un caballo o de un poni es el modo en que está constituido. Varía según su tipo y raza, pero en todos ellos el cuerpo debe ser proporcionado.
Se considera que un caballo tiene una buena conformación si tiene la cabeza pequeña, los ojos grandes y claros, las cuartillas y los hombros inclinados, una buena circunferencia ósea bajo la rodilla, el lomo corto y los cuartos traseros potentes.

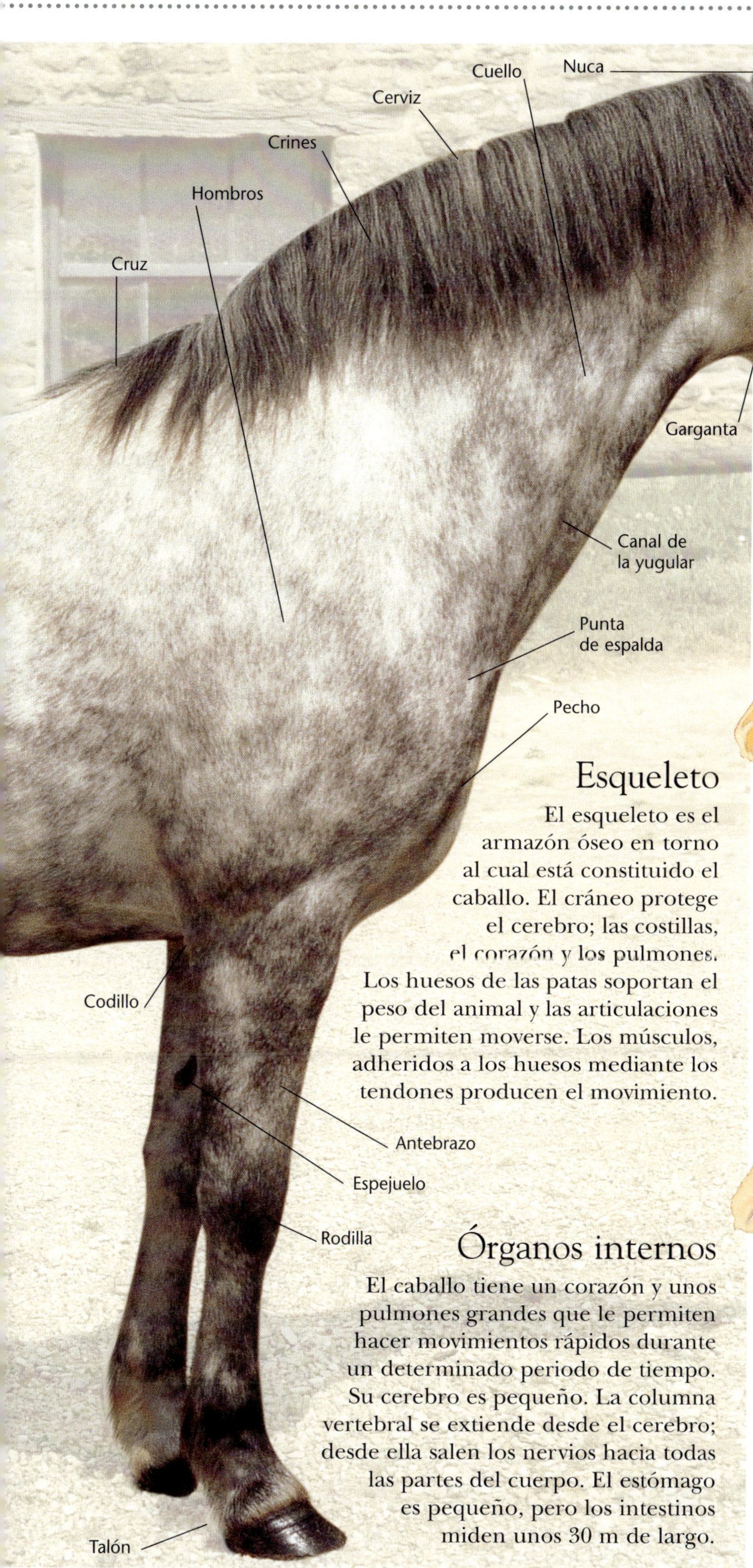

Esqueleto

El esqueleto es el armazón óseo en torno al cual está constituido el caballo. El cráneo protege el cerebro; las costillas, el corazón y los pulmones. Los huesos de las patas soportan el peso del animal y las articulaciones le permiten moverse. Los músculos, adheridos a los huesos mediante los tendones producen el movimiento.

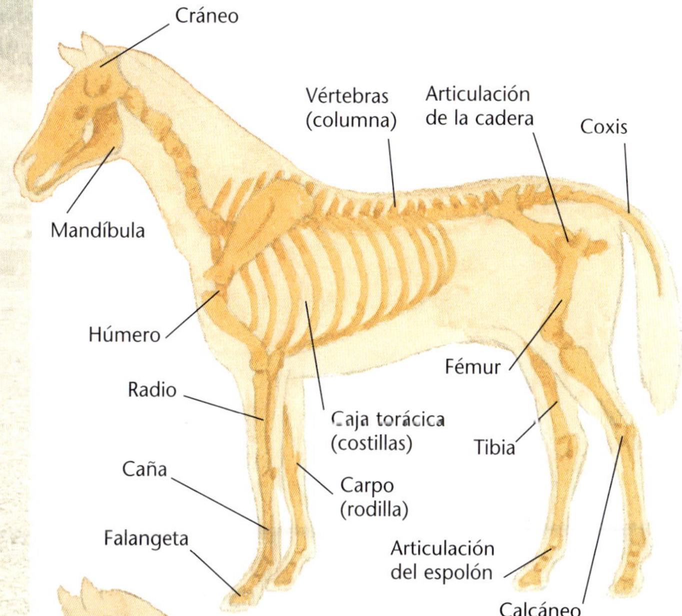

Órganos internos

El caballo tiene un corazón y unos pulmones grandes que le permiten hacer movimientos rápidos durante un determinado periodo de tiempo. Su cerebro es pequeño. La columna vertebral se extiende desde el cerebro; desde ella salen los nervios hacia todas las partes del cuerpo. El estómago es pequeño, pero los intestinos miden unos 30 m de largo.

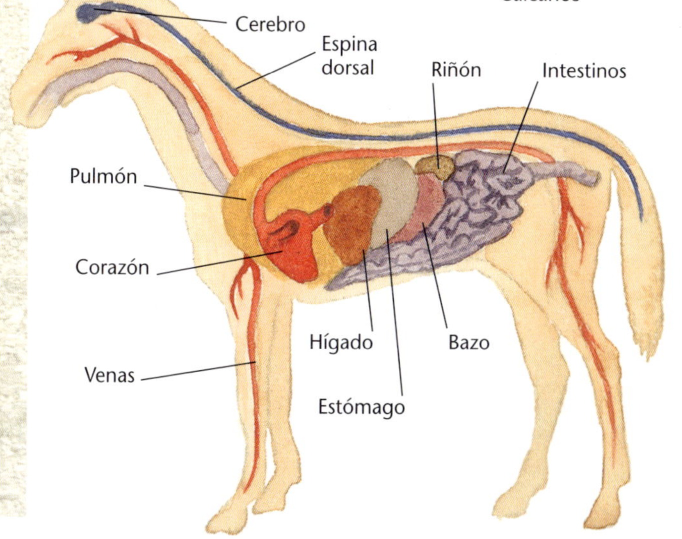

La capa de un caballo

La capa de un caballo es su color y depende de la pigmentación de su piel. Hay muchos tipos de capas: algunos caballos tienen un color uniforme, mientras que otros tienen las crines y la cola de un color diferente al resto del cuerpo; también los hay con manchas en la frente y en las patas. Hay también caballos albinos: presentan una ausencia congénita de pigmentación, por lo que tienen un color blanco puro. Además, los caballos grises (tordos) son caballos jóvenes que con el tiempo se volverán de color blanco.

Bayo: el cuerpo es de color marrón claro, mientras que las crines, la cola y la parte inferior de las extremidades son de color negro.

Cambios con la edad

A medida que los caballos y ponis van envejeciendo, su color puede ir cambiando. Los tordos nacen con un color gris oscuro y poco a poco se van volviendo blancos. Además, algunos tordos desarrollan pecas oscuras, habitualmente marrones. Los alazanes, negros, bayos y castaños pueden presentar algunos pelos blancos en el cuerpo, crin y cola.

Tordo con pecas: los tordos pueden tener pecas marrones (tordo atruchado) o negras (mosqueado o picazo).

Castaño: el caballo es de color marrón oscuro, con las crines, la cola y las patas negras.

Zaino: es de color castaño oscuro. Las patas, la cola y las crines tienen el mismo color.

Tordo rodado: se va volviendo blanco poco a poco. Antes van apareciendo motas blancas sobre la piel gris.

Negro: todo el cuerpo, las crines y la cola incluidas, de color negro.

El color de los ojos

El color de los ojos de un caballo o poni, como el del pelaje, viene determinado por la cantidad de pigmento. La mayoría de los caballos y ponis tienen los ojos de color oscuro. Sin embargo, en ocasiones, como ocurre con los caballos albinos y a veces con los moteados, los ojos son de un tono muy claro, pero esto no es lo más habitual. En los ojos de los caballos de raza Appaloosa se distingue siempre la parte blanca del ojo.

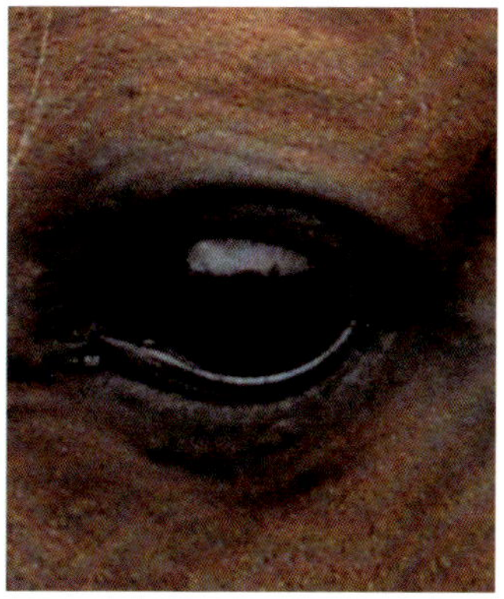

Ojos oscuros
El iris del ojo es marrón oscuro. El blanco que rodea al iris se aprecia solamente cuando el caballo está asustado o enfadado.

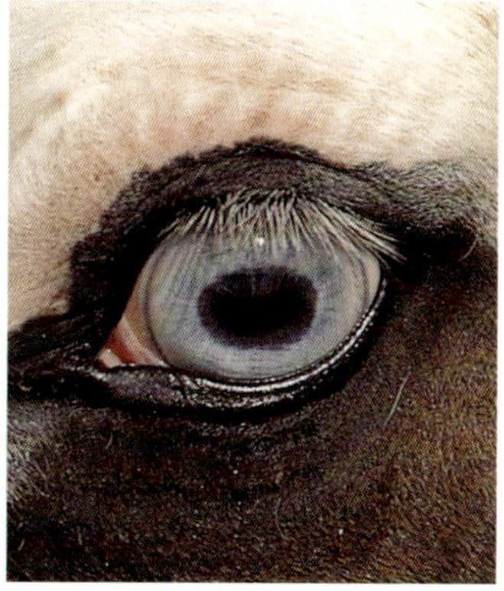

Ojos zarcos
En los ojos zarcos, el iris es azulado o rosado. Este color inusual no afecta a la visión del animal. Se les llama también ojos de china o de cristal.

El color de los cascos

El color de los cascos de los caballos y de los ponis está relacionado con el color que tienen sus patas. Los caballos que tienen las patas oscuras tendrán los cascos también de color oscuro. Los caballos que tienen las patas de color claro, ya sea porque todo el animal es de ese color o bien porque esté calzado (con manchas blancas en las patas), tienen los cascos claros. Un mismo animal puede tener cascos de diferentes colores.

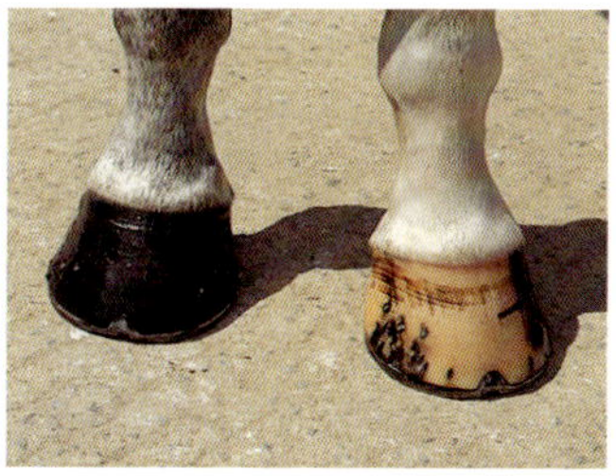

Casco oscuro y claro
Como vemos, la pata izquierda del poni de la foto es oscura y el casco también lo es. La pata derecha tiene una mancha blanca, por lo que el casco es del mismo color. Se trata de un poni con cascos diferentes.

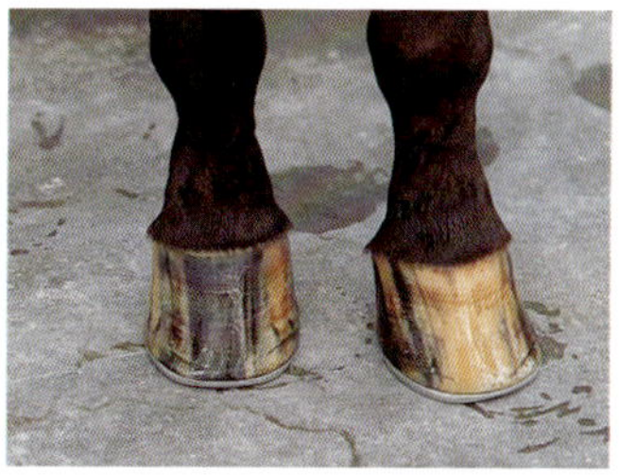

Cascos rayados
Los caballos y ponis con capa manchada, como los de raza Appaloosa, tienen cascos rayados (imagen superior). Las rayas claras y oscuras se extienden desde la parte superior a la inferior del casco.

Alazán hígado: es una capa poco habitual, más oscura que el alazán (color hígado).

Alazán: el caballo es de color rojizo, con la cola, las crines y las patas del mismo color.

Ruano azul: es negro con pelos blancos entremezclados; el resultado es un tono azulado.

Ruano fresa: es castaño con pelos blancos entremezclados; el resultado es un tono rosado.

Bayo huevo de pato: es de color blanco con un ligero tono amarillo cremoso.

Pinto o pío alazán: el caballo tiene manchas de color rojizo y blanco en todo el cuerpo.

Pinto o pío negro: tiene manchas de color blanco y negro en todo el cuerpo.

Moteado: motas oscuras sobre la piel blanca o blancas sobre la piel oscura. Es típica de la raza Appaloosa.

Marcas

Las marcas son todas las manchas que un caballo puede presentar sobre su piel. Estas marcas suelen ser de color blanco y aparecen en la cara y en las patas. Dependiendo de su forma; cada una de estas marcas recibe un nombre específico.

Marcas en la cara

Las marcas en la cara son de color blanco y normalmente aparecen en la frente. Estas marcas pueden cubrir un área grande o muy pequeña, y pueden ser de muy diversas formas. Para que sea mucho más sencillo describirlas y clasificarlas, los diferentes tipos de marcas reciben nombres especiales.

Lucero prolongado: marca que comienza por un lucero o estrella y que sigue con una lista hacia el hocico.

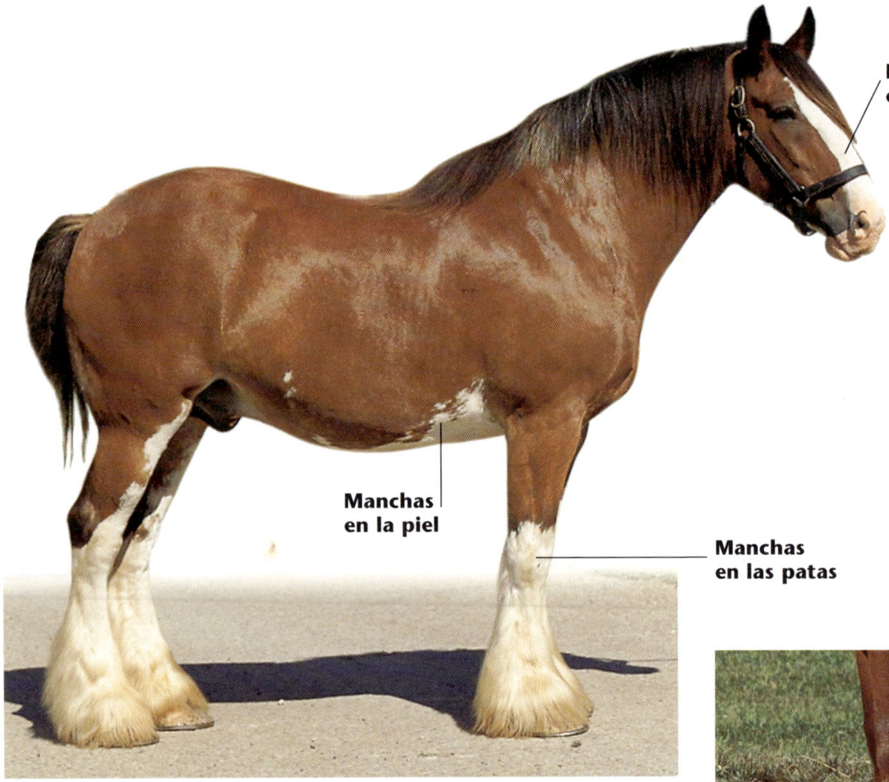

Marcas en el cuerpo

Son las marcas blancas en la parte inferior del vientre de un caballo y en sus flancos. Son frecuentes en la raza Clydesdale (imagen izquierda). A veces, los caballos lucen marcas blancas en el lomo y en otros puntos. Estas marcas suelen ser resultado de un golpe o una herida, y se denominan marcas adquiridas.

Marcas en las patas

Las marcas en las extremidades son, en su mayoría, blancas, aunque también existen manchas oscuras. Cuando un caballo tiene manchas en las patas se dice que es albo o que está calzado. Cuando se registran por escrito las marcas para identificar a un animal, se describen muy minuciosamente. Por ejemplo, un certificado puede decir «blanca desde la mitad de la cuartilla a la corona» o «blanca hasta la mitad de la caña».

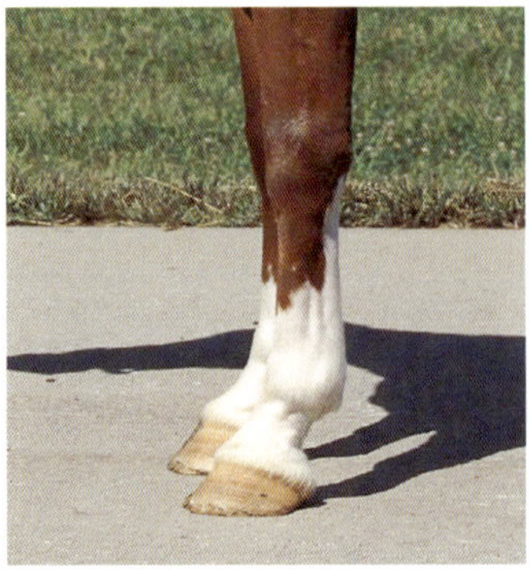

Calcetines: son marcas blancas que suben por encima del casco pero sin llegar a la rodilla o el corvejón.

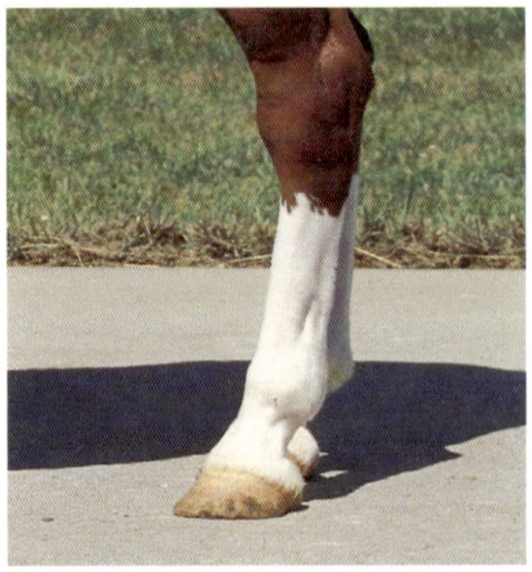

Medias: son marcas blancas, que alcanzan o cubren la rodilla o el corvejón.

Lista: es una banda estrecha que se prolonga verticalmente.

Estrella o lucero: es una marca de cualquier forma en la frente.

Lunar o morro blanco: marca en el hocico entre los ollares.

Raya dorsal o de mulo

Las razas primitivas, como el caballo de Przewalski (imagen derecha) y las razas de ponis Fiordo y Highland, presentan con frecuencia una raya negra que recorre el lomo desde la crin a la cola. Esta banda recibe el nombre de raya dorsal o de mulo, y aparece, por lo general, en capas de color pardo.

Careto o semicareto

Como vemos en la imagen superior, el caballo careto tiene una banda muy ancha que va desde las orejas hasta el hocico del animal, pasando por los ojos y los ollares. El semicareto tiene una marca que cubre sólo un lado de la frente.

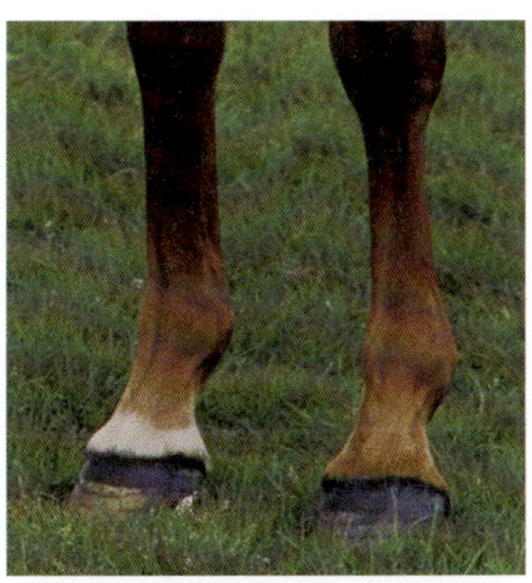

Corona o coronilla: es una marca que cubre el área justo por encima del casco, la corona.

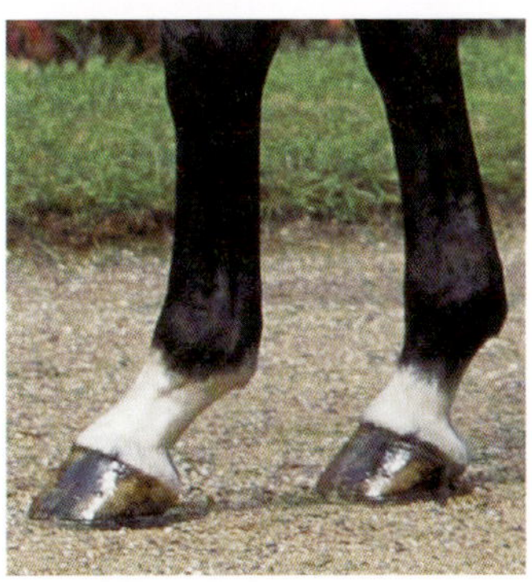

Cuartilla: son marcas que abarcan la zona de la cuartilla, entre el casco y la articulación del espolón.

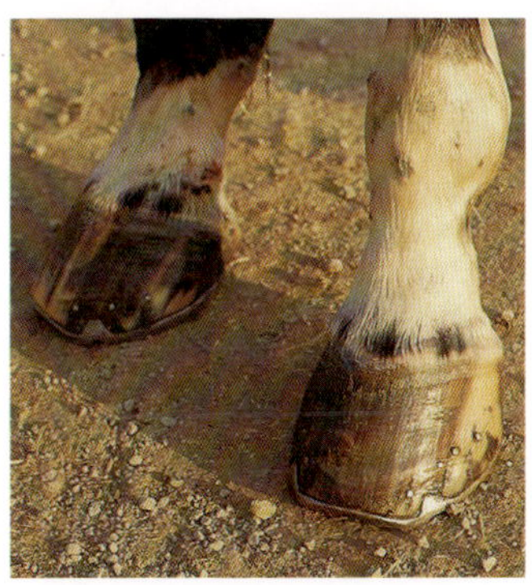

Marcas armiño: son pequeñas motas oscuras justo por encima de los cascos blancos.

Marcas cebra: son rayas horizontales oscuras en la parte inferior de las extremidades que aparecen en razas antiguas.

¿Qué es una RAZA?

Los caballos y los ponis varían en tamaño y forma según la raza a la que pertenecen. Eso significa que los animales de una misma raza comparten rasgos con otros ejemplares de la misma raza. Las razas equinas se dividen en grupos denominados sangre fría, sangre caliente y sangre templada. Las razas de ponis, normalmente, no se clasifican de esta manera.

Caballos de sangre fría

El brabante o caballo de tiro belga (imagen superior) es un típico caballo de sangre fría. Los caballos de sangre fría son grandes y pesados, pues proceden del norte de Europa, donde el clima húmedo y frío produce abundante pasto.

Caballos de sangre templada

Las razas de sangre templada son fruto del cruce de caballos de sangre caliente y de sangre fría. El caballo de la imagen de la izquierda es un animal de sangre templada: es un tipo de caballo pesado adiestrado especialmente para la caza.

Caballos de sangre caliente

Los caballos de sangre caliente proceden originalmente de Oriente Medio y el norte de África, donde el clima extremo y la escasez de pastos hicieron de estos caballos unos animales ligeros, resistentes y veloces.

Ponis

Los ponis que llegan a medir 147 cm o más, como es el caso de los islandeses de la imagen de la derecha, son de sangre caliente. Estos ponis tienen las patas más cortas que los caballos y, en relación con su peso, son más fuertes. Son animales tozudos, muy resistentes e independientes.

CABALLOS de sangre caliente

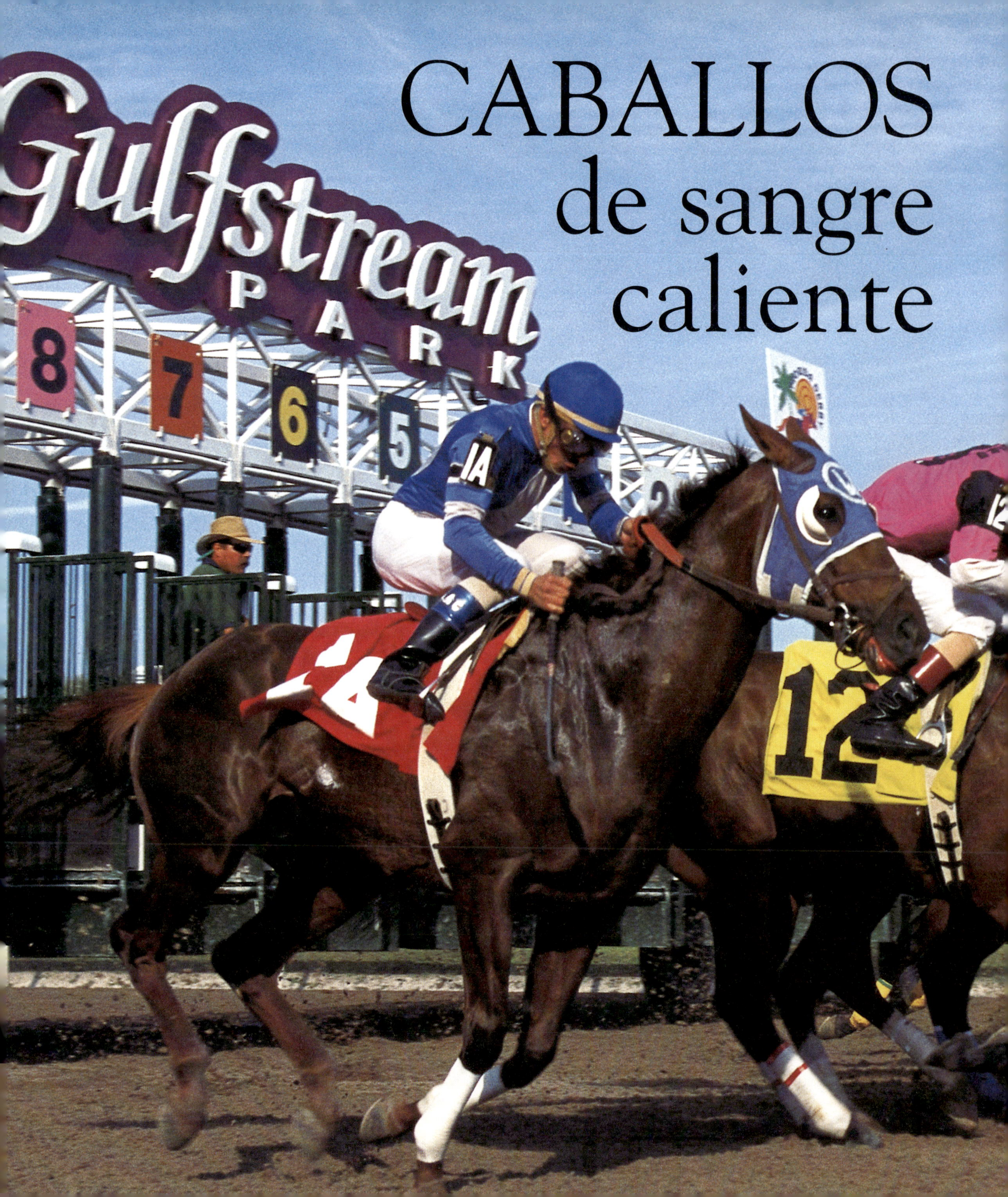

Los caballos de sangre caliente son razas antiguas y muy puras, y han tenido una importante influencia en la cría de casi todos los demás caballos y ponis. De constitución ligera, son animales briosos y valientes, por lo que son los mejores caballos para los jinetes experimentados.

Árabe

Hay quien dice que la raza árabe es la más antigua y hermosa del mundo. Esta raza ha jugado un importante papel en el desarrollo de los caballos y ponis de prácticamente todos los países. El caballo árabe tiene una serie de características que lo hacen inconfundible: la cabeza pequeña y de perfil cóncavo, el cuello estrecho y la cola levantada. Aunque es un caballo pequeño, el árabe es fuerte y famoso por su resistencia.

Características

La cabeza es pequeña y elegante, y tiene un perfil cóncavo muy característico. El cuello es estrecho y arqueado, y en la parte donde se une con la cabeza se le forma un arco, *mitbah*, que sólo se ve en esta raza.

El lomo de esta raza es corto y compacto porque tiene menos huesos en la columna vertebral que otros caballos. Las articulaciones de las patas y los corvejones son inclinados. Los caballos árabes tienen el pecho profundo y ancho, y los pies, fuertes y bien formados.

Yegua y potrillo
Los caballos árabes son animales voluntariosos y valientes, pero también son de naturaleza dulce y amable; por eso son fáciles de manejar. Los potros de esta raza son muy despiertos y están llenos de curiosidad.

Caballos del desierto

Los caballos árabes fueron criados por vez primera en los desiertos de la península arábiga; allí existen desde hace al menos 4.000 años. La escasez de alimentos y el clima extremo produjeron un caballo veloz, pequeño, duro y resistente. Estos caballos podían recorrer más de 450 km y tenían un enorme valor para sus dueños.

Datos y cifras

- **Lugar de origen**
  La península arábiga o Arabia Saudí
- **Tamaño**
  147–152 cm
- **Capa**
  Suelen ser alazanes, bayos y tordos, pero también los hay negros y castaños
- **Usos**
  Monta en general, concursos, carreras de resistencia y competiciones especializadas; cruce con otras razas para obtener caballos y ponis de calidad para exhibición
- **Características**
  Valientes y de buen carácter

El caballo pura sangre inglés

El caballo pura sangre inglés (Thoroughbred) es la raza más rápida del mundo. Su origen se dio en Inglaterra durante los siglos XVII y XVIII a partir del cruce de tres tipos de sementales –Darley Arabian, Godolphin Arabian y Byerley Turk– con yeguas inglesas. Se ha convertido en el caballo de carreras perfecto. Al igual que el caballo árabe, esta raza ha ejercido una gran influencia en la cría de otros muchos caballos. Destacan en toda clase de deportes ecuestres y son buenos para la competición.

Cría del pura sangre inglés

Los caballos de esta raza son muy apreciados. Los ejemplares utilizados para las carreras, conocidos como *bloodstock*, son seleccionados a partir de antiguos caballos de carreras. Los caballos más jóvenes dan vueltas juntos en recintos cerrados *(paddocks)* hasta que tienen la edad suficiente para comenzar su adiestramiento.

Entrenamiento

Cuando los caballos de carreras de esta raza están ya habituados a cargar con un jinete y a obedecer órdenes, son entrenados en superficies extensas de tierra donde puedan galopar largas distancias. Normalmente, el adiestramiento tiene lugar en grupos, llamados *strings*, y están supervisados por sus entrenadores.

Carreras de obstáculos

Los caballos de esta raza participan en carreras de velocidad y de obstáculos (con setos, zanjas, cercas, etc.), conocidas como *steeplechase*. El caballo tordo que aparece sobre estas líneas es *Desert Orchid*, uno de los que ha acumulado más triunfos recientemente en carreras de obstáculos. Aquí le vemos corriendo en el hipódromo ingles de Cheltenham, en 1990.

Concursos
Muchos de los caballos que compiten en estas pruebas son de raza pura sangre inglés o media sangre.

Mucha gente opina que esta raza es perfecta para las carreras. Los hombros inclinados y las largas cuartillas de este caballo hacen que su zancada sea larga y baja; por eso es muy cómodo de montar. Sus poderosos cuartos traseros le añaden gran velocidad. Es ligero y elegante, pero también fuerte y resistente.

Datos y cifras

- **Lugar de origen**
  Inglaterra
- **Tamaño**
  157–168 cm
- **Capa**
  Castaño, bayo, tordo, alazán. Siempre colores sólidos o uniformes
- **Usos**
  Carrera, monta, exhibición, doma, competiciones de saltos, concursos
- **Características**
  Veloz, valiente, pero también muy excitable. Puede ser difícil de manejar

Anglo-árabe

El caballo de raza anglo-árabe es un cruce entre el pura sangre inglés y el caballo árabe. Estos caballos poseen la belleza y la inteligencia de este último, y el tamaño y la velocidad del caballo inglés. Aunque la raza se originó en Inglaterra, su mayor desarrollo ha tenido lugar en Francia.

Pruebas de resistencia

Los anglo-árabes, al igual que los árabes de pura y media sangre, compiten con éxito en pruebas de resistencia de larga distancia. Los caballos deben estar en muy buena forma y deben tener mucha energía, ya que tienen que recorrer hasta 80 km diarios a una velocidad media de 14–15 km/h. Algunas pruebas duran más de un día.

El perfil de la cabeza es más recto que el del árabe (no es cóncavo) y su tamaño recuerda más al pura sangre inglés. El caballo anglo-árabe es alto; tiene las patas muy largas, por lo que es un animal veloz. Además, su tamaño hace que se desenvuelva muy bien en concursos de salto.

Datos y cifras

- **Lugar de origen** Inglaterra
- **Tamaño** 157–168 cm
- **Capa** Bayo, alazán, castaño y tordo. Siempre colores sólidos o uniformes
- **Usos** Carrera, monta, doma, exhibición, competiciones de salto, concursos
- **Características** Veloz, valiente, pero también muy excitable. Puede ser difícil de manejar

Berberisco o de Berbería

Este caballo procede de Marruecos, en el norte de África, y es una de las razas más antiguas del mundo. No es tan conocido por su belleza como por su fortaleza y resistencia. Este caballo es capaz de alcanzar una gran velocidad en distancias cortas.

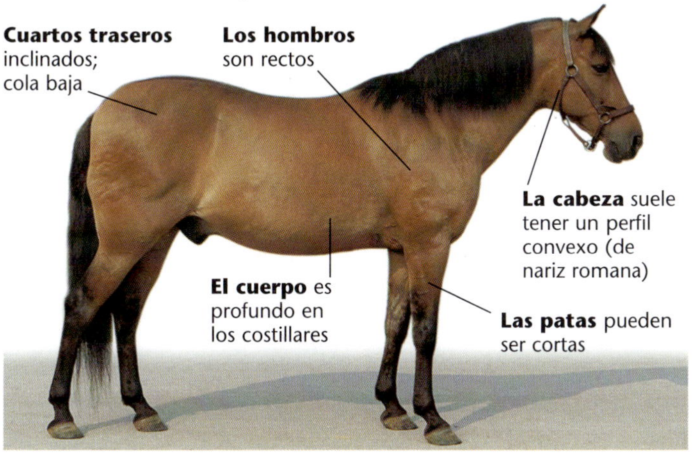

Forma de la cabeza

Es una raza tan antigua que la forma de su cráneo es parecida a la de los caballos primitivos. Su cabeza es muy ancha y recta, pero carece de la elegancia del caballo árabe.

El caballo de Berbería, como el árabe, ha tenido mucha influencia en la cría en todo el mundo. El caballo español, a partir del cual se desarrollaron numerosas razas de caballos y ponis, desciende a su vez del berberisco. Los caballos de esta raza son los que suelen montar los bereberes del norte de África.

Akhal-Teké

Criado en los desiertos de Turkmenistán, al norte de Irán, este caballo presenta un aspecto poco usual. Tiene el cuerpo y el cuello largos y esbeltos, y posee largas patas. Es capaz de auténticas hazañas de resistencia. Se emplea en recorridos de larga distancia, carreras, saltos y doma.

Este caballo existe desde hace miles de años. Es vital y valiente, duro y fuerte. La alzada de esta raza ronda los 157 cm. Su piel es fina, y la crin y la cola son sedosas. La capa más apreciada es este color dorado con brillo metálico del ejemplar de la imagen de la derecha.

Buen saltador

Debido a su resistencia, el Akhal-Teké es famoso por sus éxitos en carreras y en pruebas de larga distancia. Pero, además, estos caballos son buenos para los saltos, por lo que compiten en pruebas de saltos y doma.

CABALLOS de sangre fría

Las razas de sangre fría son grandes, pesadas y muy fuertes. Muchas existen desde hace miles de años. Fueron criadas para el trabajo agrícola y para arrastrar pesadas cargas. Los caballos de sangre fría son tranquilos y dóciles. La mayoría tienen largas cernejas –pelo– en torno a los pies.

Ardenés

Este animal de tiro pesado ha sido criado en la región de las Ardenas, en la frontera entre Francia y Bélgica, durante cientos de años. Probablemente, este caballo desciende de los caballos de guerra medievales. En el siglo XIX se desarrollaron dos tipos principales de esta raza: un caballo macizo para granja y otro de peso más ligero.

Poder de convocatoria

Aunque ya no suele usarse el ardenés en trabajos agrícolas, estos caballos de buen carácter y fáciles de manejar siguen siendo populares en exhibiciones. Esta pareja de caballos, que tira de un carro, presenta el típico color ruano rojizo.

La alzada del ardenés está entre 152 y 163 cm. Estos caballos son animales duros y fuertes, capaces de aguantar climas muy fríos y sobrevivir con poca comida. Los más habituales son ruanos, pero también los hay bayos, tordos y castaños.

Boloñés

El caballo de esta raza procede de la región de Boulogne, en el nordeste de Francia. Se criaban dos tipos de boloñés: uno era un caballo pesado para el trabajo agrícola; el otro, un ejemplar más ligero y rápido, conocido como *mareyeur* («vendedor de pescado»). El boloñés era empleado para transportar pescado desde la costa hasta París.

A pesar de su tamaño, el boloñés es un caballo elegante debido a sus antepasados árabes y berberiscos. Suele ser tordo, pero en ocasiones aparecen ruanos, negros, bayos o castaños. El boloñés es un animal bien proporcionado y elegante, pero también muy fuerte y resistente. Sus crines y su cola son muy sedosas. Su alzada oscila entre 163–173 cm.

Con rapidez

El caballo boloñés es más rápido que la mayoría de los caballos pesados. Algunos trabajan todavía en granjas. A pesar de esto, el Gobierno francés lleva a cabo un programa de cría para garantizar que la raza no se extinga.

CABALLOS de sangre templada

La mayoría de las razas de caballos y ponis del mundo están clasificados como animales de sangre templada. Entre los caballos de sangre templada se encuentran los alemanes y holandeses de competición y la mayor parte de las razas americanas.

Sueco de sangre templada

Criado a partir de caballos españoles, orientales y frisones en el siglo XVII, el sueco de sangre templada estaba destinado a la caballería. Más tarde, fue cruzado con el pura sangre inglés, el Trakehner, el Hannover y el árabe. En la actualidad es un caballo de competición, bueno en el salto y en la doma.

Es un caballo grande y atlético, con una alzada de 168-173 cm. Tiene unos hombros muy potentes y unos sólidos cuartos traseros. Las patas son fuertes. Su temperamento tranquilo y su actitud sensible hacen que sea un buen caballo para doma. Esta raza no presenta una única capa. Sin embargo, sea cual sea el color, siempre es uniforme.

Caballo de silla francés *(Selle français)*

El caballo de silla francés fue criado en la región francesa de Normandía en el siglo XIX, a partir de caballos normandos y pura sangre ingleses importados. A mediados del siglo XX, se añadieron trotones franceses, árabes, anglo-árabes y otros pura sangre ingleses para desarrollar la raza.

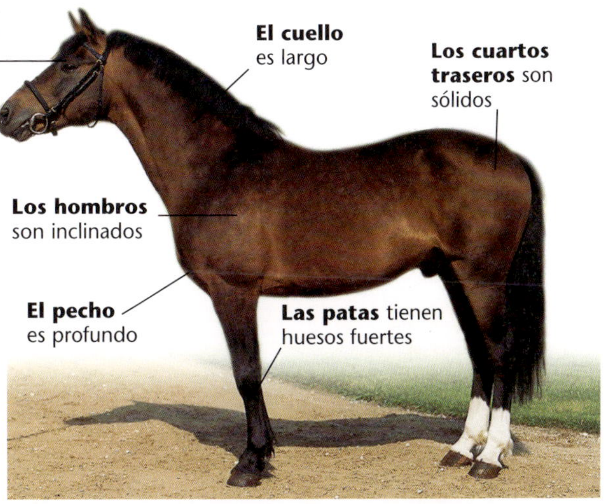

El caballo de esta raza tiene una buena constitución. Sus patas son fuertes y son muy musculosos. El cuerpo es bastante largo; la cruz, alta. Mide, aproximadamente, unos 163 cm de alzada. Es inteligente, tranquilo, ágil y atlético. Como el sueco, esta raza no presenta una única capa, pero el color es uniforme.

Buen saltador

Este caballo destaca en competiciones de saltos y pruebas combinadas. Salta con decisión y es bueno en doma. Es un caballo ideal para eventos de todo tipo. En Francia, algunos ejemplares son criados especialmente para las carreras.

Razas para competición

Aunque muchas razas y muchos tipos de caballos son buenos para la doma, las pruebas combinadas y los saltos, los aquí descritos son los más destacados en dichas habilidades. Son el resultado del cruce de caballos de tiro y de trabajo con pura sangre ingleses. Esta mezcla produce caballos ligeros y veloces, y que conservan la naturaleza tranquila de los animales pesados.

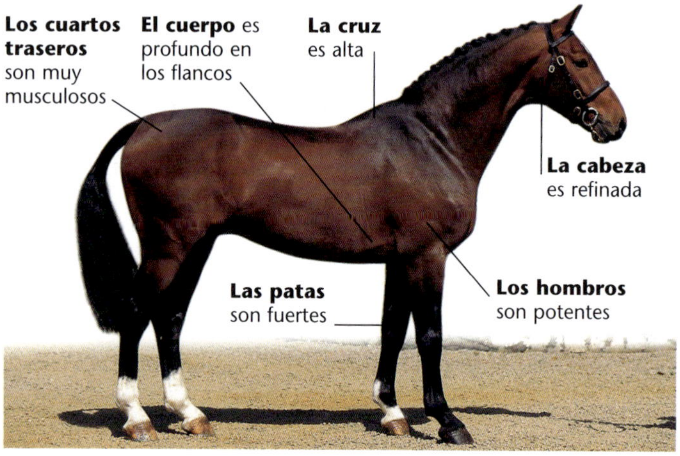

Hannover

La raza hannoveriana fue desarrollada durante el siglo XVIII a partir del cruce del caballo Holstein y yeguas locales. El resultado fue un caballo más fuerte, que era utilizado en tareas agrícolas. El Trakehner y el pura sangre inglés mejoraron la raza y lograron un caballo de competición de primera clase.

Campeón de doma
Fuerte, atlético y con buena acción, esta raza destaca en la doma. La imagen muestra a Isabell Werth a lomos de *Nissan Gigolo* compitiendo por Alemania.

Holandés de sangre templada

Esta raza fue creada en el siglo XX mediante el cruce de Gelderlander y Groningen con el pura sangre inglés. Es, posiblemente, el caballo que acumula más éxitos entre las razas de competición. Son animales fuertes y atléticos, pero tranquilos por naturaleza.

Pareja famosa
Una de las parejas de doma más famosas es la formada por Jennie Loriston-Clarke y *Dutch Courage*; en la imagen superior la vemos realizando una demostración.

Marius, el exitoso semental holandés, saltando en Calgary, Canadá, en 1979.

Holstein

Entre los siglos XVII y XIX, estos caballos eran empleados para tirar de carruajes. A partir del siglo XIX, empezaron a ser criados para la monta. Son excelentes en las pruebas campo a través; destacan en doma y saltos.

Trakehner

Esta raza se originó en la Prusia Oriental del siglo XIII. En origen era un animal de tiro, pero fue cruzado con árabes y pura sangre ingleses para lograr animales para la monta. Es un caballo de primera para doma, saltos y pruebas combinadas.

Datos y cifras

Holandés de sangre templada

- **Tamaño**
  160–170 cm
- **Capa**
  Cualquier color sólido

Holstein

- **Tamaño**
  163–173 cm
- **Capa**
  Cualquier color sólido

Hannover

- **Tamaño**
  163–173 cm
- **Capa**
  Cualquier color sólido

Trakehner

- **Tamaño**
  163–178 cm
- **Capa**
  Cualquier color sólido

Oldenburg

Es la más alta y pesada de las razas de sangre templada alemanas. El caballo de esta raza fue criado en el siglo XVII como caballo de tiro. Recibe su nombre de la región alemana de la que procede, y también de su criador, el conde Anton von Oldenburg. Caballos frisones, napolitanos, españoles, bayos de Cleveland, pura sangre ingleses y Norfolk Roadster se hallan entre sus antepasados. En la actualidad, los caballos de esta raza se usan para la doma, la equitación y el salto.

El Oldenburg es un caballo grande, de constitución sólida, con una alzada de entre 168 y 178 cm. Suele ser bayo, castaño o negro. Tiene buen carácter y madura temprano, por lo que disfruta de una larga vida.

Gelderlander

Esta raza procede de la región holandesa de Gelder, donde viene siendo criada desde el siglo XIX. Durante esta época, los Gelderlander se utilizaban sobre todo para tirar de carruajes, aunque también desempeñaban tareas agrícolas ligeras y transportaban a lomos a sus propietarios. Entre sus antepasados están el Oldenburg y el pura sangre inglés.

Caballos para carruajes

Este caballo ya no se utiliza para trabajar en las granjas, pero aún es popular como animal de enganche, por lo que suele participar en competiciones de esta modalidad. Además, es un buen caballo de monta por su tamaño y constitución. El Gelderlander no es un caballo muy rápido, pero sí un buen saltador.

El Gelderlander es de constitución fuerte y tiene una alzada de entre 157 y 168 cm. Su capa más habitual es la castaña, a menudo con marcas blancas en la cara y en las patas. No se considera la raza más hermosa; es más conocida, sin embargo, por su resistencia. El Gelderlander posee un temperamento dócil y amable, lo que facilita su manejo.

Trotón francés

Esta raza se desarrolló en Normandía durante el siglo XIX por la afición que había hacia las carreras de trotones. La primera de estas carreras en Francia tuvo lugar en Cherbourg en 1836. Los ancestros de esta raza fueron el trotón de Norfolk, el pura sangre inglés y caballos normandos.

La alzada del trotón francés está en torno a los 168 cm. Este caballo puede ser de cualquier color sólido, pero lo habitual es que sea bayo, alazán o castaño. Fuertes y duros, y con extremidades largas, son animales activos y muy resistentes. Además, son voluntariosos para el trabajo.

Tílburi

Esta raza compite normalmente en carreras de trote: los caballos tiran de un carro ligero de dos ruedas llamado tílburi *(sulky)*. También sirven para la equitación con silla. Algunos trotones franceses son empleados para la monta y para la cría de caballos de silla. Los caballos de esta raza son buenos también para el salto.

Camargués

La región francesa de La Camarga, en el delta del Ródano, es una zona ventosa y desolada. Los caballos salvajes han sobrevivido allí con pobres pastos durante miles de años. Algunos de estos caballos son domesticados y montados por los granjeros locales para agrupar a las manadas de toros salvajes.

Caballos blancos salvajes

Estos animales son conocidos como «los caballos blancos del mar». Son caballos pequeños, de unos 142 cm, resistentes y siempre de color blanco o tordo. Su aspecto recuerda a los animales dibujados en las pinturas rupestres.

Przewalski

A finales de la década de 1870, un explorador ruso llamado Nicolai Przewalski descubrió una manada de caballos del tamaño de ponis en las montañas de Mongolia, en el extremo del desierto de Gobi. Se parecían a las primitivas manadas que en otro tiempo recorrían Asia, y fueron bautizados como caballos de Przewalski. De los cuatro tipos de caballos primitivos que existieron hace 10.000 años, sólo el caballo de Przewalski, también llamado caballo salvaje mongol o asiático, y el Tarpán, han sobrevivido.

Caballo de la Edad de Piedra

Hace entre 16.000 y 27.000 años, los primeros humanos pintaban animales en las paredes de las cuevas. Algunos de estos dibujos eran representaciones de caballos parecidos al de Przewalski. Sorprendentemente, esta raza apenas ha cambiado durante tan largo periodo de tiempo.

La raza salvada
El caballo de Przewalski es una raza extinguida en estado salvaje, pero ha sido preservada en zoológicos y criaderos privados.

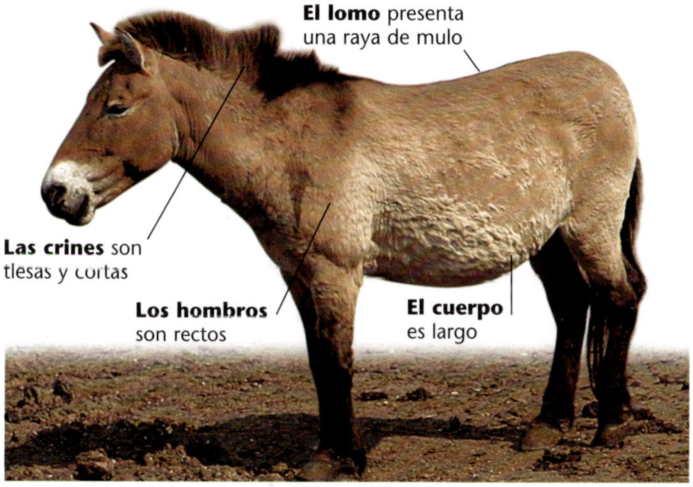

Datos y cifras

Caballo de Przewalski
- **Tamaño**
  122–147 cm
- **Capa**
  Pardo amarillento, con puntos negros

Tarpán
- **Tamaño**
  Alrededor de 132 cm
- **Capa**
  Pardo ratón, castaño

El caballo de Przewalski muestra rasgos similares a los de los caballos primitivos. El cuerpo es pardo con puntos negros y las extremidades pueden mostrar marcas de cebra. En el lomo luce una línea negra, llamada raya dorsal o de mulo. Las crines crecen tiesas, con poco o ningún copete. El hocico y la zona alrededor de los ojos son de un color pálido.

Cara a cara
Los caballos de Przewalski tienen la cabeza grande y plana, con perfil recto o convexo. Los ojos son de implantación alta, lo que hace que la cabeza parezca larga.

Tarpán

El Tarpán vivía originalmente en Rusia y en el centro y este de Europa. Este caballo fue domesticado, pero se extinguió en el siglo XIX. Durante la década de 1930, un académico polaco llamado Vetulani, halló en los bosques de su país ponis parecidos a la antigua raza. Siguiendo un cuidadoso programa de cría, Vetulani consiguió recrear el Tarpán.

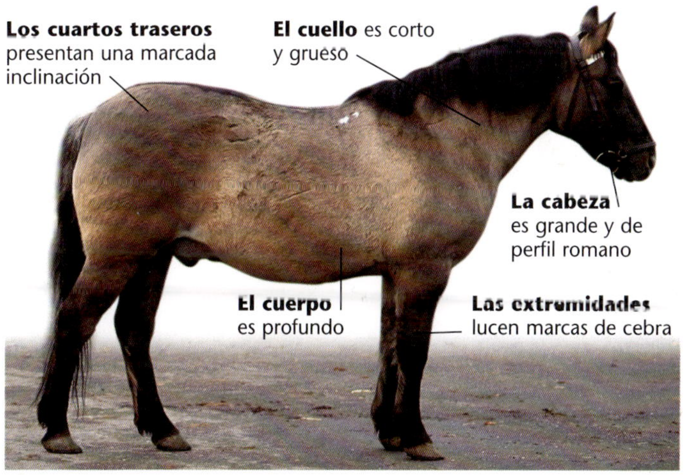

El Tarpán moderno

Los nuevos caballos Tarpán viven en manadas dentro de reservas protegidas propiedad del Gobierno polaco. A pesar de su antiguo linaje, este caballo tiene una apariencia mucho menos primitiva que la del caballo de Przewalski. Aunque la cabeza es bastante grande y el cuello es muy corto, los caballos de esta raza recuerdan más a los ponis actuales de equitación.

Pese a la extinción del Tarpán original, la nueva raza es tan similar a la antigua que hay quienes consideran que ésta sigue existiendo. Al igual que el caballo de Przewalski, el Tarpán presenta marcas de cebra en las extremidades y raya dorsal en el lomo. Sus crines y su cola son largas.

Un saltador natural

Esta raza es buena saltadora por naturaleza. Tanto el irlandés de tiro de pura raza como el cruce con el pura sangre inglés se usan a menudo para las pruebas de caza. Este caballo es capaz de librar obstáculos de todo tipo en concursos y carreras campo a través.

Caballo de tiro irlandés

Este caballo de tiro fue criado en Irlanda como caballo de enganche, de silla y también para las tareas agrícolas. La raza se remonta al siglo XII, y entre sus antepasados se encuentran razas pesadas europeas y el caballo español. Es un animal fuerte y grande, capaz de mover enormes pesos.

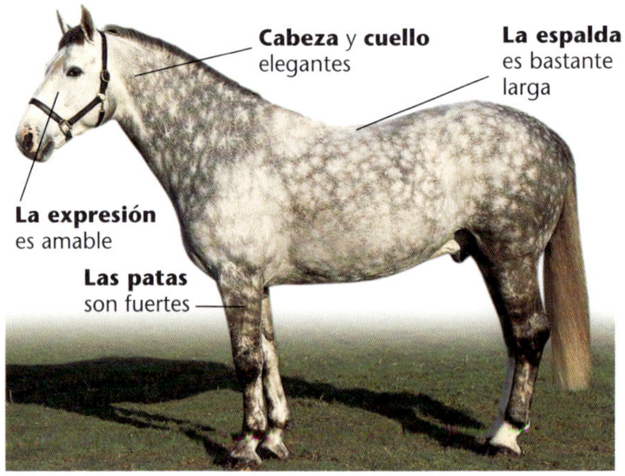

A pesar de su tamaño –163-173 cm–, el caballo de tiro irlandés no resulta muy costoso de mantener. Es de temperamento tranquilo, fácil de montar y de manejar. Puede ser de cualquier color sólido, aunque la capa torda es muy frecuente. No es muy veloz, pero es bastante ágil y atlético.

Hackney

Se trata de una raza inglesa desarrollada a partir de dos razas más antiguas: el trotón de Norfolk y el Yorkshire Roadster. Ambos eran caballos de trabajo muy pesados; el Hackney actual, sin embargo, es más delicado gracias al cruce con el pura sangre inglés. Suele participar en exhibiciones de enganche: es todo un espectáculo verlo por sus movimientos atléticos y su gran belleza.

El caballo de raza Hackney, por su constitución ligera y compacta, da la impresión de poseer una gran energía. Tiene mucha vitalidad y se mueve ágilmente, lanzando sus extremidades delanteras en cada zancada.

Con firmeza

La acción del Hackney, en especial cuando trota, es espectacular. Eleva mucho las rodillas y los corvejones, y al desplazarse hace una ligera pausa entre cada paso, transmitiendo así la sensación de que se mueve sin esfuerzo, casi flotando.

Bayo de Cleveland

El bayo de Cleveland es la raza más antigua de las nativas británicas. Ha sido criado en el norte de Inglaterra desde la Edad Media. Esta raza se ha mantenido bastante intacta; sólo ha sido cruzada con berberiscos y españoles en el siglo XVII. El bayo de Cleveland es un animal fuerte y resistente, de larga vida y buen carácter.

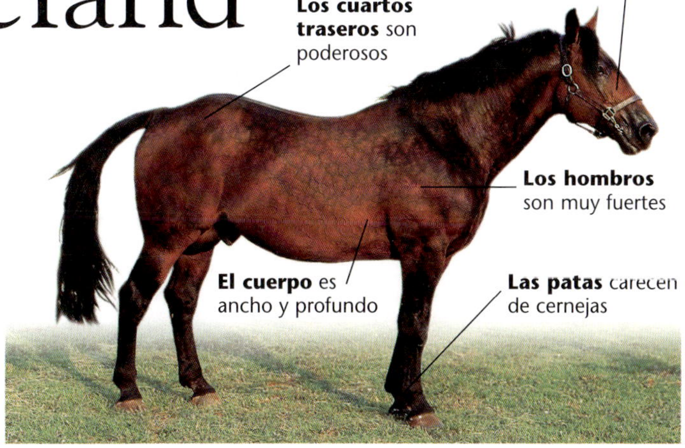

Se considera que el bayo de Cleveland es una raza más bien escasa. Hoy día ya no se usa tanto como caballo de tiro; se utiliza fundamentalmente para el cruce con otras razas. Por este motivo, el bayo de Cleveland de pura raza casi ha desaparecido.

Equipo real

Las caballerizas reales del Palacio de Buckingham, en Londres, cuentan con bayos de Cleveland para tirar de los carruajes reales. El duque de Edimburgo (imagen izquierda) conduce un carro con cuatro de estos caballos en una competición de pruebas combinadas campo a través.

Datos y cifras

- **Lugar de origen**
  Norte de Yorkshire, Inglaterra
- **Tamaño**
  En torno a 168 cm
- **Capa**
  Siempre bayo, sin marcas blancas, excepto una estrella
- **Usos**
  Enganche y a veces monta

Español

Aunque en muchos países se sigue hablando de caballo andaluz, hoy el término correcto es el de pura raza española (PRE). Es originario de Andalucía y ejerció gran influencia en la cría equina en todo el mundo. La mayoría de las razas americanas descienden de él. Es noble y orgulloso, ágil y de buen temperamento.

Monta y enganche

Aunque se utiliza sobre todo como caballo de silla y es una popular raza para la doma, el pura raza española se emplea también para el enganche. Muy engalanado, puede verse con frecuencia tirando de carros en fiestas y ceremonias.

El caballo español posee una alzada de entre 152 y 163 cm. Suele ser bayo o tordo, aunque pueden verse ejemplares de otras capas. Es noble, orgulloso y atlético. No se destaca por su velocidad. Tiene muy buen carácter.

Lusitano

El lusitano es un caballo similar al español, descendiente también del antiguo caballo español. Procede de Portugal; allí era utilizado por la caballería y para los trabajos agrícolas ligeros. Esta raza tiene una acción alta espectacular y se le enseñan movimientos de alta escuela. Además, se usa como caballo de enganche para carruajes.

Paso español

El ejemplar de la imagen realiza un movimiento de alta escuela, conocido como «paso español», para el que ha sido adiestrado. En cada paso, el caballo eleva las patas delanteras, una y después la otra, y las estira mucho hacia delante.

La alzada del lusitano está en torno a los 152 y 163 cm, y puede ser de cualquier color sólido. La torda es la capa más común, aunque también puede ser bayo, pardo, castaño o negro. El cuello es corto y arqueado; los cuartos traseros, inclinados; el cuerpo es compacto.

Lipizano

El lipizano es el caballo empleado por la famosa Escuela Española de Equitación de Viena. El lipizano desciende de la antigua raza española, de donde toma su nombre la escuela austriaca. El nombre de la raza deriva de Lipica, en Eslovenia, donde se criaban originalmente estos caballos.

De negro a tordo
Los potros lipizanos nacen negros y el color de su capa se va aclarando poco a poco a medida que crecen. Pueden cumplir siete o más años antes de aclararse.

Caballo fornido

El lipizano es un caballo fornido, de patas cortas y fuertes. La forma de los hombros lo capacita para la monta y el enganche. La acción tiende a ser alta y sus pies son fuertes. Es un animal que, además, destaca por su gran inteligencia.

Alta escuela

La Escuela Española de Equitación entrena caballos sementales lipizanos para realizar movimientos de alta escuela en un espacio del siglo XVIII. Se necesitan muchos años para entrenar a los caballos y sus jinetes.

Levantada
Es el nombre de un movimiento clásico de alta escuela. El caballo se pone de patas y mantiene el equilibrio sobre las extremidades traseras. Si salta sobre éstas se denomina corveta o gambeta.

Datos y cifras

- **Lugar de origen**
  Lipica, Eslovenia
- **Tamaño**
  155–168 cm
- **Capa**
  Normalmente, tordo, pero en ocasiones bayo
- **Usos**
  Monta en general y arrastre de carros
- **Características**
  Inteligente, dócil y de larga vida

Morgan

El Morgan procede del este de Estados Unidos, concretamente de Massachusetts y Vermont. La raza desciende de un semental bayo nacido en 1789. Aunque su primer nombre fue *Figure*, adquirió luego el nombre de su propietario, *Justin Morgan*. Era utilizado en tareas agrícolas y como caballo de silla y enganche.

Exhibiciones

Los caballos Morgan participan en exhibiciones específicas llamadas *Park* y *Pleasure*. Los ejemplares que concursan en esta primera modalidad llevan los cascos recortados y herrados para conseguir una acción alta.

Con una alzada que está entre los 147 y 157 cm, el Morgan es de color bayo, alazán, castaño o negro. Es un animal vital, inteligente y alerta. Tiene un buen temperamento y es fácil de manejar. Tanto para la monta como para el enganche, el Morgan es un animal duro, fuerte y con mucha resistencia.

Criollo

Descendiente de los caballos españoles llevados a Sudamérica en el siglo XVI, la raza criolla está considerada la más dura y sólida del mundo. Este animal es nativo de la Pampa argentina, donde los gauchos o vaqueros lo empleaban para arrear el ganado. El caballo criollo también se cría en Brasil, Chile, Perú y Venezuela.

El caballo criollo es capaz de sobrevivir con poca comida y en climas extremos. Tiene una vida larga y mucha energía. En la década de 1920, el profesor Simé Tschiffely montó dos ejemplares criollos, llamados *Manha* y *Gato*, desde Buenos Aires a Nueva York. En total, una distancia de 16.000 km.

Caballo de polo

Los criollos tienen una alzada de 142-152 cm y suelen ser de color pardo, con puntos negros y raya de mulo. A menudo son cruzados con el pura raza inglés para producir los famosos caballos de polo argentinos.

Quarter

El caballo de raza Quarter, o Cuarto de milla, es el primer caballo totalmente norteamericano. Fue criado en Virginia en el siglo XVII como caballo de silla y animal de granja. Su velocidad y agilidad lo hacían perfecto para el manejo del ganado. Este caballo se llama así porque los colonos británicos celebraban carreras de un cuarto de milla de recorrido con este caballo.

Hay quien afirma que el caballo de raza Quarter es el más popular del mundo, con más de tres millones de ejemplares registrados en Estados Unidos. Ágil, atlético y tranquilo, es un soberbio caballo de silla, perfecto para trabajar con el ganado y las exhibiciones de doma vaquera.

Datos y cifras

- **Lugar de origen**
  Virginia, Estados Unidos
- **Tamaño**
  152–163 cm
- **Capa**
  Cualquier color sólido
- **Usos**
  Manejo del ganado, exhibición

Parada en seco

Un caballo que trabaja con el ganado debe ser capaz de arrancar, frenar y girar a gran velocidad. En las exhibiciones de rodeo, uno de los movimientos más llamativos es la parada conocida como *sliding halt:* desde el galope, el caballo se detiene en seco de forma instantánea. Lo vemos en la imagen de la derecha. Existe un tipo de herradura especial para la doma western que facilita este movimiento.

Pinto

Más que una raza, el pinto es un tipo de capa. Sin embargo, en Estados Unidos, de donde procede, lo consideran una raza; de hecho, existen en dicho país dos sociedades dedicadas a ella. Desciende de los caballos españoles llegados allí durante el siglo XVI. Puede ser blanco y negro, o blanco y cualquier otro color.

El término «pinto» procede de la palabra «pintado». Hay dos tipos de pelaje: tobiano (capa blanca con grandes manchas de otro color), y overo (capa de un color sólido con manchas blancas). Otros, no obstante, hacen una clasificación diferente: llaman «pinto» a los que son negros y blancos, y «píos» a los que combinan el blanco con otro color.

El caballo favorito de los indios nativos

Los pintos eran los caballos favoritos de los nativos americanos porque su pelaje les ofrecía un buen camuflaje. En la actualidad, se crían más en base al color que a la forma de las manchas; la presencia de diferentes marcas es también algo muy apreciado.

Palomino

También en este caso se trata más de una capa que de una raza. Los palominos pueden ser de cualquier tamaño. La capa debería parecerse tanto como sea posible al «*new gold coin*» (una moneda que conmemoraba el descubrimiento de oro en Alberta), con la cola y las crines blancas. Llegaron a América con los españoles en los siglos XV y XVI.

En la cría de palominos se cruzan caballos de este color con alazanes, o alazanes con otros de color crema o albinos. Al caballo de esta capa también se le llama perla o isabelo. Y es que en España, el caballo palomino era el caballo de silla favorito de la reina Isabel la Católica.

Carreras de barriles

Los palominos pueden ser de cualquier tamaño y tipo, y se destinan a muchas actividades, incluidos los rodeos y las exhibiciones, además de la equitación en general. El caballo de la imagen superior está sorteando al galope un bidón como parte de una carrera en Tampa, Florida.

Appaloosa

Esta raza toma su nombre del río Palouse en el Estado de Washington. Fue criado como animal de trabajo por la tribu de los nez percé en el siglo XVIII, a partir de caballos españoles importados. Con el fin de mejorar la raza se utilizó el Quarter; este cruce la hizo mucho más fuerte y compacta, y también más dulce. El Appaloosa es un animal muy ágil y enérgico. Tiene mucho vigor y es buen saltador.

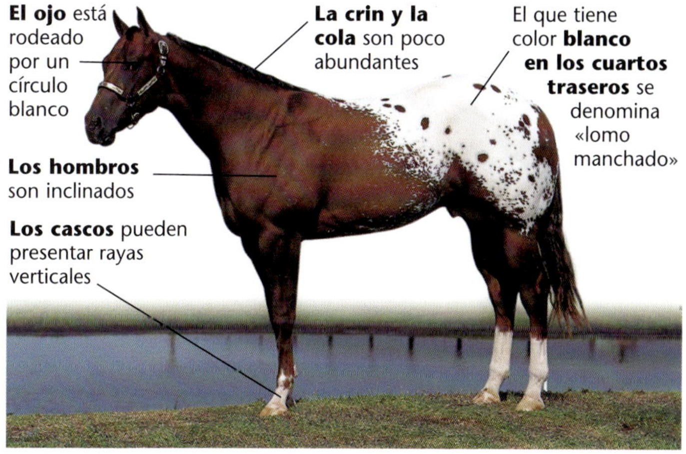

Hay diferentes tipos de Appaloosa según la piel: leopardo (blanco con puntos negros, como en la imagen inferior), escarcha (fondo oscuro salpicado de blanco), lomo manchado (cuartos traseros y riñones blancos, a veces con puntos oscuros), jaspeado (ruano, con dibujo escarcha en el centro del cuerpo y más oscuro en los extremos), y copo de nieve (fondo oscuro con puntos blancos).

Datos y cifras

- **Lugar de origen**
  Washington, Estados Unidos
- **Tamaño**
  147-157 cm
- **Capa**
  Blanco con marcas oscuras
- **Usos**
  Monta, exhibición, saltos

Paso de Tennessee

Este caballo fue desarrollado en los siglos XVIII y XIX por los propietarios de las plantaciones del sur de Estados Unidos, que deseaban un caballo que fuese cómodo para recorrer sus extensas posesiones. Es lo que se denomina un caballo de casta, porque puede desarrollar tres tipos de marcha: el paso, el trote y el galope. En este caballo, todos estos movimientos resultan suaves y cómodos para el jinete.

Además de un animal de exhibición, este caballo es popular entre todos los miembros de la familia en Estados Unidos. La raza tiene una alzada de entre 152 y 163 cm, y normalmente es de color castaño, bayo, alazán o negro. Se dice que es el caballo con mejor temperamento de todos.

Silla Americano

Este caballo fue criado en Kentucky en el siglo XIX. A los tres tipos habituales de desplazamiento –paso, trote y galope–, este caballo une otros dos: el *slow gait* («paso lento»), un aire en cuatro tiempos, lento y elevado; y el *rack* («ambladura rota»), un aire rápido, en el que cada casco toca el suelo por separado en una sucesión rápida.

El Silla Americano o Saddlebred es bayo, castaño o alazán, con una alzada de entre 152 y 163 cm. La elevada implantación de la cola se logra artificialmente mediante una incisión en el maslo. Es, fundamentalmente, un caballo de exhibición; sin embargo, puede emplearse en carreras o enganche con herraduras normales.

Acción espectacular

El aire denominado *rack* (imagen superior) es un aire espectacular en el que cada pata se eleva y desciende por separado. Unas botas especiales protegen los talones de las patas delanteras y las cuartillas para evitar heridas cuando el caballo avanza las patas traseras.

Fox Trotter de Missouri

Este caballo fue desarrollado durante el siglo XIX en Arkansas y Missouri, como un caballo de silla cómodo capaz de cubrir grandes distancias en poco tiempo. La raza tiene una única marcha denominada *fox trot*: va al paso con las patas delanteras y al trote con las traseras.

El Fox Trotter es un caballo grande, con una alzada de 163-173 cm. La mayoría son alazanes, pero puede ser de cualquier otra capa. Es una raza de paso seguro y tiene un carácter muy amable.

Un caballo confortable

La marcha del Fox Trotter es lenta y cómoda. Puede desplazarse a una velocidad de 8 km/h durante largas distancias, y duplicar esa velocidad en distancias más cortas. La raza se emplea en turismo ecuestre y concursos.

Standardbred

El Standardbred es el caballo de carreras con arnés más rápido del mundo. Fue criado en Estados Unidos durante el siglo XIX. La mayoría de estos caballos descienden de un pura sangre inglés que tenía entre sus antecesores al trotón de Norfolk. El caballo de raza Standardbred compite como trotón o al paso con arnés.

Tiene una alzada aproximada de 157 cm y suele ser bayo, castaño o alazán. Tiene una conformación más pesada que la del pura sangre inglés, pero es veloz y muy resistente. Este caballo puede cubrir una distancia de 1,6 km en 1,54 minutos.

Mustang

Los Mustang son los rudos caballos salvajes que en otro tiempo recorrían las llanuras del oeste de Estados Unidos. Son descendientes de los caballos españoles llegados en el siglo XVI, que escaparon o se perdieron, y se asilvestraron. Durante siglos, vivieron en libertad en la naturaleza. Hoy el número de Mustang es reducido, por lo que se están adoptando medidas para proteger la raza original.

La alzada del Mustang oscila entre 137 y 152 cm. Los hay de muchas capas diferentes. Son rápidos, fuertes, ágiles y muy duros. Los Mustang son animales salvajes, aunque algunos ejemplares son domesticados y utilizados en carreras y pruebas de resistencia.

En estado salvaje

Algunos fueron usados por los vaqueros para trasladar el ganado. Otros, domesticados para ser montados por los nativos americanos, y algunos fueron cazados para obtener alimento. Como resultado, la población disminuyó. Hoy están protegidos por las leyes estadounidenses.

Waler

El caballo Waler es australiano: procede de Nueva Gales del Sur. Fue criado a partir de ponis Basuto, árabes, berberiscos y caballos ingleses de pura sangre para trabajar con las grandes manadas de ovejas y vacas de los ranchos. Fue montura de la caballería en la guerra de los boers y en la Primera Guerra Mundial. Ahora es empleado por la policía.

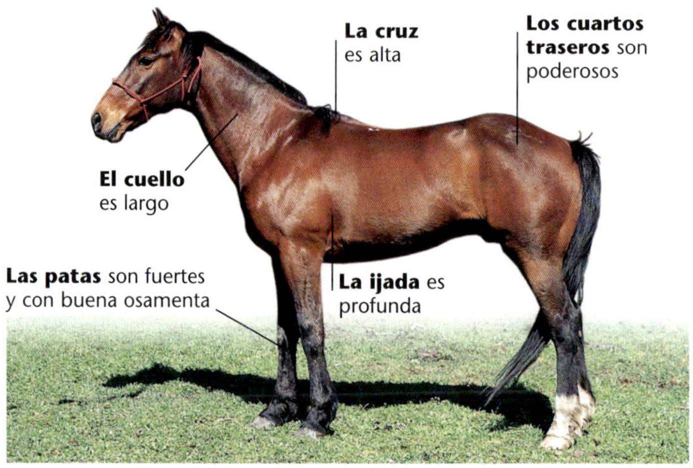

Caballo para equitación

Llamado a veces Australian Stock, es un caballo ideal para la equitación en general. Es rápido y ágil, y es un buen saltador. Algunos Waler participan con éxito en rodeos; son famosas sus cabriolas.

La alzada oscila entre 147 y 163 cm. Puede ser de cualquier color sólido. Tiene una constitución más potente que la del pura sangre inglés. Es un animal fuerte y duro, y su enorme capacidad de resistencia le permite recorrer extensas fincas o ranchos a lo largo de todo el día.

RAZAS de ponis

Los ponis son más pequeños que los caballos y presentan rasgos diferentes. Tienen la zona de la cincha más profunda y las patas más cortas. A menudo lucen cernejas en la parte inferior de las extremidades; sus crines y su cola son espesas. Los ponis son animales de paso seguro y suelen tener mucho carácter.

Dartmoor

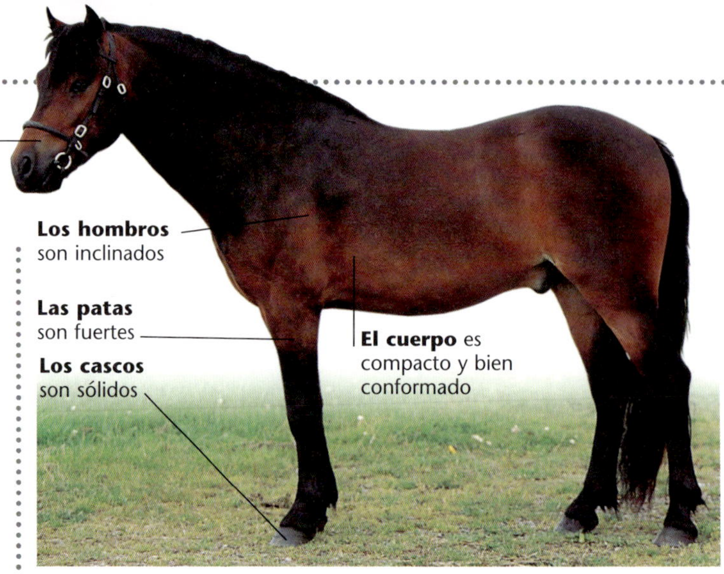

En la zona de Dartmoor, en el condado inglés de Devon, hace cientos de años que viven en libertad pequeños ponis. Los pobres pastos y el clima extremo de los páramos han producido animales fuertes y resistentes. A lo largo de los siglos, se recurrió a cruces con el caballo árabe, el pura sangre inglés y el poni galés de montaña (Sección A) para mejorar la calidad de esta raza.

El Dartmoor es un poni de silla ideal para niños. Es un animal lo bastante fuerte para transportar cargas pesadas, tiene un buen paso, salta bien y tiene un temperamento agradable. Pueden ser bayos o castaños, y su alzada ronda los 127 cm.

Libre en los páramos

Hoy no quedan muchos ponis de pura sangre que vivan salvajes en Dartmoor. La mayoría de ellos se crían en caballerizas. Los ponis que habitan en los páramos tienen un aspecto muy diferente. Durante el invierno, para soportar el viento, la lluvia y la nieve de su lugar de origen, desarrollan una capa muy densa y larga, con crines y cola hirsutas.

Exmoor

Este poni procede de la región del sudoeste de Inglaterra conocida como Exmoor. Es una de las razas más antiguas del mundo y se remonta a la Edad de Hielo. Actualmente, está considerada como una raza escasa. Tiene una alzada de sólo 127-130 cm, pero posee la fuerza suficiente para llevar a un adulto.

El Exmoor suele ser de un color pardo grisáceo, con una coloración más clara alrededor de los ojos, los ollares y en la parte inferior del vientre. No tienen marcas blancas. También los hay bayos o castaños.

Connemara

El poni Connemara procede de los páramos del oeste de Irlanda, donde vivieron sus antepasados desde el siglo XVI. Los ponis nativos fueron cruzados con caballos españoles, berberiscos y árabes, así como con el Cob galés y el pura sangre inglés para desarrollar la raza. El resultado es un poni para equitación fuerte y sólido, con buen paso y capacidad para el salto.

El Connemara puede ser tordo, pardo, bayo, alazán, negro, castaño y ruano. La alzada oscila entre 132 y 147 cm. Son animales duros, dóciles e inteligentes. Sirve como poni de silla para niños y adultos, y cruzados con el pura sangre inglés, producen buenos caballos de competición.

New Forest

En la zona inglesa de New Forest (Hampshire) han vivido ponis desde el siglo XI. Con los años se introdujeron distintas razas, incluidos árabes y berberiscos, así que los antecesores de los ponis del New Forest están mezclados. Estos animales son veloces y poseen una acción baja y desenvuelta.

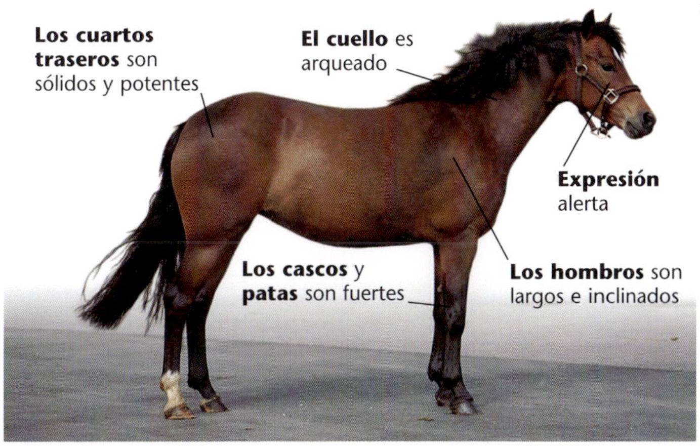

Poni de bosque

Hay dos tipos de poni según la alzada: unos pueden llegar a medir 135 cm; otros, hasta 147 cm. Esto depende de si han sido criados en el bosque o en yeguadas. Ambos son de conformación estrecha, lo que hace que sean fáciles de montar para los niños. Pueden ser de cualquier color sólido.

La mayoría se encuentran en grandes extensiones de brezales y bosques. Los *commoners* (plebeyos), como se les llama a los habitantes de la zona, pueden tener allí ponis, pero muchos no se encuentran en buenas condiciones. Los mejores ejemplares suelen provenir de caballerizas.

Poni galés: Sección A

El poni galés de montaña ha vivido en las montañas de Gales desde antes de la llegada de los romanos. Se considera la raza de poni más bonita. El poni galés de montaña es fuerte y sólido, y posee una enorme capacidad de resistencia. Se usa tanto como poni de silla como para enganche.

La alzada de estos ponis no debe superar los 122 cm. Parecen caballos árabes en miniatura y son fuertes para su tamaño. Pueden ser de cualquier color sólido. Son animales de paso seguro e inteligentes, y esto los convierte en buenos ponis para equitación.

Poni galés: Sección B

El poni galés (Sección B), o poni galés de montura, es resultado del cruce de animales pertenecientes a las Secciones A y D, aunque también cuenta con caballos árabes entre sus antecesores. Este animal era utilizado en su origen por los granjeros para el transporte y también para pastorear las ovejas de las colinas de Gales. El tipo actual existe desde principios del siglo XX.

La alzada de estos ponis ronda los 127-137 cm. Además, pueden ser de cualquier color sólido. Poseen el carácter y la naturaleza dulce del poni galés de montaña (Sección A), pero son mejores para la equitación porque sus patas son más largas.

Un poni competitivo

Dado que tiene mayor alzada que el poni de montaña, pueden ser montados por niños mayores y ser empleados para participar en yincanas. Es de acción baja y larga, además de un buen saltador.

Poni galés: Sección C

En su origen, fue producto del cruce de ejemplares de las Secciones A y D, y recibe el nombre de poni galés de tipo *cob*. Es más pequeño que el poni galés Sección D, pero de constitución más maciza que el de la Sección B. En otro tiempo se empleaba para todo tipo de trabajos de granja, así como en las canteras del norte de Gales. Hoy día se utiliza con frecuencia para paseos, turismo ecuestre y enganche.

Este poni no debe alzar más de 137 cm. A pesar de su tamaño, el Sección C es muy fuerte y lo bastante duro para vivir en el exterior todo el año. Tiene buen temperamento y puede ser de cualquier color sólido.

Poni para el enganche

Debido a su acción rápida, los animales de la Sección C son ideales para el enganche. También son buenos ponis de silla, saltan bien y son capaces de cargar con niños o adultos.

Poni galés: Sección D

La Sección D, o Cob galés, se desarrolló entre los siglos XI y XIX a partir del cruce del galés de montaña (Sección A) con caballos españoles, trotones y árabes. Se usaba para todo tipo de tareas agrícolas y ganaderas, y también como poni de silla y para tirar de los carruajes en las ciudades.

La alzada de este poni está entre 147 y 157 cm. Puede ser de cualquier color sólido. Es famoso, sobre todo, por su trote rápido y sus altas zancadas. Es un poni ideal para el enganche y un buen saltador. También es bueno para la equitación y el turismo ecuestre.

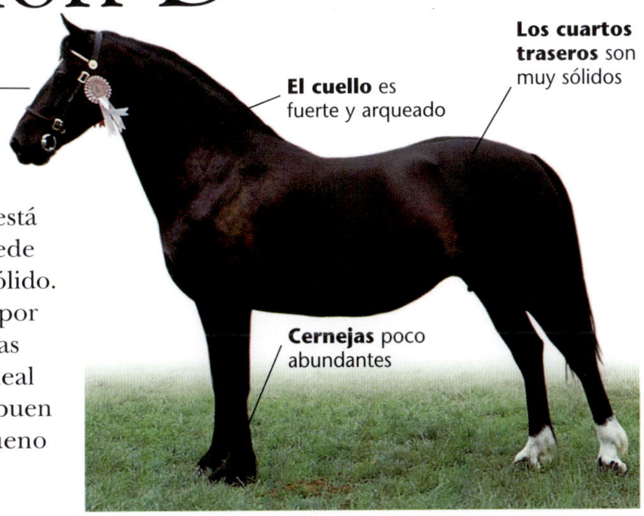

Fell

Esta raza de poni tiene unos 2.000 años de antigüedad. Procede de Cumbria, Inglaterra, y entre sus antepasados se encuentran los frisones. Los animales solían utilizarse para acarrear el mineral de plomo desde las minas a los puertos, así que a veces hacían casi 400 km a la semana. El poni de la raza Fell también servían para la monta y el enganche, para conducir el ganado y las tareas agrícolas.

Estos ponis miden tan sólo 142 cm, pero son capaces de arrastrar 100 kg o llevar jinetes adultos. Son fuertes y duros, enérgicos y de paso seguro. Siempre es negro o castaño oscuro; solamente se toleran marcas blancas pequeñas.

Un buen poni para equitación

Los hombros inclinados del Fell hacen que sea más adecuado que el poni Dales para la monta; lo pueden montar tanto adultos como niños. También se emplea para *trekking*. Tiene cualidades para el enganche y es muy popular en las competiciones de esta modalidad.

Dales

Este poni fuerte y rudo procede de Durham, Yorkshire del Norte y Northumberland, en Inglaterra. También servía para acarrear el mineral por las colinas. La raza, que cuenta con el Cob galés y el Clydesdale entre sus ancestros, tiene alrededor de 2.000 años de antigüedad.

La raza Dales es mucho más apropiada para el enganche que la Fell. Es un animal más alto, de constitución más sólida y con una acción de rodilla más alta. Mide unos 147 cm y la capa más habitual es la negra. El poni Dales se usa también para equitación en general.

Highland

Esta raza ha existido en Escocia desde la Edad de Hielo y es la más grande entre las de razas de ponis de Gran Bretaña. Se criaban para las tareas de las granjas, el trabajo forestal y la caza del venado. Había tres tamaños: el más pequeño provenía de las islas y el más grande de tierra firme. En la actualidad, no hay mucha diferencia entre los tres tipos de ponis.

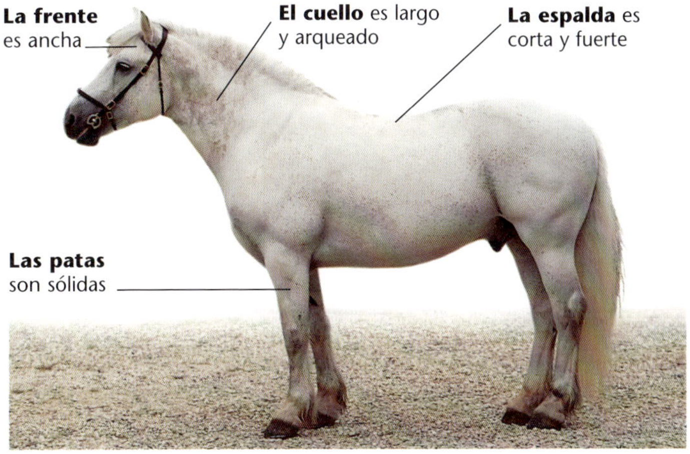

De poderosa constitución y muy fuerte, este poni recuerda a algunos de los caballos representados en las antiguas pinturas rupestres. A menudo luce una raya de mulo en el lomo y marcas de cebra en las patas. Tiene los hombros macizos y los cascos duros y sólidos. Vive mucho tiempo, es fácil de manejar y tiene un carácter dócil y amable.

Datos y cifras

- **Lugar de origen**
  Norte de Escocia
- **Tamaño**
  132–147 cm
- **Capa**
  Tordo, pardo, castaño, negro
- **Usos**
  Equitación, *trekking* y enganche

Un campeón
El campeón *Duart of Glenmuick* (derecha) posee las características crines y cola de la raza.

Fiordo

Esta antigua raza desciende el caballo de Przewalski. Es de color pardo, y tiene raya dorsal y en ocasiones marcas de cebra en las patas, características de los primitivos caballos. Es fuerte, duro y de paso seguro. Resulta económico de mantener. Además, posee una gran capacidad de resistencia.

Crines especiales

Las crines del Fiordo son oscuras en el centro y de un blanco plateado en la parte exterior. Se recorta de manera que la lleve de punta, como una larga curva, con la línea de crines negras más corta que las crines exteriores.

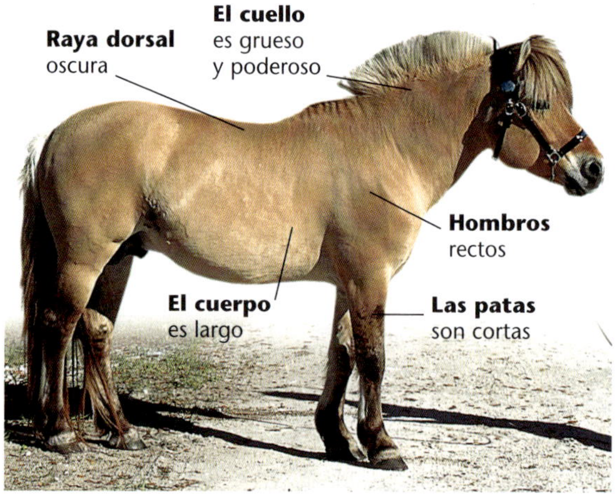

Los ponis que utilizaban los vikingos se parecían al Fiordo. Los trasladaban en sus largas embarcaciones hasta Islandia y Escocia. Desde la antigüedad, fue empleado para trabajar en granjas de las montañas, como poni de silla y para el arrastre. La alzada oscila entre 132 y 147 cm.

Islandés

Pese a su pequeño tamaño, muchos lo consideran un caballo. El poni islandés mide entre 130-137 cm, pero tiene fuerza suficiente para cargar con un adulto largas distancias. La raza llegó a Islandia con los vikingos y a lo largo de mil años ha permanecido intacta. Se usa para la equitación, el enganche y el turismo ecuestre.

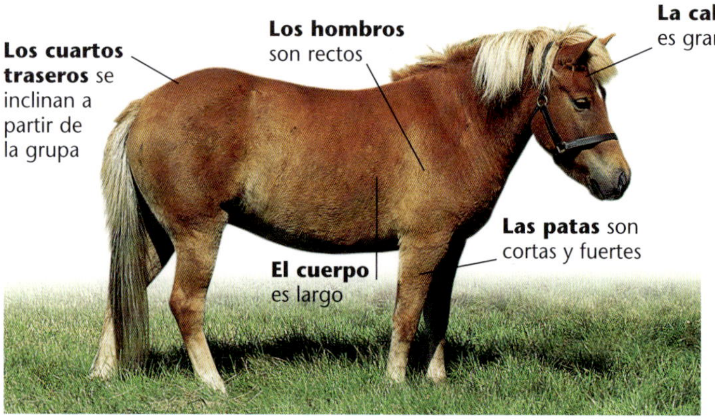

Además de desplazarse al paso, al trote y al galope, los ponis islandeses pueden llevar a cabo otros dos aires: un tipo de paso llamado *skeid*, y un movimiento rápido entre el trote y el galope llamado *tölt*. El poni islandés también es popular por participar en competiciones.

Al exterior

Aunque el invierno es muy duro en Islandia, los ponis islandeses suelen vivir al aire libre en estado semi salvaje. Este clima extremo hace que sean fuertes y duros, muy aptos para vivir y moverse con facilidad por los terrenos agrestes y montañosos de la isla.

Haflinger

El poni Haflinger ha sido criado en las montañas de Austria desde hace unos 200 años. Todos los ejemplares nativos llevan una marca: una «H» y una flor de las nieves *(Edelweiss)*, la flor nacional de Austria. Los Haglinger eran utilizados en trabajos agrícolas y forestales, así como poni de silla. Hoy día se han convertido en populares animales para *trekking*.

Además de ser sólidos y fuertes, los Haflinger suelen vivir mucho tiempo. Empiezan a trabajar a los cuatro años y pueden hacerlo hasta los cuarenta, casi el doble que el caballo medio. Tienen un temperamento dócil y son fáciles de manejar.

Datos y cifras

- **Lugar de origen**
  Tirol, Austria
- **Tamaño**
  135–147 cm
- **Capa**
  Alazán o palomino
- **Usos**
  Equitación, *trekking*, enganche

Paseo en trineo
Los Haflinger tiran en invierno de los trineos. En Navidad llevan los arreos decorados.

Nuevas razas estadounidenses

Algunos sementales producen crías con características similares a las de sus padres. Esta cualidad se denomina «prepotencia genética» y es muy apreciada a la hora de crear nuevas razas. Una vez establecida una raza, se crea el *stud book*, un registro en el que se inscriben los caballos que se ajustan a los estándares de dicha raza.

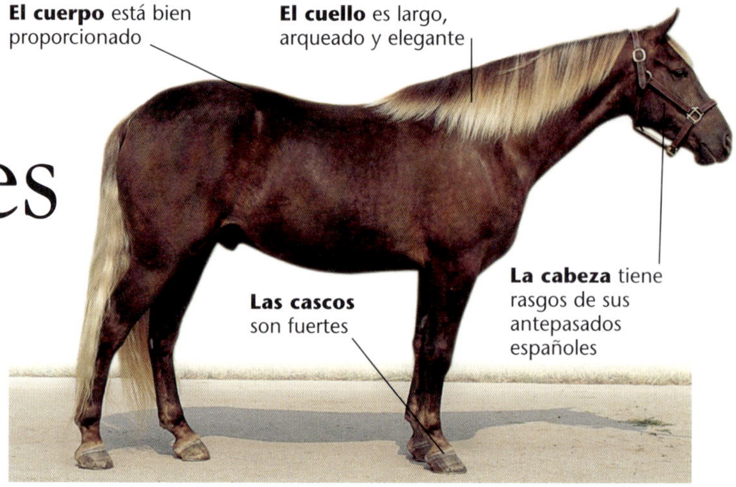

Rocky Mountain

Es posible que el Rocky Mountain sea la raza más reciente del mundo, pues su *stud book* se inició en 1986. El color favorito es el marrón chocolate con las crines y la cola rubias, aunque existen otras capas. Por su tamaño, a veces se le considera un caballo más que un poni. Es un animal duro y soporta bien el clima extremo del invierno.

Concursos de enganche
Los concursos de enganche del Shetland americano son una atracción muy popular en Estados Unidos. Algunos ejemplares también compiten en pruebas de equitación y saltos.

Shetland americano

El Shetland americano es muy diferente del Shetland de las islas británicas. La raza se desarrolló en la década de 1890 a partir del cruce de ponis Shetland de conformación ligera con el poni Hackney. El resultado es un animal parecido al Hackney, perfecto para los concursos de enganche.

Un aire especial
Aunque este elegante poni marcha a medio galope, el desplazamiento habitual es un paso en el que se mueven juntas las extremidades de un mismo lado. Con este paso el Rocky Mountain puede alcanzar una velocidad de 25 km/h.

Datos y cifras

Rocky Mountain	Shetland americano	Poni de las Américas
• Tamaño 147–152 cm	**• Tamaño** Hasta 117 cm	**• Tamaño** 117–132 cm
• Capa Chocolate, con crines y cola rubias, y otros	**• Capa** Cualquier color sólido	**• Capa** Las marcas son las mismas del Appaloosa

Poni de las Américas

Esta raza se inició en Iowa, Estados Unidos, durante la década de 1950, a partir del cruce de un poni Shetland con un Appaloosa. El fruto de ese cruce fue el primer ejemplar de esta raza. Son ponis pequeños y fuertes, y lucen las clásicas manchas de los Appaloosa. Son muy dóciles y tienen buen carácter.

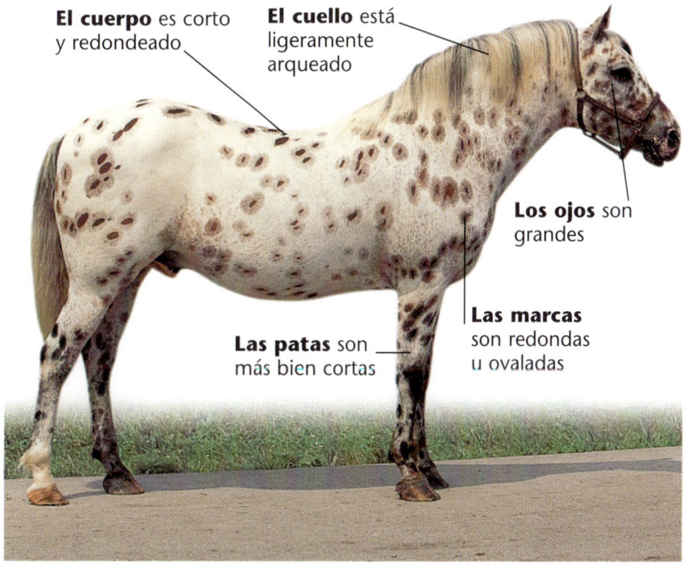

De la mano
Estos ponis, pequeños y fáciles de manejar, son estupendos para los niños que están aprendiendo a montar. En las primeras lecciones el jinete no va solo; alguien va a pie llevando al poni de la mano.

Caspio

Posiblemente es la raza de caballo o poni más antigua que existe y pudo ser antecesor del caballo árabe. Ha vivido desde tiempos prehistóricos cerca de la costa sur del mar Caspio, en la actual Irán. La raza fue redescubierta a mediados del siglo XX. Actualmente se crían en Europa, América, Australia y Nueva Zelanda ejemplares de esta raza.

El Caspio parece más un caballo en miniatura que un poni. Es de constitución ligera, con las crines y la cola finas y sedosas. Es un animal muy veloz, y su alzada oscila entre los 102 y 122 cm. Suele ser bayo o alazán.

Chincoteague y Assateague

Chincoteague y Assateague son dos islas de la costa de Virginia, en Estados Unidos. Estos ponis han vivido salvajes en estas islas desde el siglo XVI. Pueden ser descendientes de caballos berberiscos que naufragaron allí.

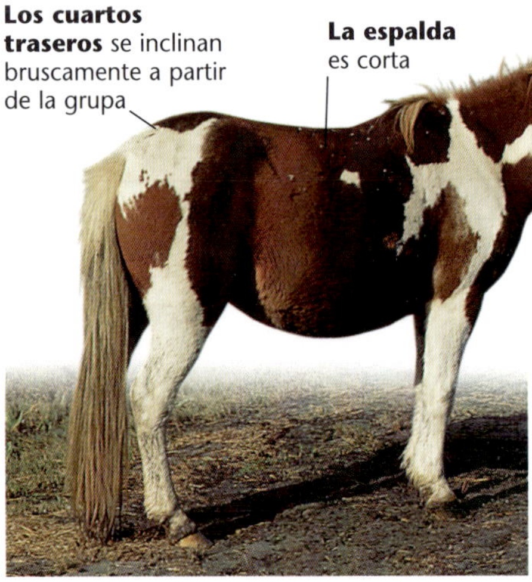

Estas dos razas de ponis llevan cientos de años viviendo en estas islas y no se han cruzado con otras razas, por lo que se mantienen intactas. Miden unos 122 cm. Los ponis Chincoteague y Assateague pueden ser de cualquier color, pero la capa pinta o pía es la más frecuente (*véase* Pinto, pág. 52).

Ponis isleños

Una vez al año, los ponis de la raza Assateague son conducidos a la isla de Chincoteague para la venta de ejemplares jóvenes. Son animales muy tozudos y pueden ser difíciles de manejar. Sin embargo, algunos ejemplares de esta raza se emplean como ponis de silla.

Basuto

Este poni recibe el nombre de la región de Sudáfrica en la que fue desarrollado entre los siglos XVII y XIX. Cuenta con árabes, pura sangre ingleses y berberiscos entre sus ancestros. El poni Basuto es un animal fuerte y resistente, apto para soportar duras condiciones. Los británicos los utilizaron durante la guerra de los boers.

El Basuto posee una alzada aproximada de 147 cm. Tiene mucha vitalidad y es capaz de recorrer grandes distancias a diario, lo cual hace que sea un poni popular para el turismo ecuestre. Los Basutos suelen ser castaños, bayos, tordos o alazanes.

Poni pastor

Los granjeros africanos de Lesoto emplean estos ponis para pastorear rebaños y recorrer sus tierras. En el pasado, servían también como ponis militares, para las carreras y para jugar al polo. Los ponis de esta raza son muy populares en el sur de África para todo tipo de equitación.

Boer

El poni Boer se desarrolló en Sudáfrica en el siglo XIX; sus antepasados son similares a los del poni Basuto. La raza Boer es más alta y de mejor calidad, ya que las mayoría de estos animales no tuvieron que soportar las duras condiciones de los Basuto. En su lugar de origen se le conoce como Boerperd. Se localiza en la región nordeste de Sudáfrica, donde se utiliza para todo tipo de tareas agrícolas.

La alzada del Boer va de los 140 cm a los 160 cm. Estos ponis pueden ser de cualquier color sólido, incluido el palomino. Algunos desarrollan cinco movimientos: además del paso, trote y galope, pueden llevar a cabo el *slow gait* y el *rack*. Son animales famosos por su resistencia.

Australiano

Los ponis llegaron a Australia a principios del siglo XIX. Fue en el siglo XX cuando el australiano alcanzó oficialmente la categoría de raza. Entre sus ancestros están el árabe, el Hackney, el Shetland, el pura sangre inglés y el poni galés Sección A, o poni galés de montaña, con el que guarda un gran parecido.

La alzada del poni australiano ronda los 122 y 142 cm. Es un animal muy atractivo, de acción libre y equilibrada. Tiene buen carácter y es muy fácil de manejar. La raza puede lucir cualquier color sólido. En Australia este poni es muy popular como poni de silla y de exhibiciones.

Falabella

La raza Falabella tomó su nombre de la familia argentina que la creó cerca de Buenos Aires a comienzos del siglo XX. Nació del cruce del poni Shetland con un caballo pura sangre inglés pequeño; a partir de ahí, continuaron seleccionando los ejemplares de menor tamaño. No son animales muy fuertes y necesitan muchos cuidados. No sirven como poni de silla, aunque en ocasiones se utilizan para el enganche. Se mantienen sobre todo como mascotas.

Minúsculo potrillo

Las crías del poni Falabella miden sólo 41 cm, pero crecen deprisa. La preñez dura trece meses, dos más que en el caso de otros caballos y ponis.

El Falabella mide entre 71 y 86 cm, y puede ser de cualquier color. La gente los considera más caballos en miniatura que ponis, ya que poseen huesos finos y esbeltas patas. Son muy inteligentes y cariñosos, por lo que resultan buenas mascotas.

Shetland

El Shetland es el más pequeño de los ponis británicos de montaña y páramo. Ha vivido en las desoladas islas Shetland, en el noreste de Escocia, desde hace unos 10.000 años. El duro clima y los pobres pastos han hecho de él un animal muy fuerte. De todos los caballos y ponis, el Shetland es, probablemente, el más fuerte.

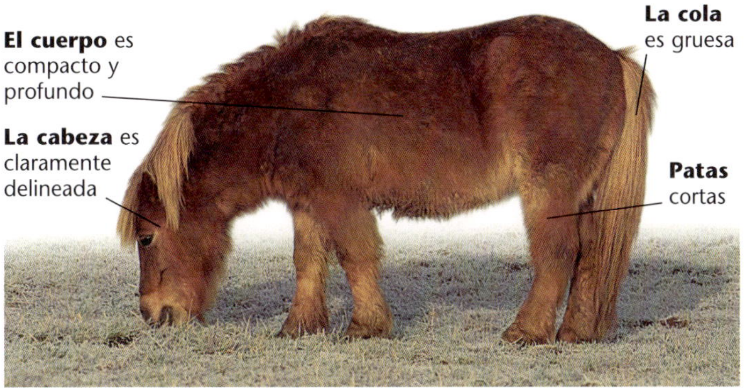

La alzada del Shetland se mide en pulgadas: mide hasta 42 pulgadas (107 cm). El Shetland puede ser de cualquier color. Son ponis ideales para que los monten los niños y también para el enganche. Tienen también mucho éxito en las carreras de enganche.

Resistentes

Los ponis Shetland son animales duros: soportan la nieve y los intensos vientos de su isla natal. Desarrollan una doble capa durante el invierno y se mantienen con poca comida. Su pequeño tamaño les permite buscar refugio más fácilmente que a otros ponis más grandes.

Hackney

El poni Hackney es una versión pequeña de la raza de caballo Hackney. Surgió durante el siglo XIX a partir del cruce del poni Fell y el poni galés, y el trotón de Yorkshire. Los ponis primitivos eran muy duros; los actuales siguen siendo animales resistentes y vitales. Llevan el cuello alto, y tienen el cuerpo compacto y las patas largas y potentes. La alzada del poni Hackney mide entre 127 y 142 cm. Son bayos, castaños o negros.

Acción espectacular

Resulta espectacular contemplar la acción alta del Hackney; desata aplausos en las exhibiciones. Hace aproximadamente un siglo, estos animales recorrían las calles de las ciudades: eran utilizados por los comerciantes para llevar a cabo la entrega de pedidos. En la actualidad, la mayoría se dedica a los concursos de enganche.

Mantener un CABALLO

El mantenimiento de un caballo representa un serio compromiso. Implica un trabajo duro para el que se necesita tiempo, pero resulta al mismo tiempo gratificante y divertido.

Compañía

Los caballos son animales gregarios, es decir, su instinto les lleva a vivir en manadas, así que no les gusta estar solos. Son más felices viviendo con otros caballos y ponis. Pero si esto no es posible, la compañía de otros animales puede ser un buen sustituto. Si nuestro poni está solo, deberemos visitarlo con asiduidad y hacer que se sienta parte de la familia.

Contacto humano

Los caballos y los ponis aprecian la compañía humana y siempre les agradarán nuestras visitas. No obstante, quizá no nos consideren tan importantes como para dejar de comer. Les encantará que les llevemos alguna golosina, como una zahanoria o una manzana. Antes de darle la golosina, es importante que nos aseguremos de que tenemos suficientes para satisfacer a todos los del grupo para que ninguno se quede sin su premio.

Los caballos siempre disfrutan con un premio. Sin embargo, estarán también encantados de vernos si llegamos con las manos vacías si los acariciamos y hablamos con ellos.

Compañía animal

La mayoría de los animales se hacen amigos en cuanto llegan a conocerse y se dan cuenta de que forman parte de un grupo. Los caballos y los ponis se llevan bien con una gran variedad de animales, desde gatos y perros al ganado de una granja.

Aunque en un grupo siempre hay un caballo o poni que domina siempre, dos caballos que convivan suelen hacerse buenos amigos.

Los caballos congenian con los gatos. Un gato es un buen compañero para un poni, tanto en un establo como en el exterior.

Una cabra amistosa es una buena compañía para un caballo solitario, al igual que las vacas y las ovejas.

Todo lo que necesita un caballo

Un caballo necesita comida y agua, un refugio para protegerse del sol y de la lluvia, ejercicio regular y compañía. En estado natural, todas estas necesidades de los caballlos están cubiertas. Sin embargo, cuando domesticamos a los caballos y los obligamos a trabajar, pasaron a depender de nosotros, por lo que somos nosotros los que debemos cubrir todas sus necesidades. Estamos en deuda con ellos y debemos atenderlos tan bien como sea posible.

Ejercicio regular

Si un caballo está estabulado, deberá ejercitarse a diario. Si no podemos montarlo, tendremos que sacarlo al campo un rato y dejar que corra. El ejercicio físico es importante porque mantiene al caballo en forma. Su circulación, su corazón y sus pulmones funcionan mejor, y sus huesos y músculos se mantienen fuertes y sanos. Por eso es tan importante que un caballo o un poni se mantenga activo.

Algún tipo de refugio

Aunque el caballo viva en el campo, debe contar con algún tipo de refugio para que pueda protegerse del sol y las moscas en verano, y de la lluvia, el viento y la nieve, si la hay, durante el invierno. Los árboles y los arbustos le ofrecen cierta protección, pero un refugio debidamente construido es la solución más recomendable.

Pastar en el campo

Todos los caballos y ponis deberán tener acceso a un buen pasto, al menos durante parte del día. Ése es su estilo natural de vida. Si les damos la oportunidad de alimentarse libremente, desplazarse de un sitio a otro, revolcarse y galopar un poco, se sentirán más tranquilos y serán animales felices.

Una cuadra adecuada

Si el caballo va a ser estabulado, es decir, va a vivir dentro de una cuadra, la construcción tendrá que reunir ciertos requisitos. La cuadra deberá ser lo suficientemente alta para que no se golpee la cabeza. El establo dispondrá de luz y estará bien ventilado. Ha de contar con un buen drenaje, para que la cama se mantenga lo más limpia posible.

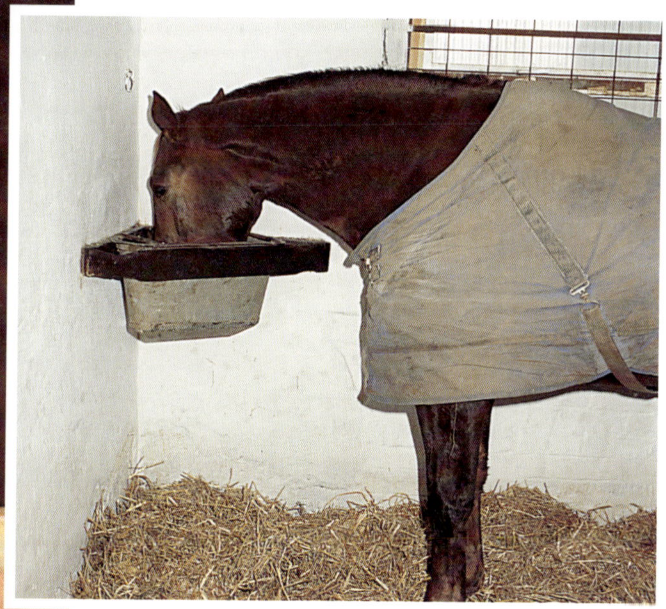

Rutina alimentaria

Un caballo estabulado necesita una alimentación regular. La cantidad de comida que debe tomar depende de cada ejemplar y del trabajo que lleve a cabo. Lo que nunca debe faltarle a un caballo o poni es la hierba, que reemplazará a la que comería si viviese al aire libre y pastase en un prado.

Cama

El suelo de la cuadra deberá estar cubierto de un lecho seco, cálido y cómodo para que el caballo o el poni se puedan tumbar sin riesgo de golpes o heridas. Este colchón, además, absorbe parte de la tensión que el animal aculuma en las patas cuando ha pasado largos periodos sobre una superficie dura. Hay camas de muchos tipos. Sea cual sea la que elijamos, debería tener un espesor de al menos 15 cm.

Paja Son restos secos de trigo, cebada o avena. Es un material barato. Sin embargo, a algunos caballos les gusta comerse la paja y pueden sufrir cólicos.

Aubiose Está hecho a base de lúpulo. Se vende envasado al vacío y resulta práctico para los caballos y ponis que tienen alergia al polvo. Es un poco caro.

Colchón de goma Es muy caro, pero ahorra tiempo. Hay que cubrirlo con algún tipo de cobertura para que pueda absorber la humedad.

Virutas de madera También se puede adquirir envasado al vacío. Una vez extraído el polvo, es ideal para caballos con problemas respiratorios.

Papel Los recortes de periódicos son baratos, pero hay animales alérgicos a la tinta. Es muy pesado de retirar y desagradable de manejar cuando está mojado.

Una buena caminata
Puede que tengamos que cargar con los arreos una larga distancia si el poni está libre en el campo.

Formas de mantener un caballo

Podemos mantener al caballo en el campo o en una cuadra, o parte del tiempo en el exterior y parte en el interior. Cuidar de un caballo estabulado es una tarea dura para la que, además, se necesita mucho tiempo. Y es más costoso que tenerlo en un prado. Sin embargo y aunque atender a un caballo en el exterior da menos trabajo, prepararlo para montar lleva más tiempo. Para muchos, el sistema ideal consiste en encerrar a los caballos durante el día en verano y por la noche en invierno, y dejarlos sueltos el resto del tiempo.

El campo en invierno

En invierno, el terreno puede embarrarse mucho, por lo que el caballo estará mojado y sucio la mayor parte del tiempo. Eso no es nada bueno para las patas y los cascos. Sin embargo, los animales en el exterior tienden a sufrir menos resfriados y problemas respiratorios que los estabulados.

Cómo atrapar a un caballo

Algunos caballos son difíciles de coger; otros tratan de escapar una vez atrapados. Una cuerda larga puede ser peligrosa, así que intentaremos que no se suelte. En el caso de un animal difícil, lo aconsejable es colocarle una jáquima o cabezada.

Preparación para el paseo

Es sencillo preparar a un caballo estabulado para un paseo. Pero si está fuera, antes de poder montarlo, nos dirigiremos al campo, lo atraparemos y lo limpiaremos un poco para colocarle los arreos.

Un animal estabulado depende por entero de nosotros para la comida y el agua.

Rutina alimentaria

Si los caballos están en establos, debe mantenerse un horario de comida regular. Se incluyan o no alimentos preparados (*véase* pág. 93), necesitarán una dosis de heno varias veces al día, lo mismo que ellos tomarían si estuvieran en el exterior.

Limpieza

Si el caballo está estabulado, habrá que limpiar la cuadra al menos una vez al día y retirar los excrementos a intervalos regulares. Eso ocupa mucho tiempo y puede ser un trabajo bastante pesado.

Eliminación del polvo y las manchas

Para estar presentable, un caballo estabulado sólo necesita un rápido cepillado (*véase* pág. 99). Si el animal vive en el exterior, tendremos que eliminar el barro adherido a la piel. Lo más importante es retirar la suciedad de los lugares en donde irán los arreos para que no le produzca graves irritaciones.

Suministro de agua en el exterior

Si el campo no cuenta con un abrevadero que se llene automáticamente, deberemos acarrear agua todos los días. Si hace calor y hay varios caballos, el trabajo será mayor.

El alojamiento

Si somos inexpertos, una buena idea es alojar a nuestro caballo en un centro ecuestre; así podremos contar con la ayuda del personal del centro. El tipo de centro y su precio varían. Algunos cobran menos si dejamos que utilicen nuestro caballo o poni para las clases. Lo ideal es que tengamos un espacio propio para tenerlo con nosotros. Además de tenerlo en un centro, otra posibilidad es alquilar un terreno con una cuadra donde alojarlo.

Establo americano

En la actualidad, muchos centros ecuestres emplean los establos americanos: un recinto largo dividido en boxes o cuadras individuales con un pasillo central. Resulta muy apropiado cuando hace mal tiempo, pero en algunas ocasiones puede plantear problemas de ventilación.

Boxes tradicionales

Cada cuadra se abre directamente al exterior, de modo que los caballos pueden ver lo que ocurre fuera. El tejado ofrece protección frente al sol y lluvia, tanto a los animales como a las personas que trabajan en los establos.

Plan de reforma

Tal vez tengamos un garaje o cualquier otro espacio que podamos transformar en establo. En la mayoría de los lugares, habrá que pedir permiso para las obras y entregar los planos en el Ayuntamiento, gestiones que pueden acarrear mucho tiempo.

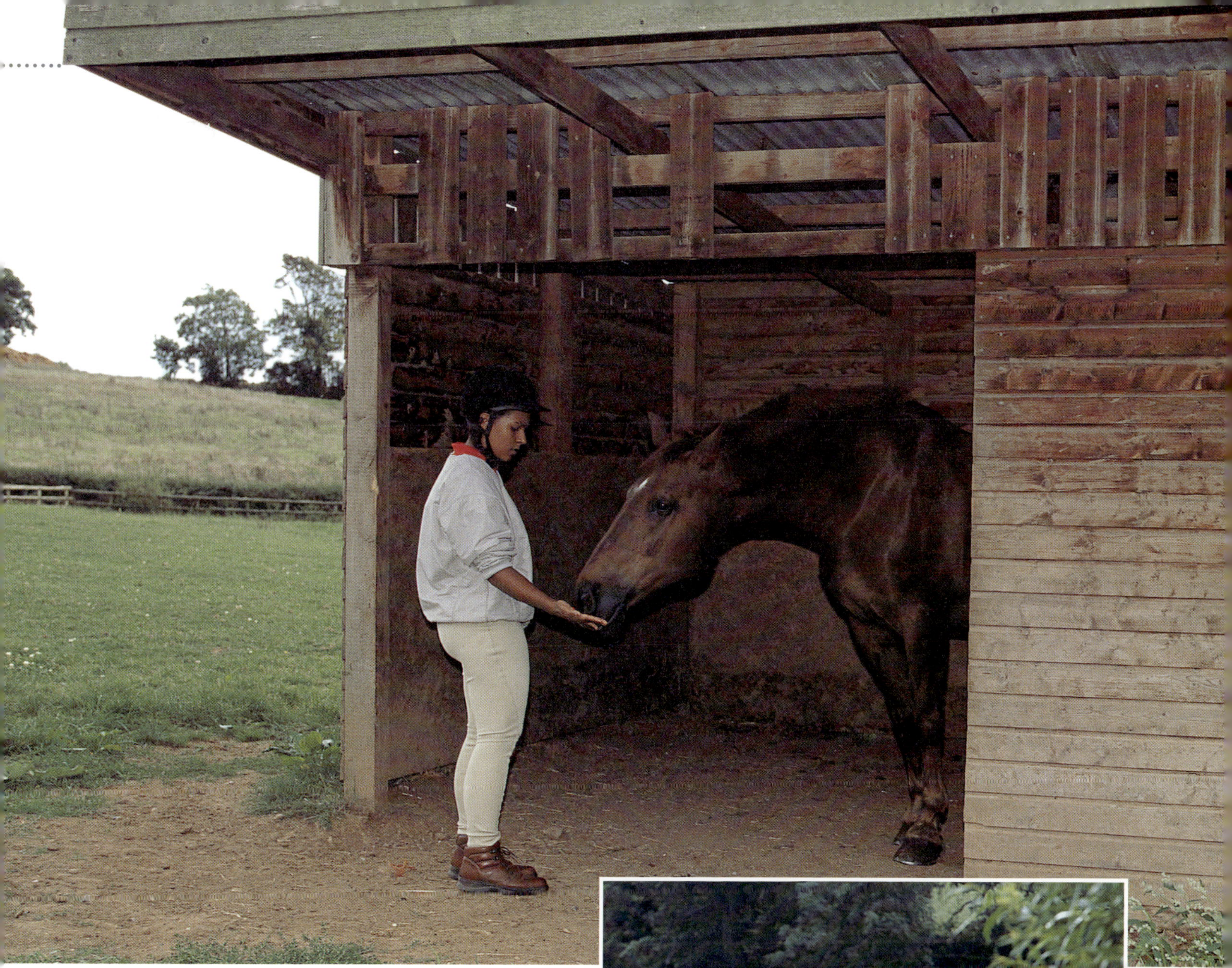

Terreno con refugio

Si contamos con un terreno en el que poder instalar a nuestro caballo, es importante que nos aseguremos de que disponga de algún tipo de refugio. El animal podrá resguardarse de las inclemencias del tiempo, podremos alimentarlo dentro en invierno, y podremos almacenar allí todo lo que necesitemos.
No deberíamos dejar los arreos en dicho refugio.

En alquiler

Quizá tengamos la ocasión de arrendar un terreno, y hasta es posible que una cuadra. Sin embargo, a muchos no les gusta tener caballos en sus tierras. Alquilar un terreno es algo muy práctico, ya que dispondremos de un suministro de hierba, y hasta puede que el arrendatario nos permita montar en alguna parte de sus terrenos.

Nuestro propio establo

Si tenemos la oportunidad de tener a nuestro caballo en casa, antes de instalarlo, tenemos que planificarlo todo bien antes. El establo no tiene que ser perfecto, ni siquiera convencional; sólo tiene que reunir ciertos requisitos básicos para que sea seguro y cómodo para nuestro caballo o poni.

La cuadra en casa

Tal vez tengamos la oportunidad de tener un espacio en casa que podamos utilizar como cuadra para nuestro poni. Las condiciones de este espacio deben ser las adecuadas; debe tener un techo impermeable, una buena ventilación y un suelo estable.

Una cuadra prefabricada

Otra posibilidad es comprar una cuadra de madera prefabricada y montarla en casa. Como deberemos construirla sobre una base sólida, tal vez tengamos que echar una capa de hormigón Es importante que pensemos muy bien el lugar en el que vamos a colocarla antes de empezar.

Planificación del establo

Si estamos pensando en instalar al caballo en nuestra casa, deberemos recordar que hace falta algo más que una construcción en la que alojarlo. Aunque estemos pensando en un único box, debemos dejar espacio suficiente para guardar la comida, la paja y el material de cama; los dos últimos ocupan mucho sitio. Habrá que reservar un lugar, no muy cerca de la casa, para el estiércol. También debemos pensar en el guadarnés, un lugar en el que guardar los arreos. Y si no disponemos de un recinto cercado, tendremos que encontrar un terreno para que el caballo pueda ejercitarse a diario.

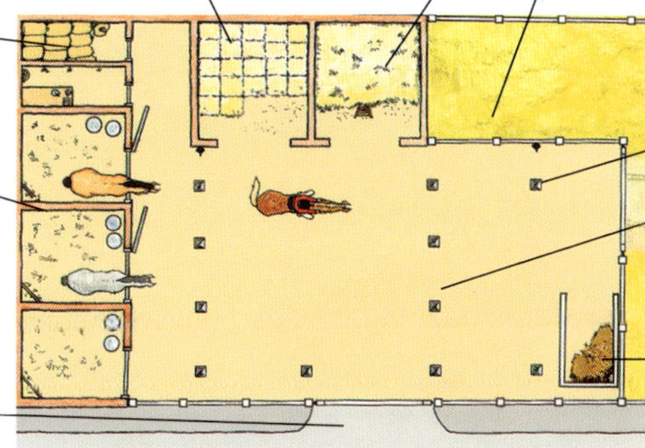

Requerimientos de un establo

A la hora de pensar en la cuadra en la que instalar a nuestro caballo, deberemos tener en cuenta sus dimensiones: debe ser lo bastante amplia como para que el caballo o poni pueda moverse, y la puerta y el techo han de ser lo bastante altos para que el animal no se golpee la cabeza al entrar o estando dentro. Hay que contar con una toma de agua cerca de la cuadra. La luz eléctrica es práctica, pero no indispensable. Si la instalamos, las bombillas e interruptores tendrán que estar en lugares a los que el animal no pueda llegar.

Argollas
Es útil disponer de amarraderos dentro y fuera del establo para atar al animal y colgar las mallas o redes para el heno.

Puertas doble
Si mantenemos abierta la parte de arriba, el caballo puede mirar hacia fuera. Es importante dejarla abierta para ventilar.

Abrevadero automático
Hará falta una pequeña instalación de fontanería. Sin embargo, el ahorro de tiempo y esfuerzo será inmenso. Merece la pena.

Ventanas basculantes
La parte de arriba debe abrirse hacia el interior para dejar que pase el aire, pero no la lluvia. Conviene proteger los cristales con rejas.

Comedero
También podemos poner la comida en un cubo u otro tipo de recipiente en el suelo, pero un comedero fijo es más difícil de volcar.

Cerrojos
Algunos caballos y ponis son capaces de abrir los cerrojos. Para evitarlo, colocaremos un pestillo con seguro o mosquetón.

Buen drenaje
Para contar con un buen drenaje, el suelo debe ser de cemento o ladrillo, y tener una ligera inclinación hacia el desagüe. El suelo también puede ser de tierra.

Cierre de aldaba
Un cierre de este tipo en la parte inferior evitar tener que agacharse, algo muy útil cuando uno va cargado.

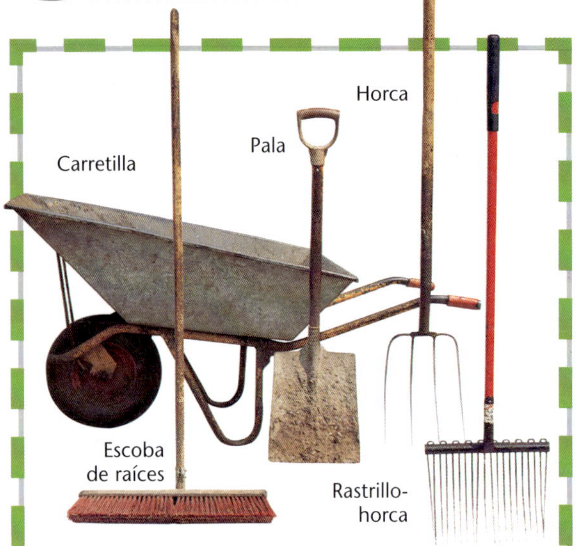

Equipo de limpieza

Para limpiar las cuadras necesitamos una horca y una pala para retirar los excrementos y el material húmedo de la cama, una escoba para barrer el establo y el patio, y una carretilla para llevar el estiércol hasta el lugar en el que hayamos decidido almacenarlo.

La limpieza de la cuadra

Esta operación implica todas las tareas relacionadas con el mantenimiento de las cuadras. Buena parte de este trabajo consiste en una rutina diaria: sacar el estiércol, dar de comer y beber al animal, y mantener limpio y ordenado el lugar. Además, es fundamental conservar todas los utensilios necesarios en óptimas condiciones y controlar las existencias de comida y material para la cama.

Retirar el estiércol

Para mantener en buen estado la cuadra de nuestro caballo, hará falta desestercolar, es decir, retirar el estiércol del animal y el material de cama humedo –ya sea paja, viruta, o lo que hayamos decidido utilizar– al menos una vez al día. Algunas personas utilizan un sistema de cama en el que sólo hace falta limpiar los excrementos y añadir algo más de material limpio.

Limpieza
Apilar el estiércol y la paja húmeda en un montón en el suelo. A continuación, cargarlos en la carretilla con una pala. Continuar este proceso hasta que el suelo quede limpio.

1 Recoger primero los excrementos que queden a la vista en la superficie con el rastrillo-horca y echarlos a la carretilla.

2 Una vez hecho esto, empujar las virutas hacia las paredes de la cuadra; retirar al mismo tiempo los excrementos que aparezcan.

3 Tras realizar esta limpieza superficial, todavía quedarán restos húmedos en el suelo. Los retiraremos con el rastrillo-horca.

4 Ya hemos eliminado la mayor parte de la cama húmeda y hemos apilado el material de cama seco cerca de las paredes. Ahora barremos el suelo para recoger la suciedad restante.

El almacenaje del material de cama

Hay que almacenar en algún sitio las balas de paja o virutas. Debemos elegir un lugar cubierto, si puede ser un pajar con buena ventilación para impedir que se enmohezcan. También se pueden guardar en el exterior protegidas por una lona impermeable.

Un poco de orden

Trate de mantener el estiércol ordenado. Lo ideal es que lo divida en tres secciones: una parte con el estiércol más reciente, otra parte con el que está empezando a descomponerse, y una tercera parte con el estiércol descompuesto antes de depositarlo en otro lugar o utilizarlo en el jardín.

Agua limpia

Los caballos y los ponis deben tener agua a su disposición de forma permanente. Siempre que visitemos la cuadra, deberemos comprobar el recipiente para ver si hace falta rellenarlo. Y si el agua está sucia, la tiraremos y aclararemos bien el cubo antes de rellenarlo. Debemos fregar el cubo de vez en cuando para mantenerlo limpio.

Los recipientes para el agua están hechos, normalmente, de plástico o caucho.

5 Esperar, si es posible, a que el suelo se seque y se airee un poco. Volver a extender el material de cama seco que habíamos apilado cerca de las paredes.

6 No siempre será necesario añadir material de cama seco. En el caso de que haga falta, abriremos el embalaje y luego cortaremos la cinta con tijeras o con una navaja.

7 Las balas de virutas de madera que compramos vienen muy prensadas. Con frecuencia, si no necesitamos utilizar todas las virutas de una sola vez, lo más fácil es usar la horquilla para separar lo que necesitemos en ese momento y distribuir bien el material por todo el suelo de la cuadra.

La elección del terreno

El terreno ideal para que pasten los caballos y los ponis debe estar nivelado y bien drenado. Necesitarán alguna sombra (árboles o setos) y un lugar cubierto en el que poder refugiarse. Este terreno deberá estar bien cercado, y deberá disponer de agua, de un acceso seguro desde la carretera y de una puerta que podamos cerrar en caso necesario. Es fundamental que todo el terreno esté libre de plantas venenosas.

La cerca

Un cercado hecho con estacas y largueros de madera será perfecto para los caballos, pero resulta bastante caro. Los claros que pueda haber en los setos o en los muros pueden ser reforzados con un pastor eléctrico. Se trata de un sistema seguro si se mantiene alejado del suelo y si se comprueba con regularidad que llega la corriente.

Un buen pasto

A los caballos y ponis les va muy bien una mezcla de gramíneas como centeno, festuca de los prados, hierba triguera, con algunas plantas herbáceas beneficiosas como diente de león, achicoria y milenrama. Los pastos fertilizados con nitratos no son nada convenientes para los caballos y los ponis. El campo deberá ser cuidado adecuadamente.

Plantas venenosas

Es importante que revisemos el campo en el que vayamos a tener a nuestro caballo para arrancar y quemar todas las plantas venenosas que encontremos. Si el prado está cerca de un jardín, nos aseguraremos de que el caballo no puede entrar en contacto con rododendros, laburnos, aligustres y otras plantas para setos perennes. Muchas de las plantas perennes son venenosas.

Suministro de agua

Un arroyo no es lo ideal, pues podría estar contaminado. Lo mejor es instalar un abrevadero automático: así nos aseguramos de que al caballo no le falta agua. Si no es posible tenerlo, deberemos cargar con cubos. Hay que limpiar con frecuencia tanto el bebedero como los cubos para eliminar las algas que se forman en ellos.

Un cierre de seguridad
A menos que el terreno esté vigilado, es recomendable mantener la puerta cerrada como medida de seguridad frente a los ladrones.

Puerta segura

Una puerta batiente en buenas condiciones, que no esté descolgada de las bisagras, que no choque con el suelo al abrirla o cerrarla, o que no se nos cierre cuando la atravesemos, garantiza que podamos dejar al poni en el prado con tranquilidad. La puerta puede estar hecha de madera o metal.

Señales de mal estado del terreno

Un prado lleno de excrementos y con más malas hierbas que pasto, con el cercado roto y una puerta sujeta con cuerda, no es lo apropiado para un caballo.

Pasto desigual
Las matas de hierba rodeadas por calvas suelen ser una señal de que el campo ha sido sobreexplotado. Antes de meter de nuevo en él a los caballos o ponis habrá que repasarlo bien y dejarlo descansar.

Terreno empantanado
Un suelo que no drena bien y en el que pastan demasiados animales durante el invierno, en poco tiempo se volverá cenagoso y no servirá como pasto. Un terreno con un buen drenaje es fundamental.

Demasiados excrementos
El campo debe estar bien limpio de excrementos, algo que hay que limpiar con mucha frecuencia. Los excrementos matan las hierbas y contienen huevos de gusanos. Un caballo que se alimente en un sitio así puede infectarse.

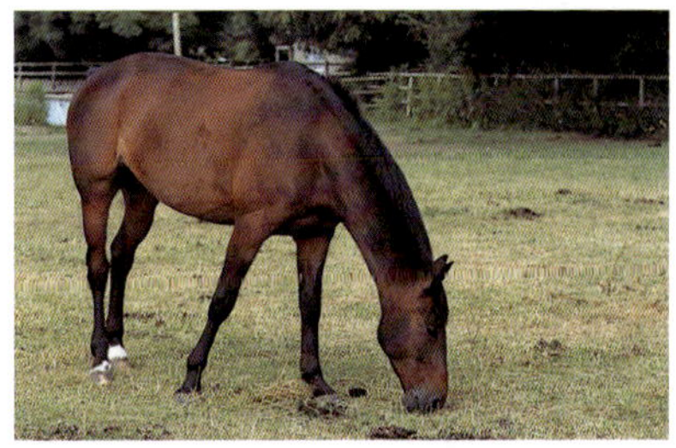

Alambre de espino
Nunca se debe emplear alambre de espino en un cercado para caballos o ponis. Muchos animales resultan heridos por esta causa. El alambre es peligroso especialmente si está oxidado o mal tensado.

Cuidado del terreno

Es importante que el terreno destinado al caballo esté en buenas condiciones, así que hay que dedicarle mucha atención. Los caballos y ponis tienden a pastar en determinadas zonas hasta dejarlas desnudas, mientras que otras quedan sin tocar. Meter otros animales en el prado equilibrará el pasto. Además, puede que necesite un fertilizante o abono con cal, y pasar una máquina en primavera si ha quedado muy encharcado en invierno.

Arrancar la hierba cana

Es una planta alta y venenosa. Tiene las hojas deshilachadas y pequeñas flores muy parecidas a las margaritas amarillas. Habrá que revisar el suelo con regularidad y arrancarlas de inmediato. Deberemos destruir los restos de esta planta y echar después sal en los agujeros que quedan al arrancarlas para matar así las raíces y evitar que vuelvan a nacer de nuevo.

Recogida de excrementos

No retirarlos no solamente daña la hierba, sino que además potencia el desarrollo de parásitos. Si el campo es pequeño, recogeremos los excrementos a diario con una pala y una carretilla. Esto puede resultar más complicado si el terreno en el que pastan los caballos es grande; en este caso, habrá que pasar una grada que desmenuce el estiércol. El sol lo secará y matará los huevos de los gusanos.

Rotación del pasto

Meter ovejas o vacas en el prado del caballo es un sistema para detener el desarrollo de los huevos de gusanos, ya que estos sólo pueden vivir en el sistema digestivo de caballos y ponis. Si es posible, deberían rotarse caballos, vacas y ovejas.

Rozado del campo

Todos los veranos, en una o dos ocasiones, habrá que rozar el terreno. Consiste en que un tractor arrastre una máquina a lo largo del terreno y vaya cortando las malas hierbas como ortigas y cardos. Esto contribuye a atrofiar el desarrollo de estas plantas y evita que dispersen las semillas. Rozar el terreno, al mismo tiempo, potencia el crecimiento y la floración de brotes de hierba, es decir, más pasto saludable para los caballos y ponis.

Eliminación de piedras

Las piedras pequeñas pueden introducirse en los cascos de los caballos y de los ponis, y producir cojeras. Las piedras más grandes pueden resultar peligrosas, pues los caballos pueden tropezar con ellas y dañarse los tendones, e incluso caerse. Por tanto, es una buena idea retirar todas las que podamos.

Recogida de basura

Si el terreno está cerca de una carretera, puede llenarse de basura, como cuerdas (imagen superior izquierda) y plásticos (derecha). Si un poni se traga una bolsa de plástico podría morir, y las latas y las botellas de cristal pueden producirle graves cortes. Una cuerda puede enredarse en las patas del caballo y también provocarle problemas si se la come. Hay que revisar a diario el campo y retirar la basura.

El manejo básico de un caballo

Lo primero es sacarlo de la cuadra y llevarlo hasta el campo. Lo mejor es quitarle la cabezada para evitar que se le pueda enganchar en un seto o una valla; si se trata de un animal difícil de coger, a veces se les deja la cabezada puesta. Intentaremos calmarlo si vemos que se siente excitado ante la perspectiva de reunirse con otros caballos en el campo.

Cómo sacarlo al exterior

Mientras nos preparamos para salir con nuestro caballo, otros caballos o ponis que estén ya fuera pueden sentirse curiosos y reunirse frente a la puerta. Si sucede esto, le pediremos ayuda a alguien para que nos abra la puerta y los disperse. Así podremos sacar a nuestro caballo al prado con mayor seguridad.

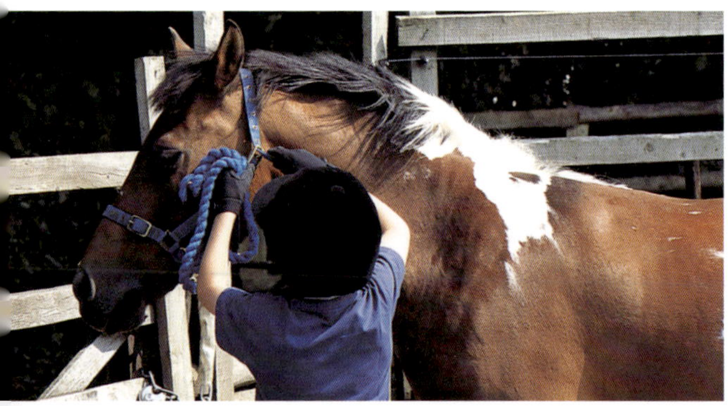

1 Al llegar al prado con el caballo, avanzaremos varios metros después de cerrar la puerta a nuestra espalda, sin soltar al animal. Entonces, hacemos que se vuelva hacia la puerta y le quitamos la cabezada.

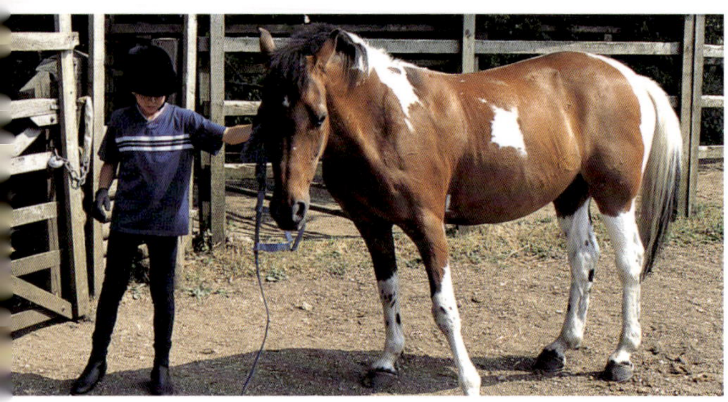

2 A continuación, dejamos que se marche despacio. Si el caballo se pone nervioso e intenta saltar o galopar, nos apartaremos de su camino de forma inmediata.

Premios
Aunque un exceso de golosinas puede hacer que el caballo se habitúe a morder, ofrecerle un premio cuando vayamos a buscarlo hará que sea más fácil de atrapar.

Cómo conducirlo

Habitualmente, se conduce desde el lado izquierdo. Sujetaremos la cuerda de modo que nuestra mano derecha quede cerca de la cabeza del animal y la mano izquierda próxima al final de la cuerda. Debemos mirar al frente y caminar a la altura del hombro del caballo.

Cómo sujetarlo

Si el caballo no nos hace caso, bajaremos nuestra mano derecha hacia el extremo de la cuerda próxima a la izquierda. Hay que intentar que no se aleje, sino que describa círculos a nuestro alrededor. No debemos enrollar nunca la cuerda en las manos: el caballo puede arrastrarnos si tira de ella.

Cómo atraparlo

Con algunos caballos resulta más sencillo que con otros. Si debemos atrapar a un animal difícil, nos acercaremos a él con la cabezada oculta detrás de nuestro cuerpo y la otra mano extendida con alguna golosina o premio. No hay que perseguirlo si sale corriendo; esperaremos a que vuelva a acercarse.

1 Avanzar hacia el hombro del animal, con la cabezada en una mano y un premio en la otra, de forma que pueda verlo.

2 Le ofreceremos el premio y, rápidamente, pasaremos la cuerda de la cabezada alrededor del cuello antes de que le dé tiempo a huir.

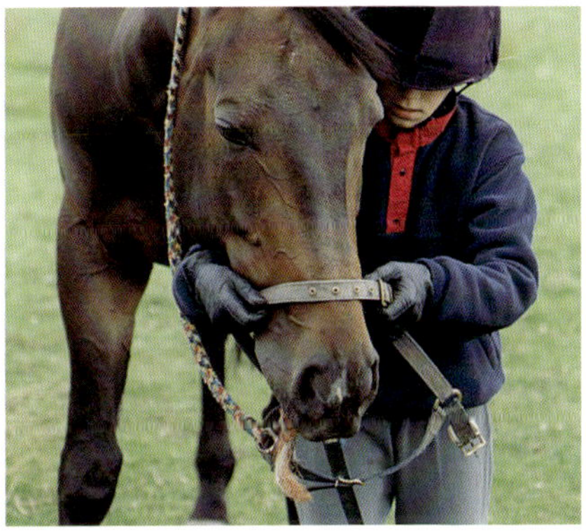

3 Ajustamos la cabezada sobre el hocico del caballo, con la cuerda de la cabezada alrededor del cuello por si decide echar a andar.

4 Pasamos la mano derecha bajo su mandíbula y aseguramos la cabezada. A continuación, pasamos la cuerda por encima de la cabeza del caballo mientras sostenemos la pieza de la cabezada que va sobre el carrillo con la otra mano.

5 Por último, ajustamos la hebilla de la cabezada para que encaje correctamente: no debe quedar ni demasiado prieta, ni demasiado suelta. Introducimos el extremo de la correa a través de la hebilla para que no estorbe ni se manche. Ahora ya podemos guiar a nuestro caballo o poni hacia donde queramos con comodidad.

La ALIMENTACIÓN

El alimento natural de un caballo es la hierba. Debe consumir mucha cantidad para estar bien alimentado. Reemplazamos el pasto por heno y otros tipos de comida para compensar este cambio en su alimentación.

Las reglas de la alimentación

El estómago de los caballos y de los ponis es pequeño, y sus intestinos grandes. Necesitan ingerir la comida en pequeñas cantidades, pero en conjunto toman mucho alimento. De esta forma se alimentan ellos cuando pastan en el campo. En cuanto a la comida ya preparada (*véase* pág. 93), es muy importante que su estómago no se llene demasiado con cada bocado.

Mucha agua limpia

El caballo siempre debe tener agua limpia a su alcance. Si por algún motivo no tiene libre acceso a la misma, habrá que ofrecérsela a intervalos regulares antes de la comida. Beber después de comer puede provocarles problemas digestivos como, por ejemplo, cólicos.

Reglas básicas

Poca cantidad y con mucha frecuencia.

Sólo alimentos frescos.

Ajustar la cantidad de comida al ejercicio que haga.

Introducir poco a poco en su dieta nuevos alimentos.

Mucha comida con fibra, como un buen heno.

Que pase en el campo parte del día.

Si está estabulado, ofrecerle algo suculento como zanahorias o nabos.

Respetar los horarios de las comidas todos los días.

Mantener limpio el comedero.

Una malla para el heno evita que la comida entre en contacto con el suelo.

Regularidad

Es preferible dar a un caballo raciones de comida varias veces al día, en pequeñas dosis y a intervalos regulares. Debemos establecer una rutina que nos convenga y nos atendremos a ella. Los caballos y los ponis no entienden la diferencia entre un día laborable y otro del fin de semana. Esperan que su comida aparezca cada día a la misma hora.

Tipos de comida

Los alimentos para caballos pueden dividirse en dos tipos principales. Los alimentos ricos en fibra (la hierba y heno), forman la parte básica de la dieta; un caballo puede alimentarse sólo con eso. Pero si hace un trabajo duro, puede que necesite que un 30 por ciento de su ración esté compuesto por piensos o comida concentrada.

Un nudo fácil de deshacer

Hacer una lazada en la cuerda y luego introducirla a través del anillo. Dar varias vueltas a la base de la lazada.

Hacer una segunda lazada en la parte libre de la cuerda y pasarla por la primera que hicimos.

Ajustar el nudo tirando de la cuerda. El nudo se deshace tirando del extremo suelto.

Cómo rellenar una malla

El heno se desperdicia si se deja en el suelo, ya que se humedece y el caballo la pisotea. Para rellenar una malla, hay que abrirla todo lo posible. Arrancaremos un puñado de heno de la bala y lo colocamos en el centro de la malla. Para hacernos una idea aproximada de lo que come nuestro animal, podemos contar la cantidad de puñados que ponemos.

¿Qué cantidad?
Para asegurarnos de que la cantidad de comida que le ponemos es la correcta, podemos pesar la malla una vez rellenada.

Cómo colgar una malla

Hay que colgar la malla muy alta para evitar que el caballo le dé con las patas y se enrede con ella. Utilizaremos un nudo fácil de deshacer para retirar la malla más fácilmente cuando esté vacía.

1 Colgamos de una argolla la cuerda de la malla. Luego tiramos de la cuerda para alzarla a la altura deseada.

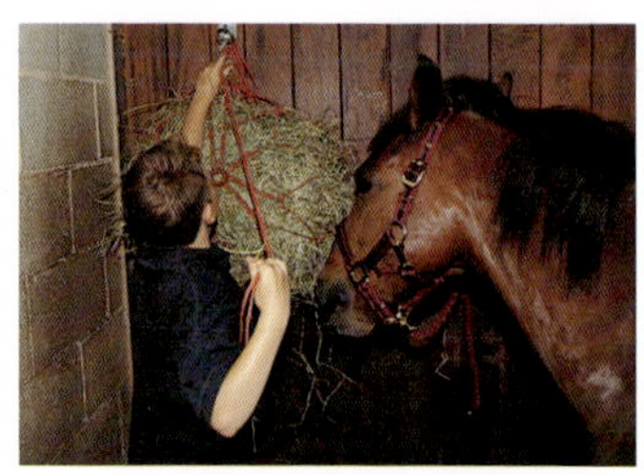

2 Hacemos una lazada en la cuerda cerca de la parte inferior de la malla y la colgamos de la argolla.

3 Pasamos el extremo de la cuerda por la argolla de nuevo para asegurar la malla con un nudo que sea fácil de deshacer.

Tipos de comida concentrada

La avena puede tener un efecto muy estimulante, por lo que es mejor sustituirla por cebada. La mayoría de los alimentos concentrados resultan mejor mezclados con heno. El maíz debe usarse con moderación y la remolacha azucarera debe remojarse antes.

Mezcla (cebada, trigo, maíz...)

Pienso granulado

Salvado

Copos de maíz

Copos de cebada

Pulpa de remolacha seca

Pulpa de melaza

Paja

Avena

Cómo almacenar la comida

Los alimentos deben guardarse en un lugar seco y fresco, a salvo de roedores. En los establos grandes se vacían los sacos de comida concentrada en recipientes grandes de metal, pero si se trata de un caballo bastará con un cubo de plástico. El heno y la paja deberán guardarse en un lugar seco y bien ventilado.

Suplementos y golosinas

Todos los caballos y ponis necesitan sal; deberemos suministrársela en forma de bloques. Durante el invierno, un poco de aceite de hígado de bacalao les aportará vitaminas esenciales. A los caballos y a los ponis les gustan las zanahorias y los nabos; se los podremos dar como alimentos complementarios en invierno; para ellos serán auténticas golosinas. También les gustan las manzanas, pero hay que dárselas con moderación.

Piedra de sal
A los caballos y a los ponis les encanta lamer estas piedras de sal tanto en el campo como en el establo.

Aceites vegetales
Los caballos necesitan algo de grasa en su dieta. La podemos incluir mediante aceites como el de girasol. Es suficiente añadir una o dos cucharadas por ración de comida.

Una dieta para nuestro caballo

A los caballos puede aprovecharles más o menos la comida. Eso quiere decir que un caballo puede engordar e incluso ponerse muy gordo con poca comida o estar delgado aunque coma mucho. Un cuidador de caballos experimentado será capaz de fijar una dieta apropiada para un caballo o poni con problemas. Pero ésta es una cuestión muy delicada, por lo que hay que ser cuidadoso. Y si tenemos dudas, es preferible siempre darles menos comida que más. No conviene dejar que el caballo gane peso, pues esto puede acarrearles serias enfermedades.

Calcular el peso de nuestro caballo

Podemos calcular el peso de nuestro animal con ayuda de una cinta equinométrica. Con esta cinta también podremos saber sus medidas. Sólo debemos pasar la cinta por los costillares. Quizá necesitemos que una persona nos ayude en el otro extremo para comprobar que la cinta está en la posición correcta. También podemos pesar al caballo en una báscula.

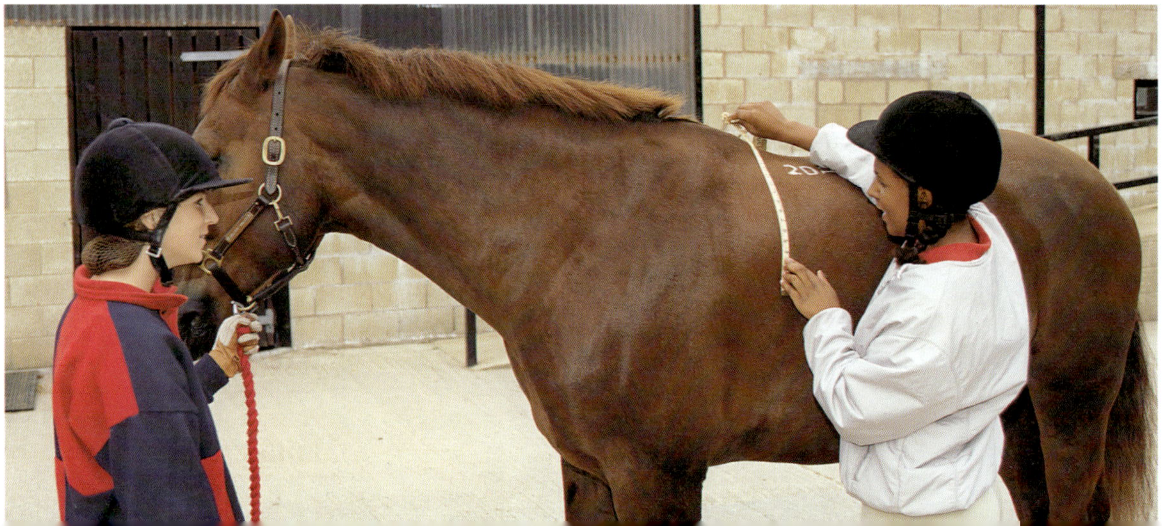

¿Demasiado delgado o demasiado gordo?

Aunque tengan la misma alzada, un animal de constitución fuerte como el Highland pesará más que un pura sangre. Por esta razón, para estimar el peso de un caballo tendremos que tener en cuenta su tipo. Un peso adecuado es importante para la salud del animal. Un caballo o poni delgado será más sensible al frío, consumirá las calorías proporcionadas por la comida para conservar el calor y quizá le quede poca energía para el trabajo. Pero si está demasiado gordo, su corazón y sus articulaciones estarán sometidos a mayor tensión.

Un caballo delgado
Un caballo o poni está muy delgado cuando se le notan las costillas, sobresalen los huesos de las caderas y su cabeza parece demasiado grande en comparación con el cuello. Esta delgadez puede ser consecuencia de problemas dentales, lombrices o falta de comida.

Un caballo gordo
Un caballo está demasiado gordo cuando no se le notan las costillas ni la columna, cuando tiene bultos de grasa en los hombros, y su vientre es ancho y redondo. Los animales gruesos suelen padecer enfermedades como la laminitis.

El peso perfecto
El contorno del cuerpo del caballo debe ser suave y redondeado. No debe tener acumulaciones visibles de grasa. No se deben percibir los huesos a simple vista, pero sí deben notarse al tacto si presionamos sobre ellos con el dedo.

Calculando la comida

Medir la comida es la única manera de asegurarnos de la cantidad que ingiere nuestro caballo. Para calcular el alimento que necesita, multiplicamos su peso por 2,5 y lo dividimos por 200. Tomamos nota del resultado y decidimos qué proporción corresponderá a alimentos completos, midiendo en cada toma dicha cantidad.

A dieta de pasto

El pasto muy frondoso puede ser un alimento demasiado rico para algunos caballos. Podrían ganar demasiado peso y correrían el riesgo de sufrir laminitis. Aunque nos parezca una medida muy severa, lo más conveniente es que los animales estén en un prado casi pelado. También podemos dejarlos estabulados la mayor parte del tiempo y dejar que salgan a pastar durante cortos periodos de tiempo.

Uso del bozal

Es otro sistema para impedir que pasten en exceso. El bozal tiene grandes orificios en la parte de delante para permitir que los caballos puedan respirar y agujeros pequeños en la parte inferior para que puedan pastar algo y beber. Este bozal se coloca mediante una correa que se ata a las hebillas de la cabezada para que no se caiga.

Humedecer la malla de heno

A los caballos y ponis que tienen alergia al polvo o que padecen problemas respiratorios conviene darles el heno humedecido. Sólo debemos dejarlo en remojo un rato antes en un recipiente con agua. Las mallas con heno humedecido pesan mucho, así que conviene tener cuidado con la espalda al sacarlas del agua.

Pesar el heno

Pesar las mallas una vez llenas de heno para saber exactamente cuánto come nuestro caballo es una buena idea. Hay balanzas diseñadas especialmente para esto. Podemos adquirir una y colgarla en una puerta o en el lugar donde le demos de comer. Si pensamos humedecer el heno de una malla, la pesaremos antes de poner ese heno en remojo.

Cuidados BÁSICOS

Un cepillado frecuente mantendrá el pelo del caballo limpio y brillante. También es un buen método para revisar el estado del animal.

El equipo para su aseo

El aseo del caballo consiste en el cepillado del cuerpo, las crines y la cola, la limpieza de los cascos, de los ojos y los ollares, el hocico y bajo la cola. Para cada una de estas tareas usaremos un instrumento determinado. Disponer de buenas herramientas para cada parte del aseo hará que el trabajo que llevemos a cabo sea mucho más eficaz.

¿Por qué hay que cepillarlo?

Un caballo en forma y que realice un ejercicio intenso necesita un cepillado diario para mantener su pelaje limpio y en buenas condiciones. Pero no sólo ellos: en realidad, todos precisan un cepillado con frecuencia para eliminar el barro seco y las manchas, y para que las crines y la cola estén sanas y bonitas. Esto, además de mejorar su aspecto, hace que sea mucho más agradable manejarlos y evitará que nuestra ropa se ensucie.

Utensilios para el aseo

Lo ideal sería disponer desde un principio de las piezas aquí ilustradas, pero podemos empezar con unas cuantas e ir ampliando el equipo poco a poco. Los utensilios más importantes son el cepillo de cerdas largas, un peine de metal curvado, un limpiacascos y esponjas.

Cepillo suave de cerdas largas y rígidas para retirar el barro seco del cuerpo del caballo.

Cepillo suave de cerdas cortas, o bruza, diseñado para eliminar el polvo y la grasa del pelo y la piel.

Rasqueta, rascadera o almohaza de caucho o plástico, que se emplea para limpiar la suciedad más difícil de sacar.

Rasqueta, rascadera o almohaza metálica para quitar los pelos del cepillo.

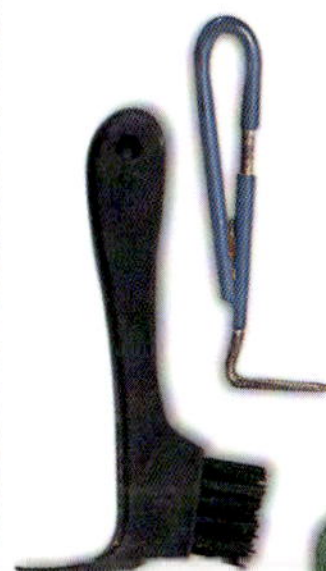

Limpiacascos, o escarbacascos; puede incluir un cepillo. Se usa para quitar la suciedad y las piedras de los cascos.

Cepillo de agua para alisar las crines y la cola del caballo, y para limpiar los cascos.

Peine para limpiar y desenredar las crines y la cola.

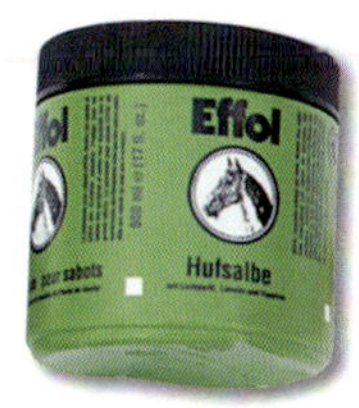

La grasa o pomada para cascos se aplica con un pincel o brocha para darles un acabado brillante en ocasiones especiales.

Una esponja, que servirá para limpiarle los ojos, la nariz y el hocico. Utilizaremos otra para la zona debajo de la cola.

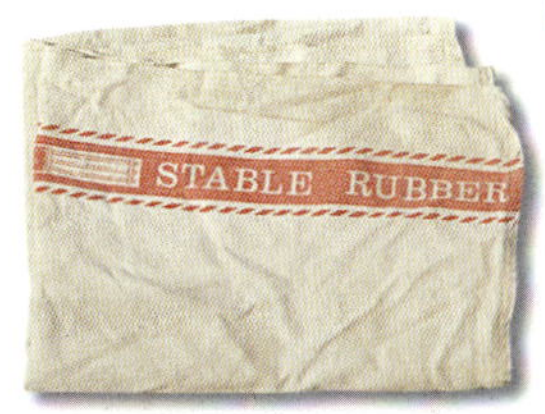

Un trapo áspero, especial para cuadras, que se pasa al final del cepillado para eliminar cualquier resto de polvo y sacar brillo.

La rutina del cepillado

Un caballo que viva en el exterior sólo necesita un cepillado ligero para quedar limpio. Un poni que viva en una cuadra y desarrolle un ejercicio intenso tendrá que ser cepillado a diario para mantener su piel en buenas condiciones. Tanto el cepillo duro como el suave se manejan en la dirección del pelo de la piel del animal.

Limpiar el cepillo con una rascadera metálica cada tres o cuatro pasadas.

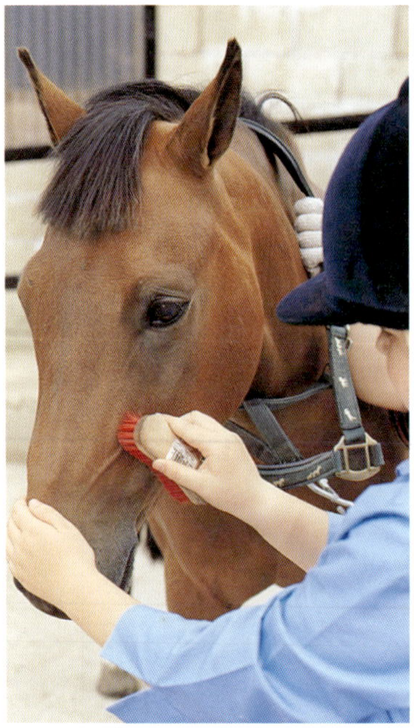

1 Para realizar un cepillado a fondo, debemos atar primero al animal. Comenzaremos por la parte superior del cuello, desde el lado izquierdo, y pasaremos el cepillo por todo el cuerpo.

2 Después le quitamos la cabezada y la cuerda. Dejaremos suelta la cabezada o jáquima en torno al cuello mientras le cepillamos con delicadeza la cara con el mismo cepillo utilizado para el cuerpo o uno especial para la cara.

3 Nos colocamos a un costado del caballo y le sostenemos la cola. Iremos desenredándola poco a poco, con mucha paciencia. Desharemos los nudos con los dedos.

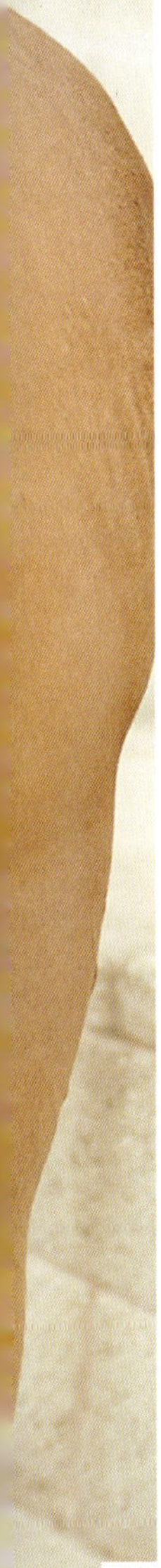

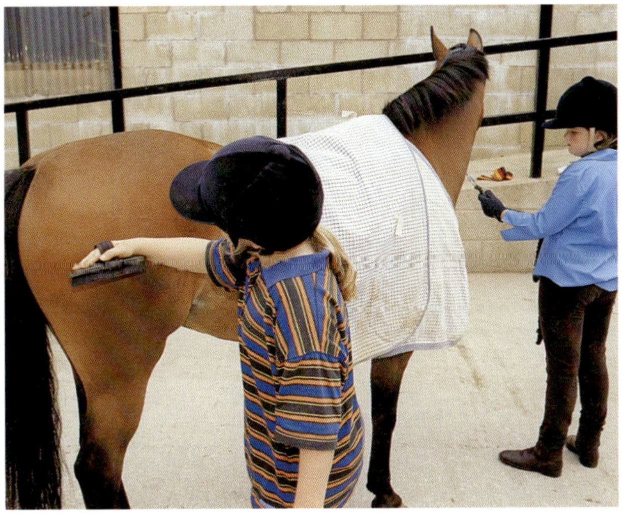

Cepillado en la cuadra

Esto implica un cepillado rápido del poni o el caballo para eliminar las manchas de la cuadra y la paja o virutas de la cola y las crines. Esto le dará un aspecto limpio antes de salir al exterior para ejercitarlo. El verdadero cepillado se lleva a cabo a la vuelta. Si el tiempo es frío, se le deja la manta doblada para que conserve el calor.

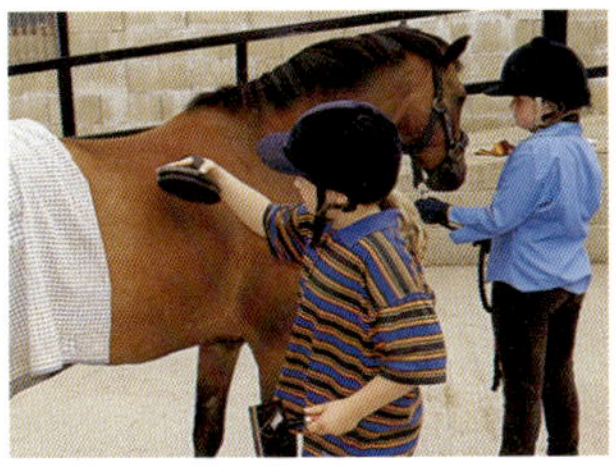

Plegar hacia atrás la manta sobre los cuartos traseros del poni mientras cepillamos la parte de delante. Una vez cepillados ambos costados, doblamos la manta hacia delante para poder hacer otro tanto con los cuartos traseros.

Pasar una esponja por los ojos, la nariz y las nalgas

Habrá que limpiar a diario con una esponja húmeda los ojos, los ollares, el hocico y la parte bajo la cola si están sucios. Emplearemos diferentes esponjas para la cara y las nalgas.

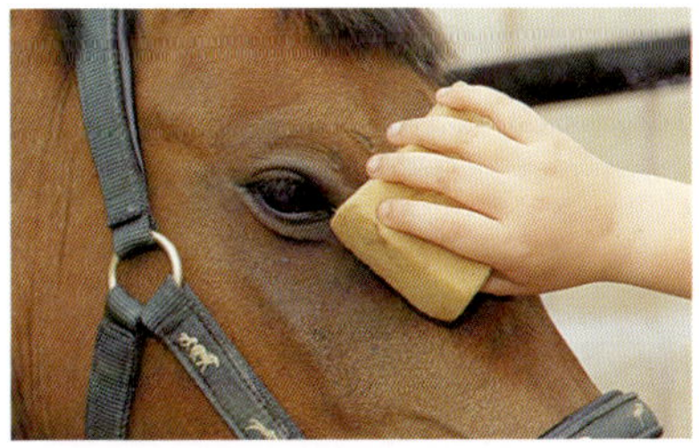

1 Empaparemos la esponja, luego escurriremos el agua y humedeceremos la zona de los lagrimales.

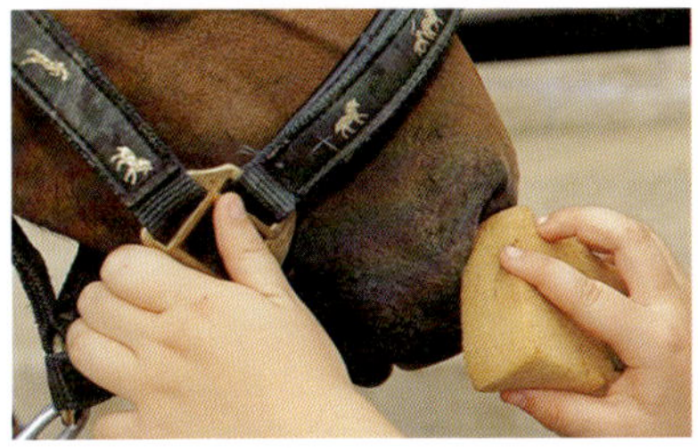

2 Aclararemos la esponja y limpiaremos los alrededores de los ollares y la boca.

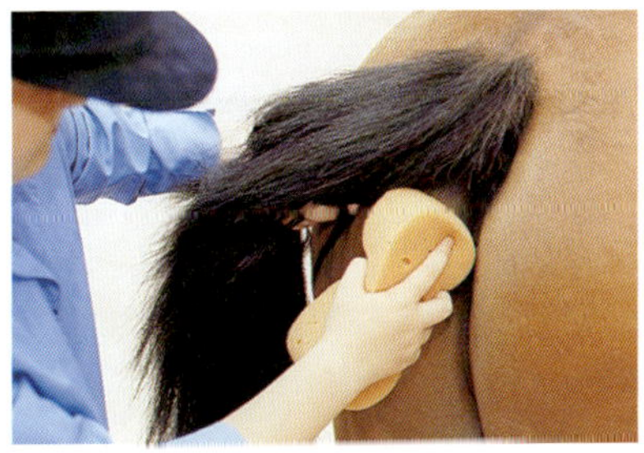

3 Limpiaremos las nalgas y la parte de debajo de la cola con una esponja diferente a la que habíamos usado antes.

4 Para limpiar y desenredar las crines, las cepillaremos primero con el cepillo usado para el cuerpo. Para rematar, las alisamos con el cepillo humedecido.

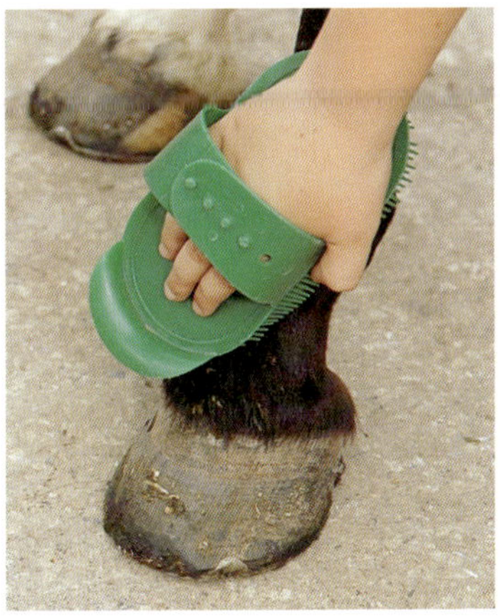

5 A continuación, usaremos una rasqueta o rascadera de caucho o de plástico para eliminar la suciedad que haya podido quedar en las patas.

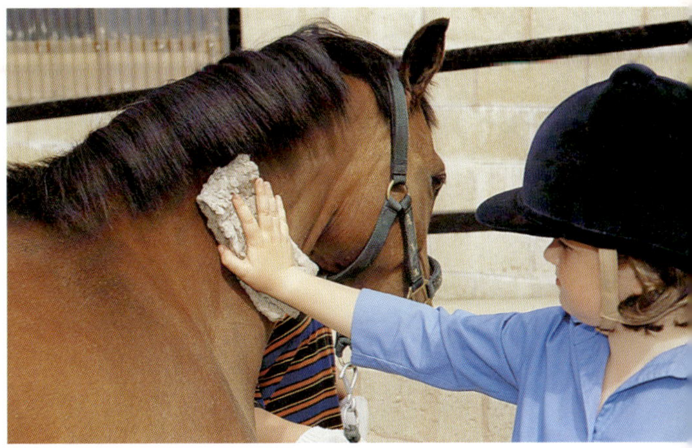

6 El último paso es frotar todo el cuerpo del caballo con un trapo de algodón; así eliminaremos los restos de polvo y los pelos sueltos, y dejaremos lustrosa la piel del animal.

El cuidado de los cascos

El cuidado de los cascos de un caballo es la tarea más importante que su propietario debe llevar a cabo. Los cascos de un caballo deben estar sanos. Los revisaremos antes y después de montarlo, e incluso una vez al día aunque no lo saquemos. Además, hay que herrarlos con regularidad (*véanse* págs. 110–111) si paseamos por sendas difíciles o carreteras.

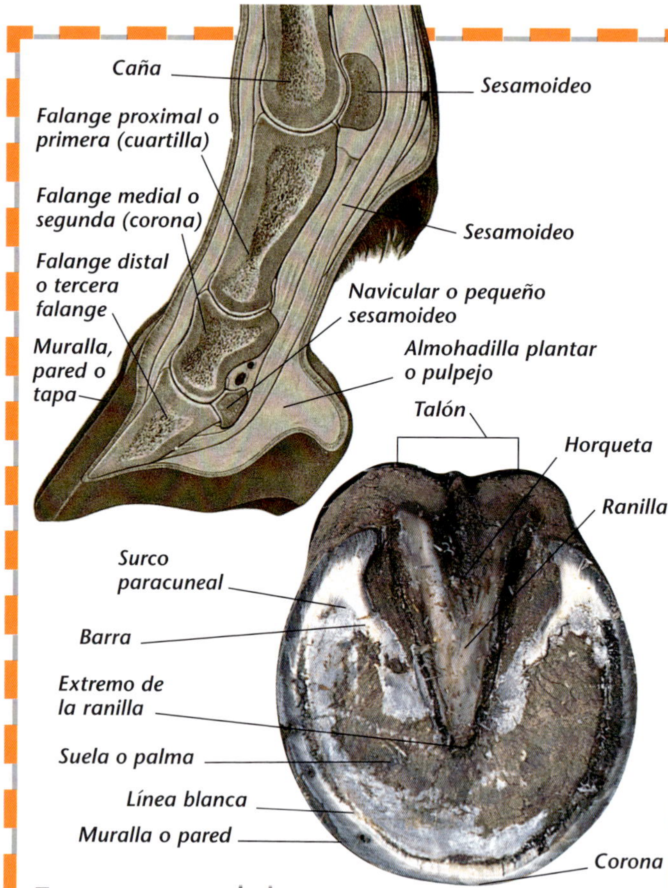

Estructura del casco

El estuche córneo del casco está hecho de una sustancia córnea compuesta de estratos o láminas. En el interior del casco están los huesos, que se mantienen en su sitio por el engranaje laminar: laminillas epidérmicas que se interdigitan con las dérmicas. La pérdida de adhesión entre ambas produce la inflamación conocida como laminitis. Los lados del casco forman la pared; la parte inferior se denomina suela.

Cuándo necesitan atención

Si el casco del caballo no ha sido tratado con regularidad, la pezuña puede crecer demasiado y se puede rajar. Cuando un caballo transita a menudo por carreteras, su calzado se desgasta rápidamente y necesita ser renovado con frecuencia. El crecimiento excesivo hace que los clavos se suelten y puede perder el herraje.

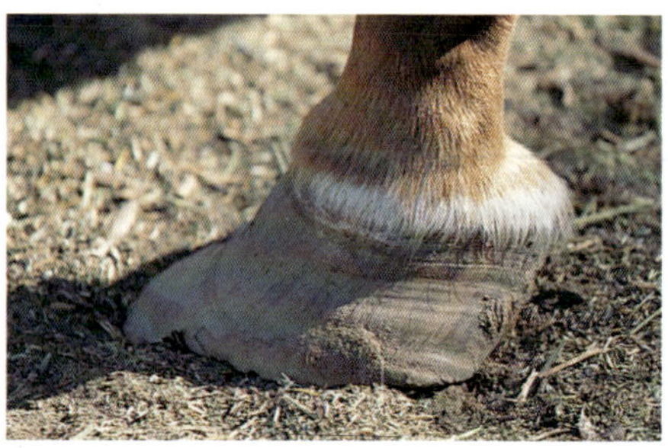

Crecimiento excesivo de los cascos
Si el casco crece demasiado, la pezuña se alarga y se vuelve hacia arriba. El animal pasa a cargar su peso sobre los talones, lo que altera el equilibrio del casco. Corregir esto puede llevar mucho tiempo.

Remaches que sobresalen
Si no se cuidan los cascos y se permite que crezcan demasiado, los remaches de los clavos que sujetan la herradura empezarán a sobresalir del casco. El caballo o el poni podría herirse con ellos y perder el herraje.

Piedras en el casco

En ocasiones, pequeñas piedras quedan alojadas en los huecos que hay a los dos lados de la ranilla. Si las piedras quedan muy encajadas, pueden dañar el casco y provocar dolor y cojera. Estas piedras se pueden retirar con un gancho de metal llamado limpiacascos.

Cómo limpiarle los cascos

Para limpiarle los cascos a un caballo, primero debemos hacer que levante las patas. Es importante que actuemos con decisión y firmeza. Luego usaremos el limpiacascos: escarbaremos con cuidado desde el talón hacia la parte delantera, prestando especial atención a los huecos que hay entre la ranilla y la barra, y a la horqueta de la ranilla.

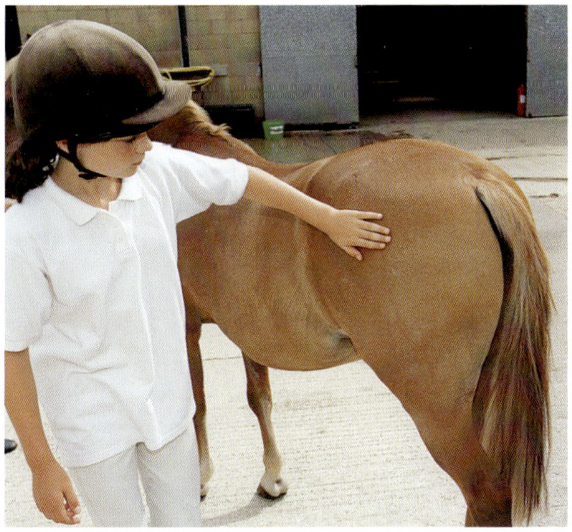

1 Si queremos que nuestro caballo levante una de las patas traseras para examinar el casco, debemos empezar colocando la mano en el costado de la grupa e ir deslizándola hacia la pata.

2 Acariciamos con confianza la parte posterior de la pata. Hay que evitar ponerse nervioso mientras se manipula a un caballo; de lo contrario, él lo notará y también se pondrá nervioso.

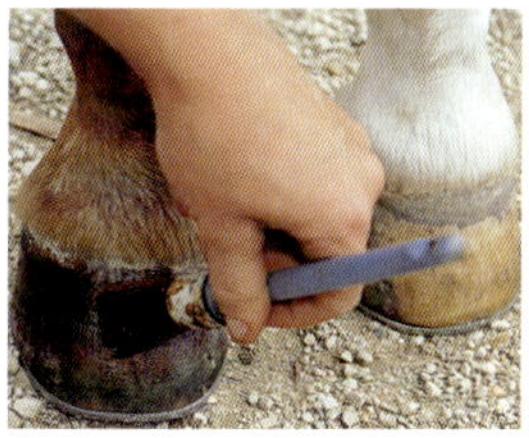

Engrasado de los cascos

Esta operación da una bonita apariencia a los cascos del caballo, pero no debemos abusar o el casco no será capaz de absorber la mezcla de grasa o pomada. Echamos hacia delante el casco del animal y le limpiamos los restos de barro antes de comenzar. Dejaremos que se seque antes de aplicar la grasa con un pequeño pincel. Estos productos no mejoran la calidad de los cascos. Eso solamente lo consigue una dieta especial.

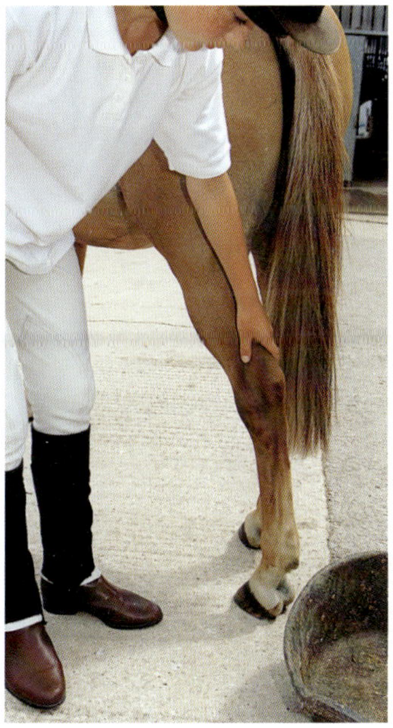

3 Seguiremos deslizando la mano en dirección al casco, hasta llegar al corvejón. Lo haremos con mucha delicadeza. Mantendremos siempre nuestros pies alejados del caballo.

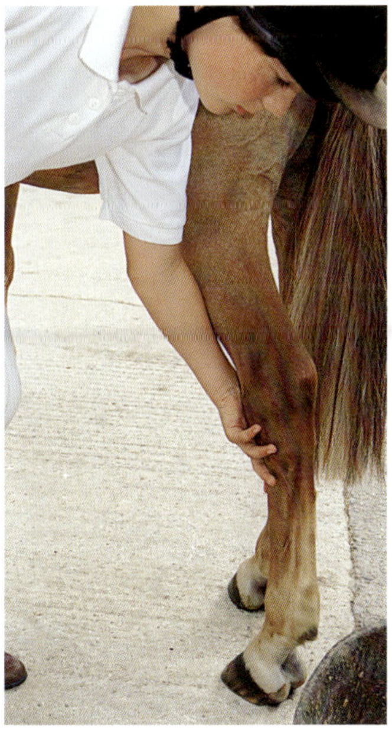

4 Cuando lleguemos a la altura del corvejón, rodeamos con la mano la pata del animal hasta que alcancemos la parte delantera. Continuamos descendiendo hacia la caña.

5 En cuanto lleguemos a la articulación del espolón, lo agarraremos con firmeza y trataremos de levantar la pata hacia atrás mientras le decimos «arriba».

6 Sostendremos el casco con una mano; con la otra, iremos pasando el limpiacascos, desde el talón hacia delante. Es muy útil que tengamos a mano un recipiente para ir echando lo que saquemos del casco.

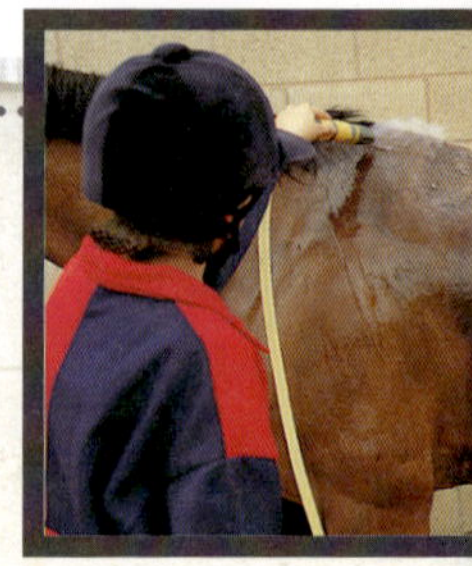

Lavado de un caballo

Sólo hay que lavar al cabalo o al poni si es absolutamente necesario. Elegiremos para ello un día cálido y soleado, sin viento. El baño elimina buena parte de la grasa de la piel del animal; le dará un aspecto limpio y brillante, pero también hará que sea más sensible al frío y que carezca de protección frente a la lluvia hasta que acumule la grasa perdida. Si el tiempo refresca, deberemos cubrirlo con una manta.

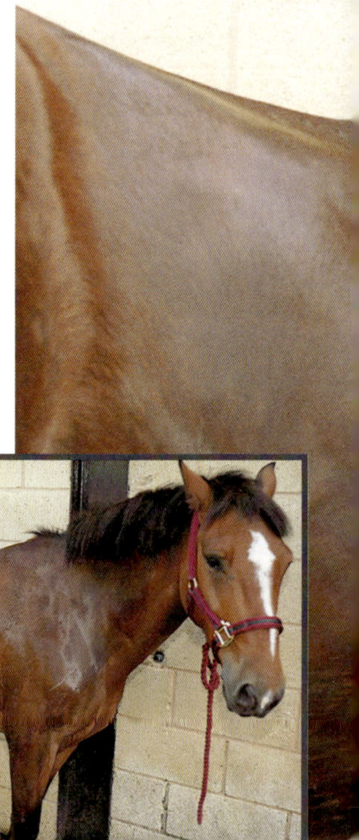

Equipo de lavado
Ante de empezar, reuniremos el equipo necesario y lo colocaremos en un lugar que esté a nuestro alcance.

Rutina de lavado

Es importante que el champú no le entre en los ojos, así que nos aseguraremos de que mantiene la cabeza en alto mientras le lavamos el cuello y las crines. No hay que aplicar champú en la cara; sólo debemos limpiarla con una esponja humedecida.

1 Ataremos al caballo en un lugar exterior y donde el agua no se acumule. Llenaremos el cubo con agua templada y añadiremos el champú.

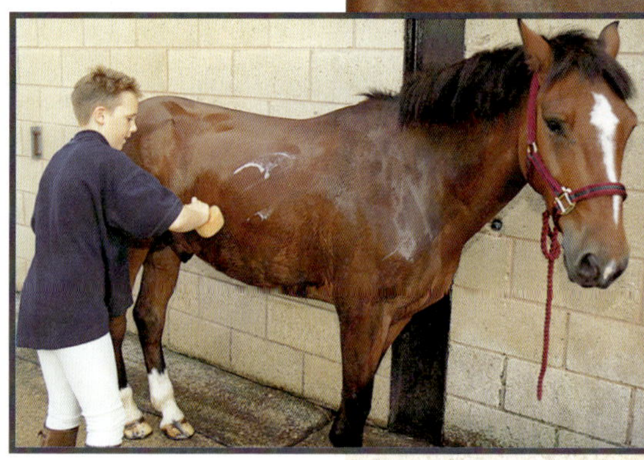

2 Empaparemos la esponja. Frotaremos con ella la piel del caballo, siempre en la dirección del pelo. Repasaremos todo el cuerpo, menos la cabeza.

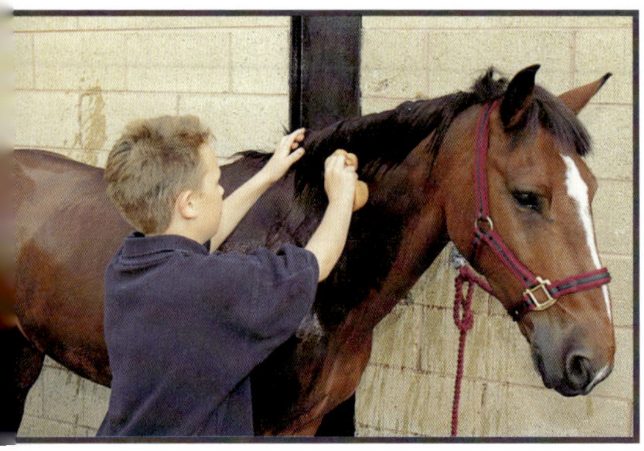

3 Lavaremos las crines con la esponja; eliminaremos cualquier resto de champú con otra esponja y varios cubos llenos de agua. Podemos usar una manguera si al caballo no le molesta.

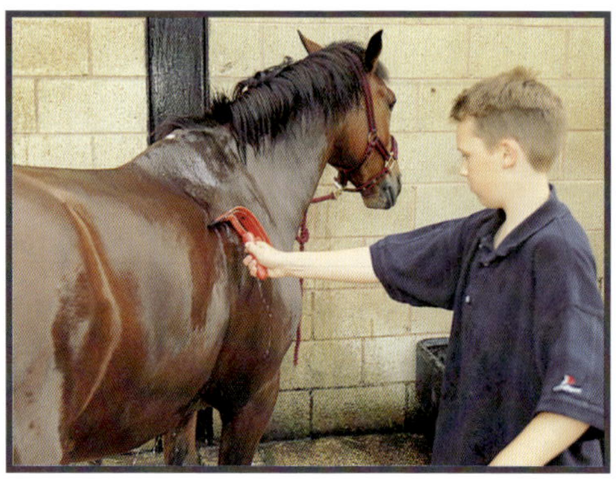

4 Después del aclarado, retiraremos el exceso de agua con un escurridor siguiendo la dirección del pelo. Si no disponemos de esta herramienta, podemos hacerlo con el costado de la mano.

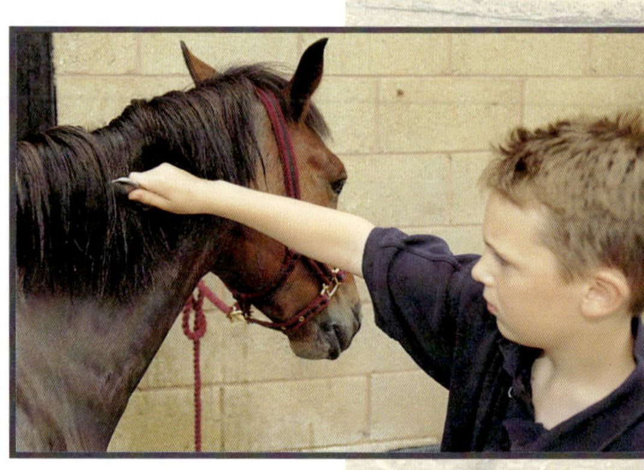

5 Peinaremos con cuidado las crines. Si tiene muchos nudos y enredos, los desharemos delicadamente con los dedos antes de pasar el peine. Evitaremos hacerlo a tirones para no arrancarle el cabello.

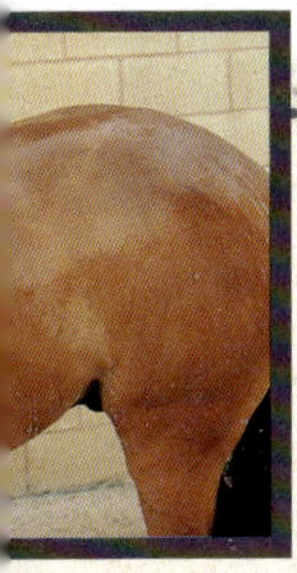

Limpieza del lomo

Si el tiempo es cálido y el caballo ha hecho ejercicio, tendrá la parte de la montura llena de sudor. Podemos secarlo con una esponja, o, si no le asusta, hacerlo con una manguera.

6 Secamos al caballo; para ello, lo frotaremos con una toalla vieja, siguiendo la dirección del pelo. Secamos también las crines y el cuello. No hay que olvidar las patas y los talones.

1 Primero lavamos la parte superior de la cola del animal con una esponja, agua tibia y champú, igual que hicimos con el cuerpo.

2 Aclararemos la cola con varios cubos de agua limpia. Nos aseguraremos de que no quedan restos de champú.

Lavado de la cola

La cola de un caballo puede necesitar lavados frecuentes, especialmente si es de color claro. Utilizaremos para ello un cubo de agua tibia y champú; introduciremos la cola dentro del cubo y lo levantaremos tanto como nos sea posible. Sostenemos el cubo con una mano mientras limpiamos con la otra la suciedad del pelo.

7 Si hace calor, el caballo se secará de forma natural al sol. Si el cielo está cubierto, le coloraremos una manta anti-sudor o un cubre riñones y le haremos moverse de un lado a otro hasta que esté seco para evitar que coja un resfriado.

El esquilado

Los caballos y los ponis desarrollan gruesas capas de pelo en invierno. Si trabajan duro, sudarán mucho y pasarán tiempo con el pelo húmedo; esto puede llevarles a enfermar. Por ese motivo hay que afeitar las zonas que más sudan. Pero un caballo esquilado necesita abrigo para mantenerse caliente mientras no está haciendo ejercicio, aunque viva en una cuadra. Hay que manejar con cuidado las esquiladoras; esta tarea debe realizarla un adulto.

Se afeita por completo el pelo de la cabeza y el cuello del caballo

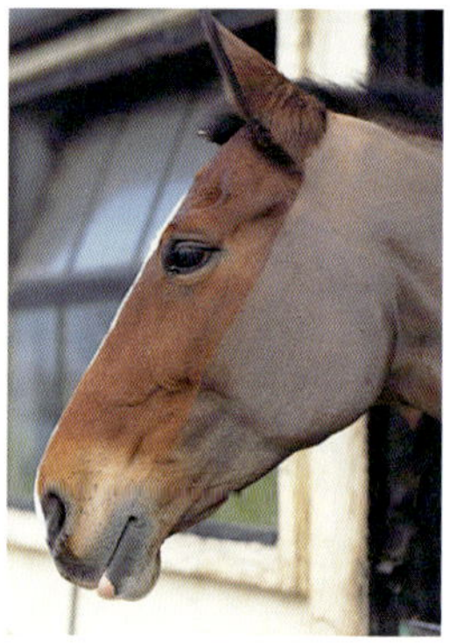

Esquilado completo
Se le afeita todo el cuerpo menos el pelo de la cara para que le proteja de la lluvia. Éste es un esquilado práctico para un caballo con las orejas delicadas.

Se deja una línea a lo largo del cuello del animal

Esquilado señalado
Se afeita la cara y el cuello del caballo, el pecho y los hombros. Este tipo de esquilado se utiliza con caballos o ponis que sudan mucho en el cuello.

De enganche
Se afeita el vientre, también entre las patas. Una variación de este tipo de esquilado consiste en afeitar también el pelo de la parte inferior del cuello.

Esquilado de caza
Se esquila todo el cuerpo, menos la zona del lomo (donde va la montura) y las extremidades; éstas se dejan sin esquilar para que el pelo le proteja de posibles heridas y plantas con espinas.

Trazas
Es un corte muy popular para caballos y ponis de trabajo. Se elimina el pelo de la parte inferior del cuello y el vientre. Este esquilado marca una línea recta en el costado del cuello.

Distintos tipos de esquilado

Los diferentes estilos de afeitado dependen de la cantidad de trabajo que se espera que realice el animal. A algunos caballos que trabajan duro se les esquila por completo; a otros se les dejan partes de la piel sin esquilar para que le proteja del mal tiempo y también de los roces de la montura, las plantas con espinas, etc.

Equipo de esquilado

Las máquinas de esquilar suelen ser eléctricas. Hay varios tipos de cuchillas, finas o gruesas, para cada tipo de pelo. Es preciso lubricarlas y limpiarlas con frecuencia mientras se usan.

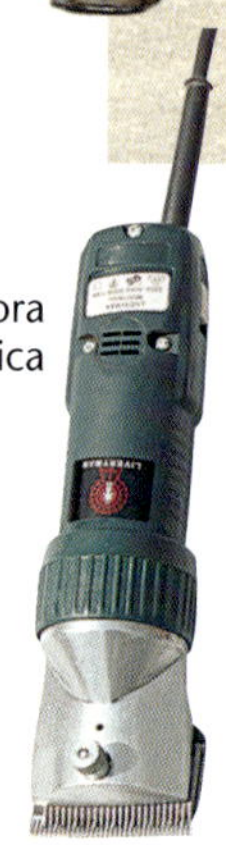

Esquiladora eléctrica

Esquiladora pequeña

Se deja sin afeitar la zona de la manta, pues mantiene al animal caliente y seco.

Se recorta un semicírculo en donde el flanco se une a los cuartos traseros siguiendo la línea del pelo.

La línea de esquilado en la parte superior de las patas siempre va inclinada hacia abajo, de delante hacia atrás.

Esquilado en manta

Este tipo de esquilado toma su nombre de la zona de la manta que se deja sin afeitar para que proteja a los caballos de pelaje fino de las inclemencias del tiempo. Tampoco se afeitan las piernas. Es muy práctico para los caballos que realizan un trabajo duro y a menudo es una alternativa al corte de caza. Antes de esquilar al caballo se marcan con tiza las zonas a respetar.

Las esquiladoras deben utilizarse presionando de forma uniforme en el sentido contrario a la piel del caballo. Hay que avanzar en paralelo a la piel sin penetrar en ella.

Hojas para pelo duro

Hojas para pelo fino

Brocha pata limpiar la esquiladora

Aceites para lubricar la esquiladora

Uso de esquiladoras

Debemos asegurarnos de que el interruptor de la esquiladora funciona para cortar la corriente si algo va mal. Es recomendable usar un calzado con suela de goma cuando trabajemos. El pelaje del caballo debe estar limpio y seco. Un poco de heno hará que el animal esté tranquilo.

Elección de la manta

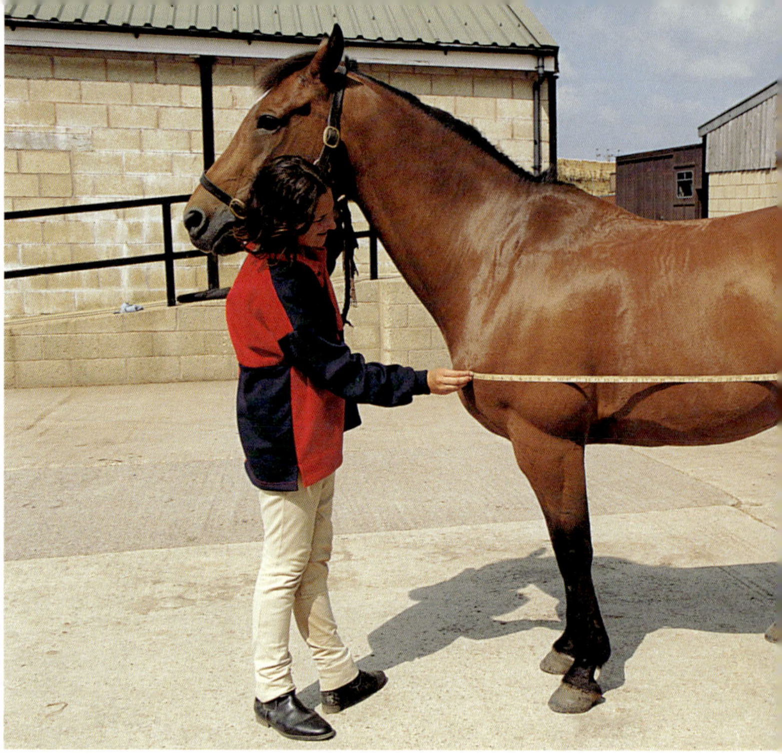

Tras el esquilado, el caballo o el poni necesitará una manta para mantenerse caliente. En las noches frías de invierno puede necesitar algo más que una manta para no pasar frío. Para que resulte cómoda para el animal, la manta debería llegar hasta la raíz de la cola. Los caballos y ponis esquilados se suelen sacar al exterior con mantas neozelandesas para protegerlos de la lluvia, pues estas mantas son impermeables.

Cómo tomar medidas para la manta

Necesitaremos una cinta de medir larga y otra persona que nos ayude. Tomaremos las medidas desde el centro del pecho del caballo hasta el extremo de sus cuartos traseros. Las mantas se presentan en medidas que se incrementan en unos 7–8 cm, así que compraremos el tamaño que más se aproxime.

Distintas mantas para caballos y ponis

Hay gran variedad de mantas en cuanto a estilos, formas y materiales. Se pueden fabricar con materiales naturales, como el algodón, la lana o el yute; o sintéticos, como el nailon o el poliéster. Todas las mantas se ajustan en la parte de delante del pecho del animal con una o dos correas. Se mantienen en su sitio gracias a un cinchuelo que recorre la espalda y el vientre del caballo como una cincha, o con cinchas cruzadas. Estas cinchas van cosidas en el lado derecho de la manta y pasan por el vientre del animal, desde la parte delantera a la trasera, y se unen en el costado izquierdo. Hay mantas para fines específicos, aunque a la mayoría de los caballos y ponis les basta con una manta para cuadra y una neozelandesa.

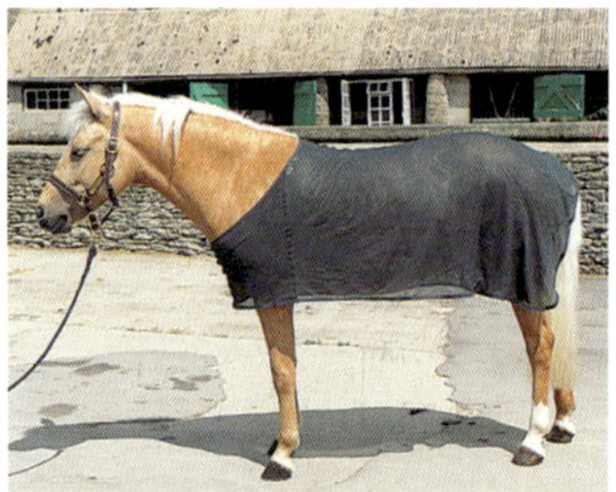

Manta anti-sudor: con ella se cubre al animal mientras se enfría para evitar resfriados.

Manta de cuadra: mantiene al caballo caliente cuando está en la cuadra. La manta puede ser acolchada o de yute.

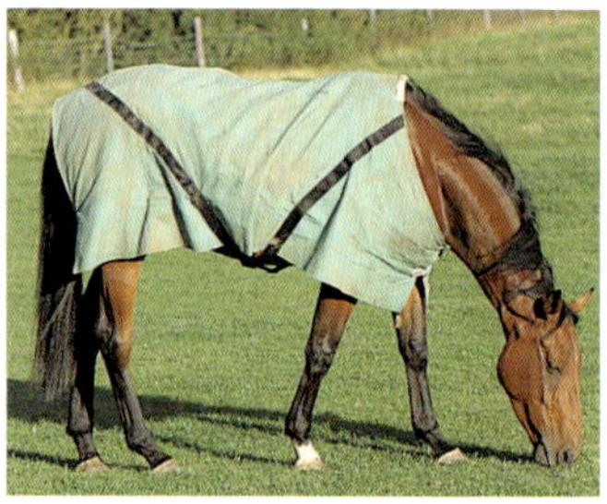

Manta neozelandesa: es una manta impermeable. Cubre al caballo en el exterior durante el invierno.

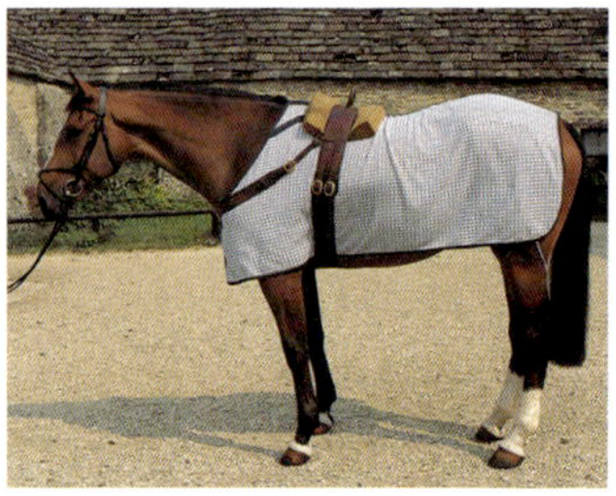

Manta de verano: hecha de algodón, sirve para mantener al caballo limpio en exhibiciones y mientras viaja.

Manta de ejercicio: conserva la espalda del caballo caliente mientras hace ejercicio en invierno.

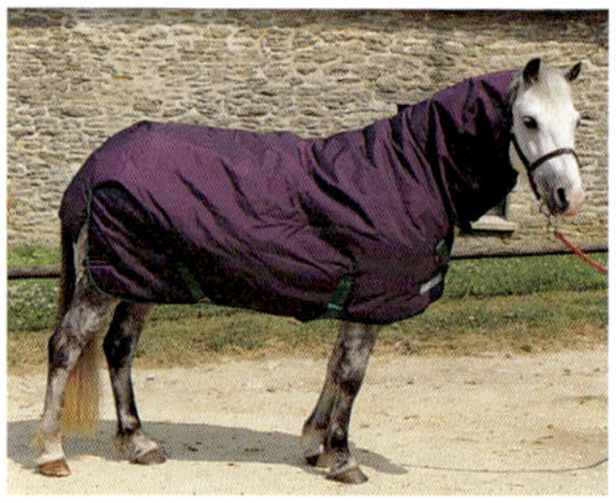

Neozelandesa de invierno con cuello: manta especial para proteger el cuello del caballo en invierno.

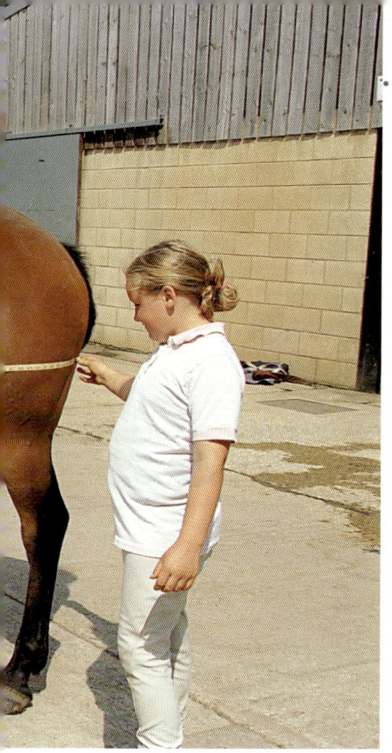

Colocar la manta

Nunca debemos ponerle la manta al caballo de cualquier manera. Debemos ponérsela con mucha delicadeza. Primero tenemos que colocarla sobre la parte delantera y luego ir deslizándola hacia atrás. Debe estar bien estirada sobre la piel del animal.

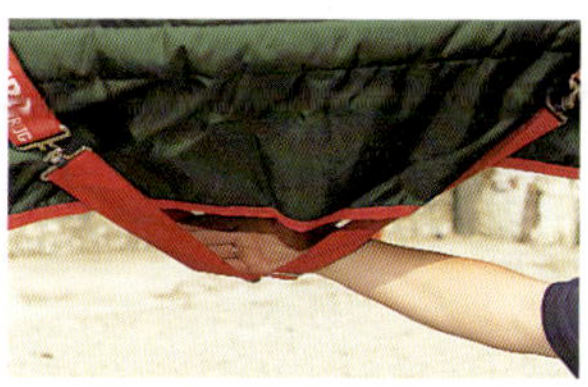

Sobrecinchas cruzadas

Las sobrecinchas deben ajustarse bien, deslizando las hebillas para que no le causen molestias al caballo por la parte del vientre. No tienen que estar tirantes; más bien debe quedar un hueco entre éstas y el cuerpo del animal.

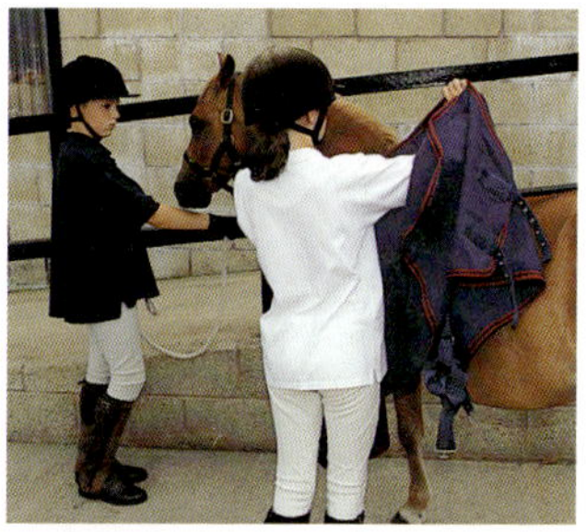

1 Primero atamos al caballo. Luego le ponemos la manta encima doblada por la mitad: la parte trasera estará plegada hacia delante.

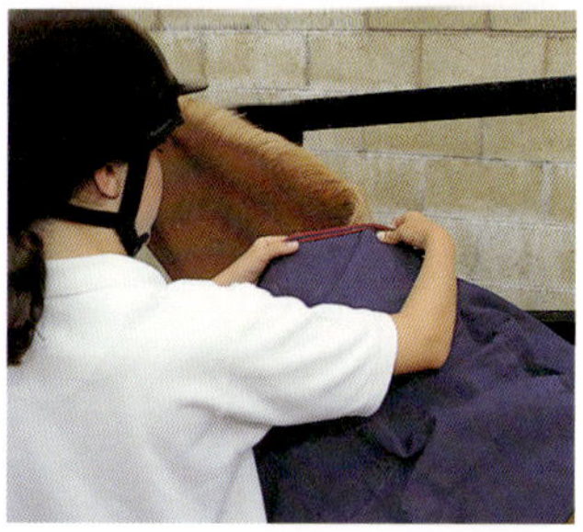

2 Sujetándola con ambas manos, deslizamos la manta con cuidado sobre la espalda del animal hasta situarla en la posición correcta.

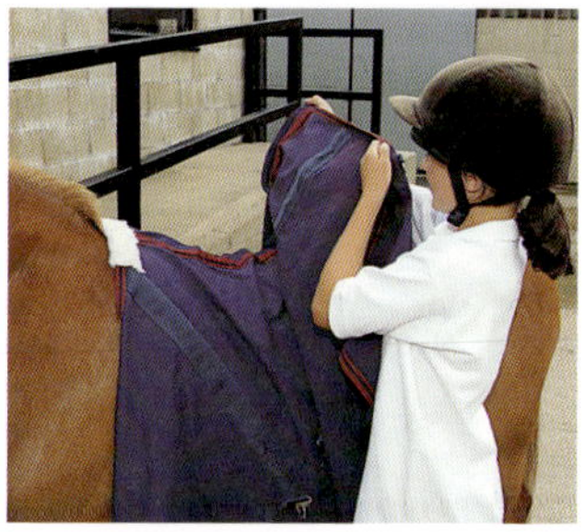

3 Desdoblamos la parte posterior de la manta y la extendemos sobre los cuartos traseros del caballo. Además, comprobaremos que queda recta.

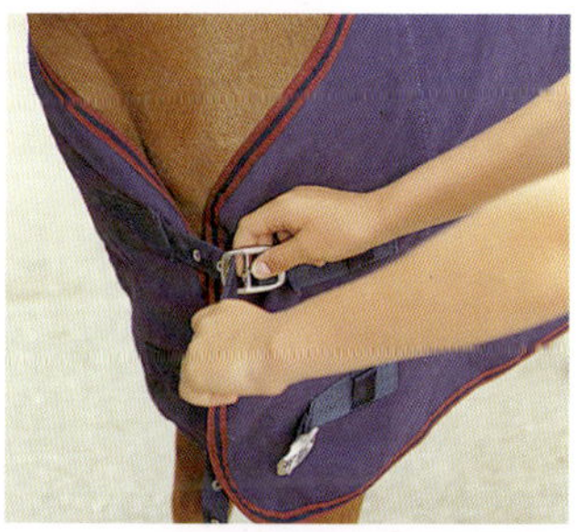

4 Cerramos las hebillas delanteras de la manta. Ajustamos la manta hasta que quede bien situada en el lomo.

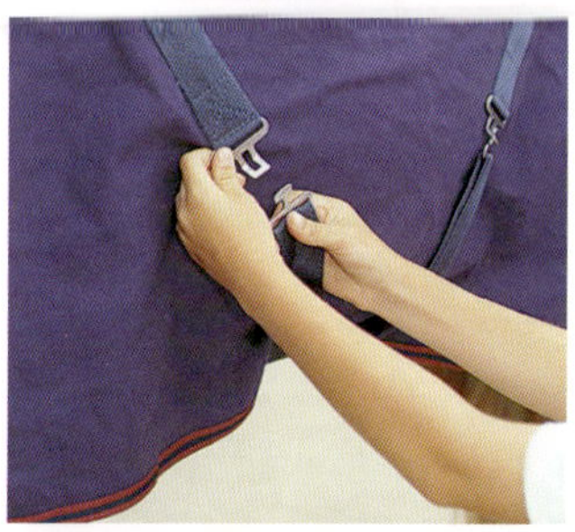

5 Pasamos la mano bajo el vientre del animal para coger el extremo de la sobrecincha. En cuanto la hayamos cogido, la cerramos.

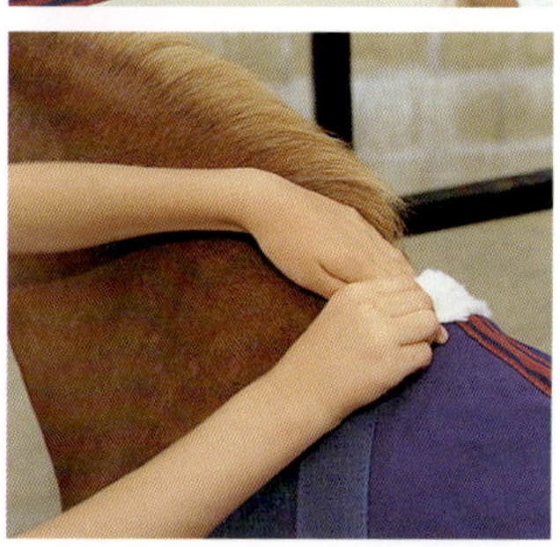

6 Por último, comprobaremos que la manta no se clava en la cruz del caballo y que no presiona demasiado en el pecho.

El cinchuelo

La manta puede sujetarse con un cinchuelo que rodea con firmeza el cuerpo del caballo. El cinchuelo tiene un asa en el centro para evitar que se deslice y que el caballo o poni se quede enganchado.

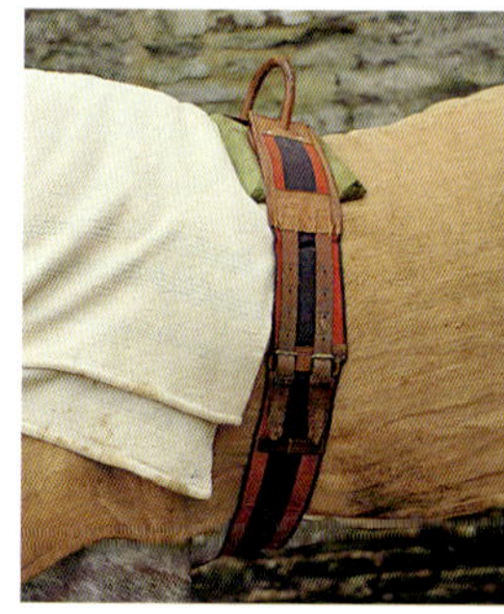

Cinchuelo con asa

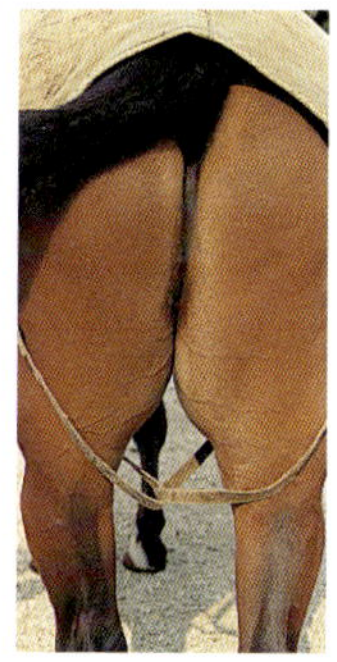

Correa para las patas

Las mantas neozelandesas se sujetan a las patas traseras del caballo con unas correas. Es importante que las coloquemos de forma correcta para que no le roce.

Cómo quitar la manta

Hay que atar al caballo. Si la manta va sujeta con un cinchuelo, hay que desatarlo primero y retirarlo por la parte de atrás del caballo. Tendremos que verificar que están abiertas todas las cinchas y las correas de la manta antes de quitarla.

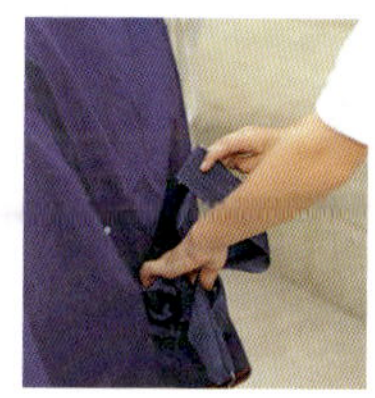

1 Una vez abiertas las sobrecinchas, las dejamos sujetas pero sin presión en el costado derecho.

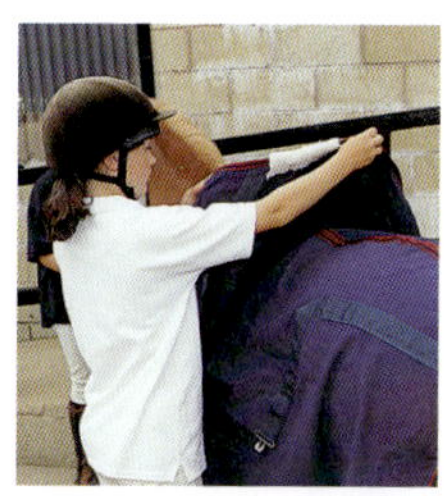

2 Desatamos las tiras del pecho. Luego plegamos la parte delantera de la manta hacia atrás.

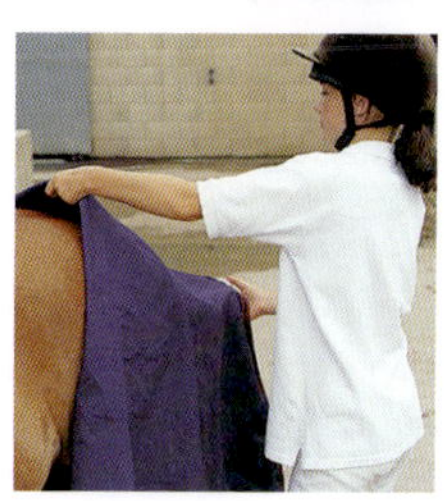

3 Sosteniendo la manta con las dos manos, la deslizamos hacia atrás por encima de los cuartos traseros.

Otros cuidados HABITUALES

Cuidar de un caballo no sólo consiste en alojarlo, asearlo y darle de comer. Hay que mantener el equipo muy limpio y ordenado. Sus cascos necesitarán ser herrados y esquilados con regularidad. Precisará una atención especial si tiene que viajar o si las condiciones climatológicas son duras.

Revisar las patas
De vuelta a la cuadra, revisaremos las patas por si tiene cortes o espinas clavadas. Comprobaremos también si las tiene calientes o hinchadas.

De regreso a casa
Cuando regrese a casa, y siempre y cuando no esté en una carretera muy transitada, puede aflojar la cincha y dejar que su caballo camine con las riendas sueltas para que estire los músculos del cuello.

Después del ejercicio

Al volver a casa, debemos retirar la montura del caballo; a continuación, revisamos sus cascos. Le quitamos el barro y el sudor. Si hace mucho calor, podemos pasarle una esponja húmeda. Entonces, le pondremos la manta de cuadra o una anti-sudor, y si el caballo está cansado y sediento, le ofreceremos un cubo de agua no muy fría. Podremos darle más agua un poco más tarde. Después le pondremos delante una malla llena de heno. Si vive en el exterior y no está frío o sudoroso, podemos dejarlo fuera.

Al final del paseo

Durante la monta, los caballos y los ponis pueden sudar, sentir calor y excitación. Así que antes de terminar el paseo, haga que el caballo continúe caminando uno o dos kilómetros al paso para que se relaje y se enfríe. En el último tramo de una dura jornada, desmontaremos del caballo, aflojaremos la cincha y le conduciremos a casa.

Masajearle las orejas
Un caballo o poni cansado y sudoroso puede tener las orejas frías. Para restaurar la circulación en las mismas, podemos sujetarlas por la base y estirarlas con cuidado entre las manos.

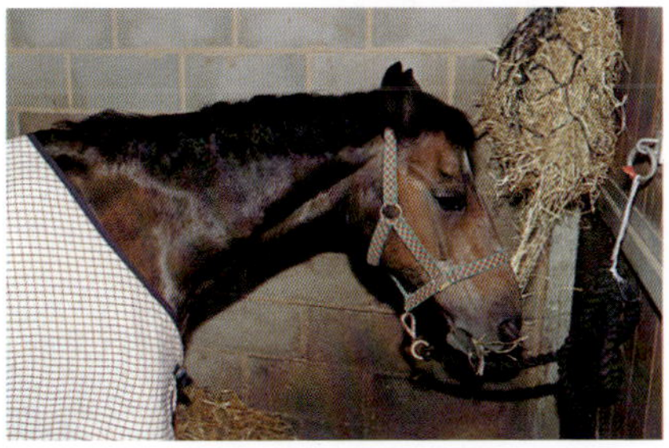

Abrigarlo bien
Si el caballo está seco, le quitaremos los restos de barro antes de colocarle la manta. Si está sudado, pondremos paja debajo de la manta. Podemos envolver las patas muy húmedas o embarradas con paja o algodón.

Herrado de un caballo

Los cascos de los caballos crecen como nuestras uñas, de modo que hay que recortarlos cada seis u ocho semanas para conservarlos en buen estado. El herrado previene el rápido desgaste de los mismos cuando el animal transita por superficies duras, como carreteras. La persona que se ocupa de esta tarea se llama herrador. La mayoría de los herradores disponen de equipos móviles para poder llevar a cabo su trabajo en el domicilio de cada uno de sus clientes.

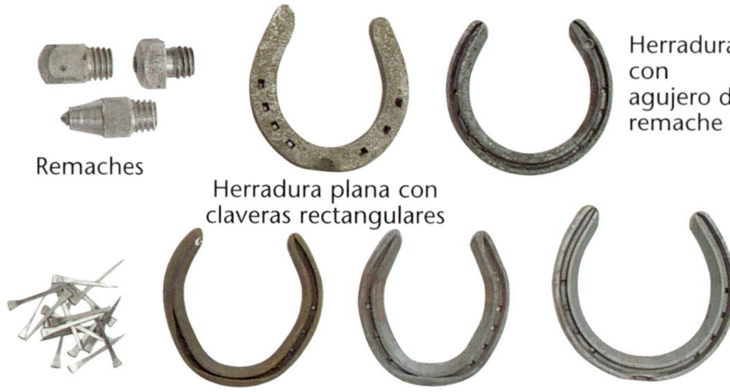

Remaches

Herradura plana con claveras rectangulares

Herradura con agujero de remache

Clavos

Herradura abatanada

Herradura con borde biselado

Herradura ranurada

Tipos de herraduras

La mayoría de las herraduras que llevan los caballos y ponis tienen una ranura que les ofrece un mejor agarre. Los herradores pueden fabricar herraduras especiales para corregir problemas en los aplomos de caballos y ponis, así como calzado especial para los distintos tipos de trabajo.

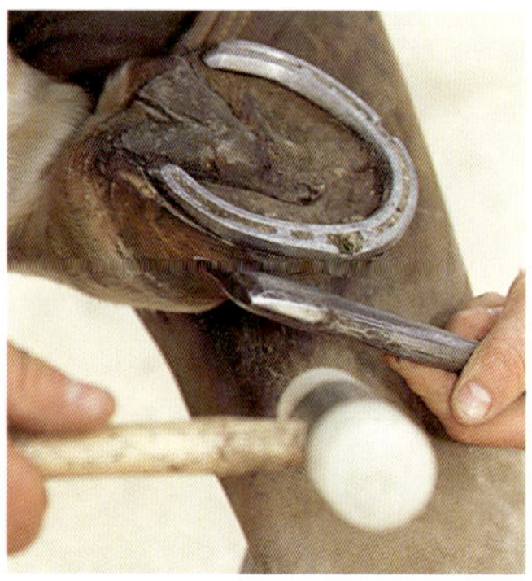

1 Con ayuda del desclavador y el martillo de nailon, el herrador corta los extremos de los remaches o tachones que sujetan la herradura al casco del caballo.

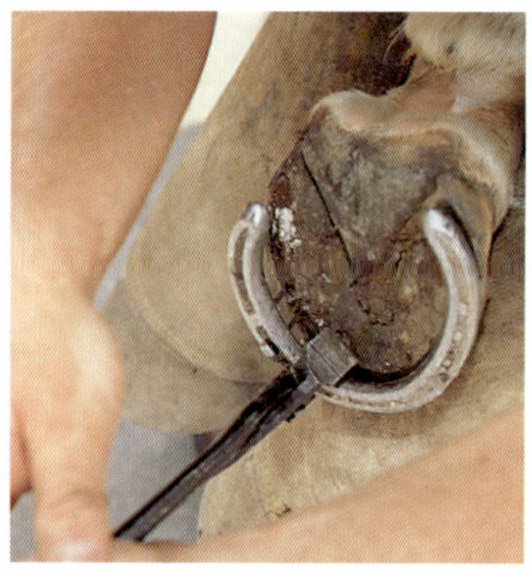

2 A continuación, levanta la herradura con unas tenazas, empezando por el talón y avanzando hacia la parte de delante del casco.

3 A continuación, el herrador pasa a recortar el crecimiento excesivo del casco con unas tenazas de corte.

Herrado en caliente

Este proceso consiste en calentar previamente en un horno o fragua la herradura antes de aplicarla al casco del caballo. El animal no siente dolor porque la parte córnea del pie es insensible, igual que nuestras uñas. Tal vez el caballo necesite nuevo calzado cada vez que se presente el herrador, o puede que, si no está muy desgastado, baste con un repaso antes de colocar de nuevo las herraduras.

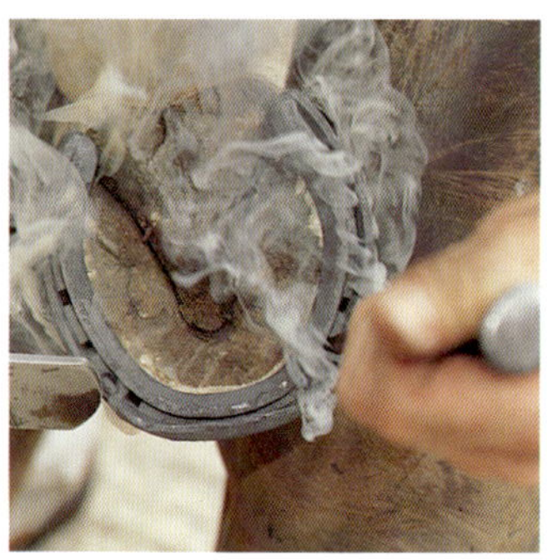

8 Cuando está lista la herradura, prueba a colocarla en el casco del caballo. El efecto del calor provoca humo.

9 Una vez satisfecho con la herradura, el herrador pasa a enfriarla en un cubo de agua antes de clavarla al casco.

10 Introduce los clavos a través de los agujeros de la herradura; empieza por la parte delantera.

Fijación de los remaches

Para montar al caballo en campo abierto, con lluvia o en condiciones de humedad, en ocasiones se enroscan unos remaches en orificios especiales en el talón de la herradura.

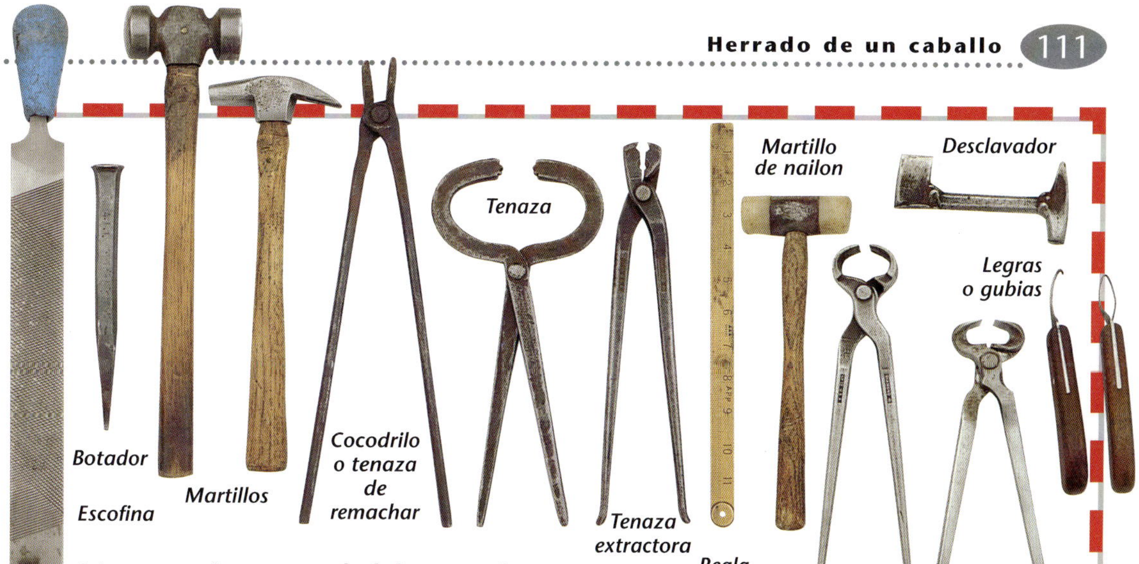

Herramientas del herrador

Para herrar al caballo, el herrador emplea una serie de instrumentos especiales. Puede trabajar también con un horno o fragua, un yunque, un mandil o zahón de cuero para protegerse las piernas, y un trípode en el que apoya el casco del caballo.

4 Utiliza una legra para limpiar la pared del casco, la suela y la ranilla; elimina cualquier trozo sobrante.

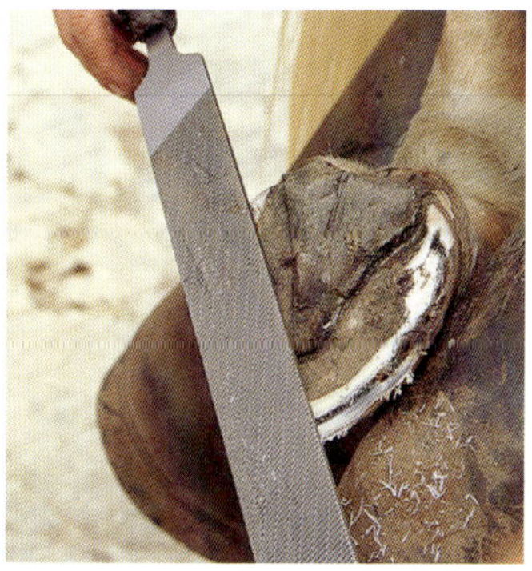

5 Con la escofina, se asegura de que la superficie de sustentación del peso sobre el casco queda igualada y lisa.

6 Calienta la herradura en un horno hasta ponerla al rojo vivo. La maneja con una tenaza con mucho cuidado.

7 Golpea la herradura caliente sobre el yunque para darle forma mientras la sostiene con las tenazas. Puede calentarla de nuevo si es necesario.

11 Como los clavos sobresalen por el costado del casco, el herrador dobla los extremos con la maza del martillo.

12 Apoya la herradura en las tenazas. Entonces golpea con el martillo el extremo de los clavos.

13 Con el casco apoyado en un trípode, usa la escofina para limar la punta de los clavos y el contorno de la pared del casco.

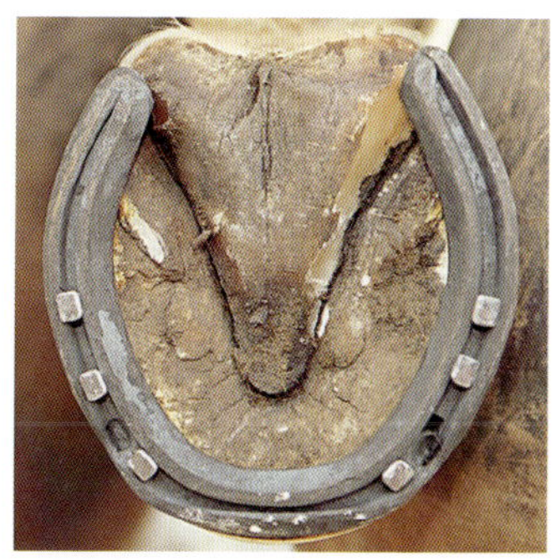

14 El casco debe quedar equilibrado. Seis o más clavos mantendrán la nueva herradura en su sitio.

Almacenaje
Se puede llevar el agua en un contenedor grande de plástico.

Suministro de agua y comida

Durante el viaje, el caballo se sentirá más feliz si pone a su disposición una malla llena de heno. El heno que lleve para el regreso debe ir en el remolque y no en el exterior, ya que podría contaminarse con el humo del tubo de escape. En un viaje largo tendremos que llevar, además, agua.

Desplazamientos seguros

Si deseamos participar en pruebas, exhibiciones o yincanas, necesitaremos transportar a nuestro caballo en un remolque. Una vez que se acostumbran, a la mayoría de los caballos y ponis no les importa viajar. Sin embargo, hay que tener muy en cuenta varios detalles para que los desplazamientos sean seguros. Las patas, por ejemplo, pueden sufrir lesiones, así que necesitarán llevarlas protegidas. También deberán irán cubiertos con una manta para mantenerse calientes y limpios.

Protecciones de viaje
Estas botas acolchadas se ajustan a la parte inferior de las extremidades del animal y se sujetan con tiras de velcro.

Protecciones y vendas de reposo

Es muy importante que las patas del caballo estén protegidas durante un desplazamiento. Para protegerlas podemos usar botas especiales para viaje o vendas. Las botas para viaje cubren las patas desde el corvejón hasta la corona (*véanse* págs. 14–15). Si usamos vendas, el animal debería llevar también rodilleras y protectores para las articulaciones.

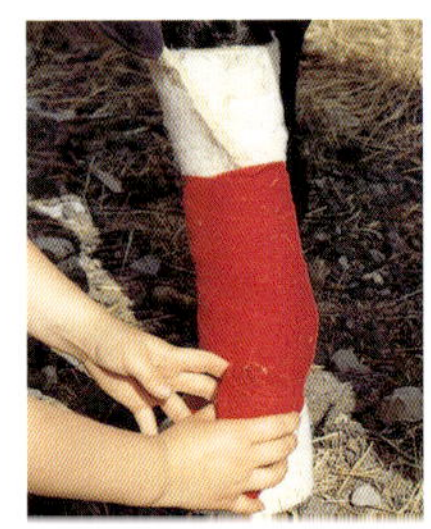

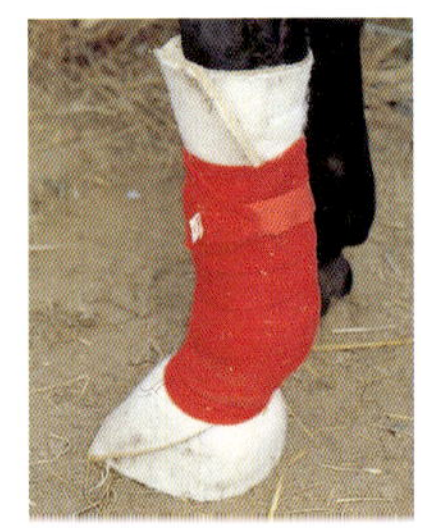

Vendas para viaje
Colocadas sobre un almohadillado, se enrollan de la misma manera que las vendas de primeros auxilios (*véanse* págs. 120–121).

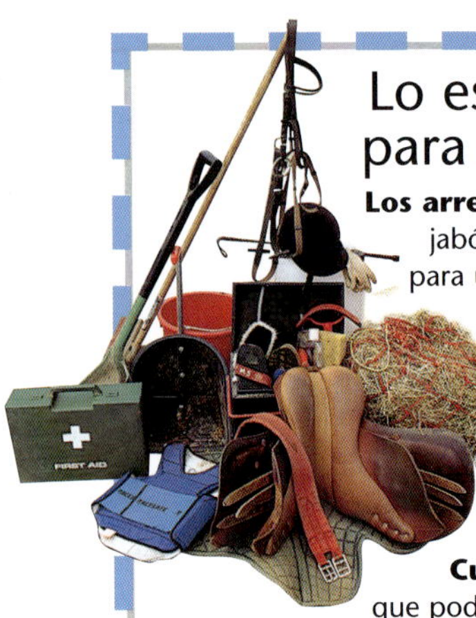

Lo esencial para el viaje

Los arreos, además de jabón, esponjas, etc., para un repaso final.
Nuestra ropa de montar, si vamos a participar en un concurso.
Comida y agua, para nosotros y para el caballo.
Cualquier documento que podamos necesitar: formularios, entradas, etc.
Un botiquín de primeros auxilios para ambos.

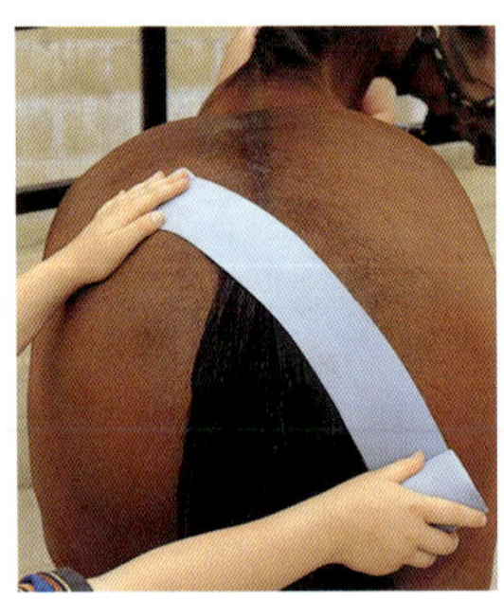

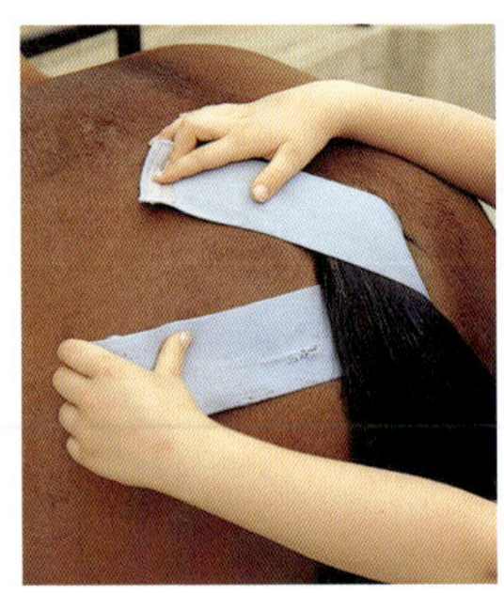

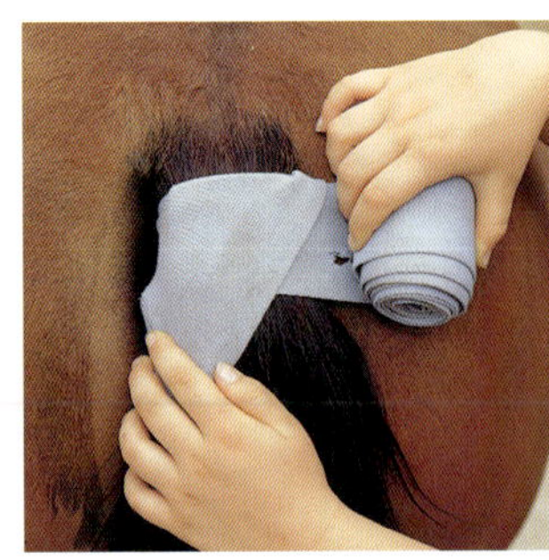

1 Comenzamos cruzando la venda sobre la parte superior de la cola; dejamos un trozo sobrante.

2 Pasamos el vendaje bajo la cola del caballo y lo llevamos hacia arriba, sujetando el extremo.

3 Después de dar un par de vueltas a la venda en torno a la cola, doblamos el extremo que habíamos dejado fuera.

Protección de la cola de un caballo

Antes de emprender un viaje, se venda la parte superior de la cola del caballo para evitar que el animal se roce con el remolque. Además, el vendaje mantiene el pelo de la cola alisado y limpio. La venda ha de quedar bien sujeta. Para impedir que se suelte, se puede doblar el extremo y asegurarlo con una goma elástica.

Embarcar al caballo

La mayoría de los caballos y ponis suben sin problemas la rampa del remolque. Pero si el nuestro se resiste, dejaremos que se tome su tiempo. Si aún duda, le pediremos a alguien que coloque una de sus patas delanteras en la rampa. Normalmente, subirá sin dificultad. Puede también ofrecerle algo de comida.

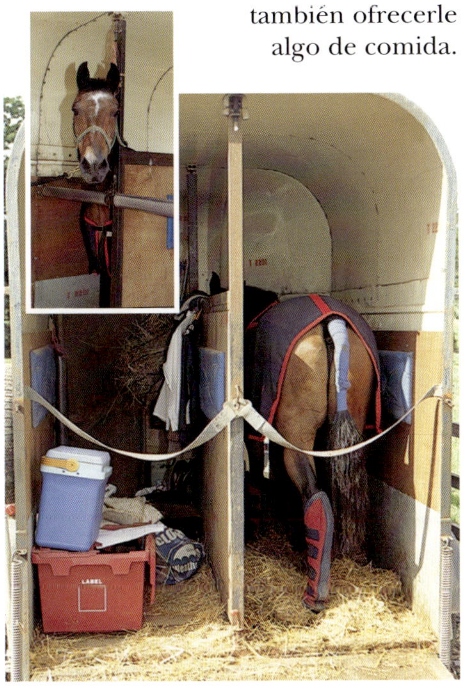

Suba por la rampa con decisión.

No tire del caballo.

Debe premiarlo cuando entre.

Listos para partir

Un único caballo en un remolque doble viajará mejor en el lado más próximo al centro de la carretera. El caballo debe ir atado muy corto. No olvide cerrar la barra o correa.

Desembarco

Para sacar al caballo del remolque, lo primero que haremos será desatarlo; dejaremos en la argolla la cuerda con la que estaba atado para que crea que todavía está sujeto. Si el remolque dispone de rampa delantera, lo bajaremos y luego abriremos la barra o correa. Lo haremos despacio. Para sacarlo de espaldas, le pediremos alguien que se coloque al lado para que ayude al caballo a recular.

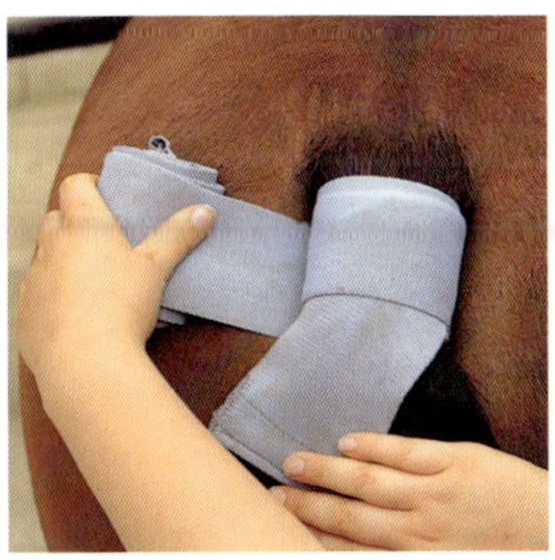

4 Enrollar la venda sobre el extremo plegado hacia abajo para que no se afloje.

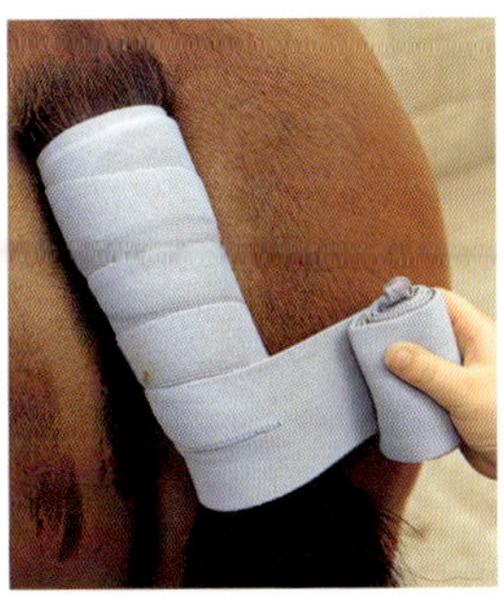

5 Seguir vendando la cola hacia abajo hasta el final de la nalga.

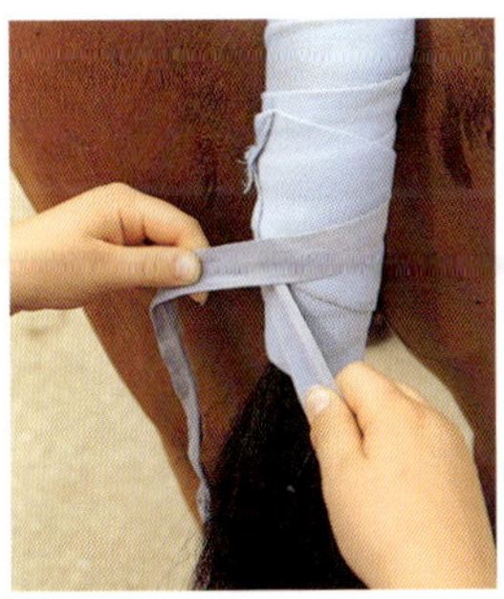

6 Cruzar los extremos, pasarlos por detrás y cruzarlos de nuevo por delante.

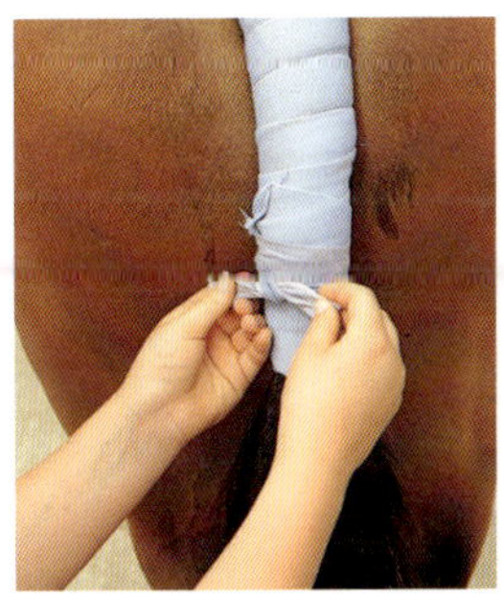

7 Atar las tiras en torno a la venda con un nudo seguro que mantenga ésta en su lugar.

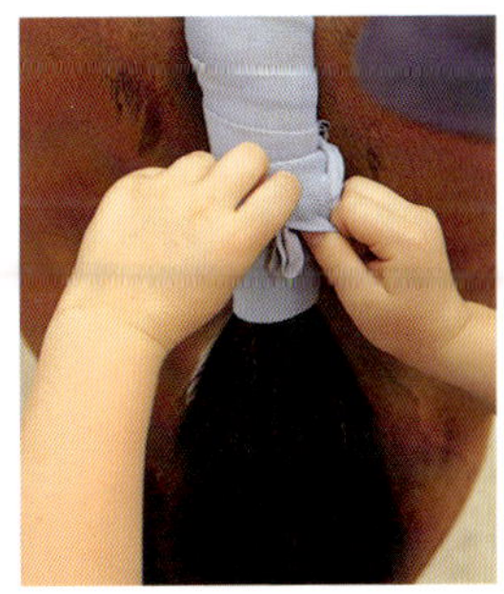

8 Doblar un trozo de la venda sobre el nudo para que no se deshaga.

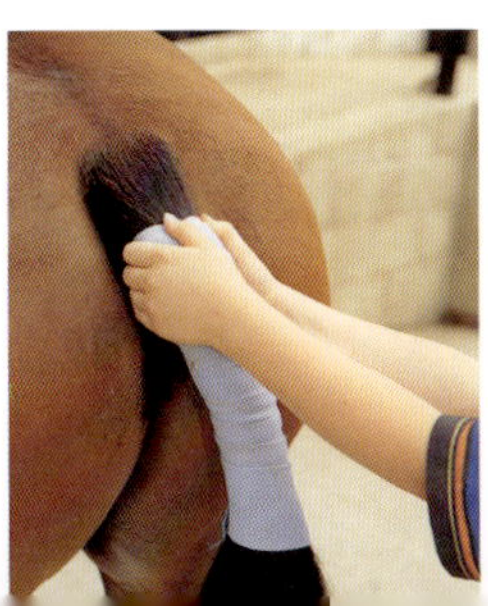

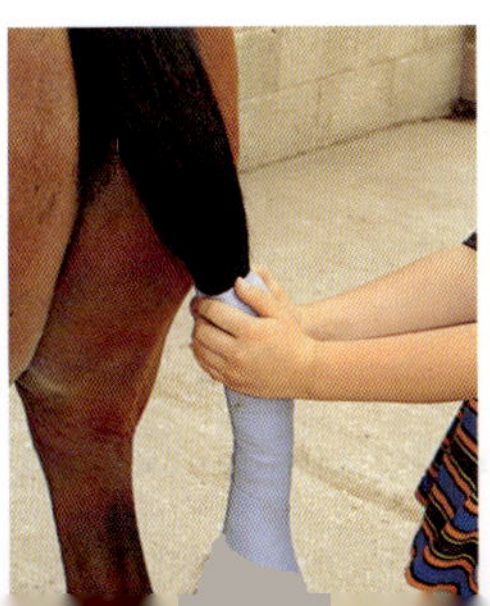

Cómo quitar una venda de la cola

Para quitar el vendaje de la cola, sacaremos el pliegue que hicimos sobre el nudo y lo desataremos. Entonces, deslizaremos la venda de una vez; así el pelo quedará muy liso y suave. Enrollaremos la venda; dejaremos los dos cabos plegados dentro.

Cuidados en invierno y verano

Los caballos y ponis necesitan un cuidado especial cuando estén expuestos a cambios extremos de temperatura. En verano los caballos buscan la sombra para protegerse del sol y tienen que convivir con las molestas moscas. En un invierno duro, un caballo que viva en el campo tendrá poco que comer y el terreno puede estar embarrado o helado. Incluso el agua del abrevadero puede congelarse. Por tanto, tendremos que solventar todas estas complicaciones.

Prevenir quemaduras

Los caballos y los ponis que tienen el hocico rosado pueden sufrir quemaduras por el sol. Esto afecta sobre todo a los animales estabulados que permanecen mucho tiempo con la cabeza apoyada en la puerta de la cuadra a pleno sol. Podemos aplicarles la misma crema solar que usamos nosotros.

Espantamoscas
Con el movimiento del caballo, las tiras del mosquero se agitan; eso hace que las moscas se alejen de los ojos del animal. Podemos colocarlo en la cabezada, o atarlo directamente a las orejas del caballo.

Repelente de insectos
En el mercado hay una serie de productos para repeler moscas y otros insectos. La mayoría de estos productos se aplican con un trapo empapado sobre la capa del animal. A algunos caballos no les importa que se les vaporice con el producto.

Combatir las moscas

Si hay muchas moscas, es preferible que los caballos permanezcan en la cuadra durante el día y sacarlos cuando anochezca. Si esto no es posible, le deberemos colocar al caballo o al poni un mosquero en la cabeza, un fleco de correas o cuerdas para que pueda espantarse las moscas. Los caballos cuentan, además, con su propia protección: como la cola también las espanta, colocan el hocico junto a la cola de otro caballo.

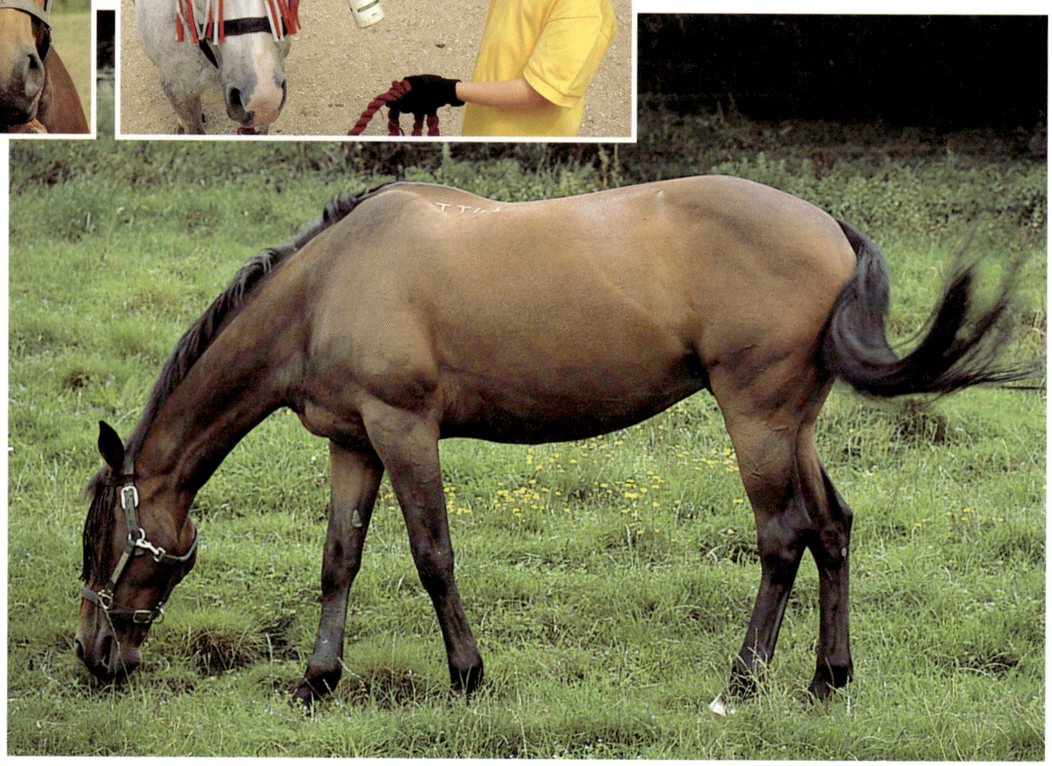

Cuidado de las patas y cascos

Las patas y los cascos de un caballo necesitarán una atención especial en invierno. La exposición constante a la humedad y el barro puede provocar fiebre del barro (*véase* pág. 123), así que debemos protegerlos. Montar sobre hielo es peligroso porque el animal puede resbalar y caer, pero se puede hacer sobre nieve si engrasamos antes los cascos.

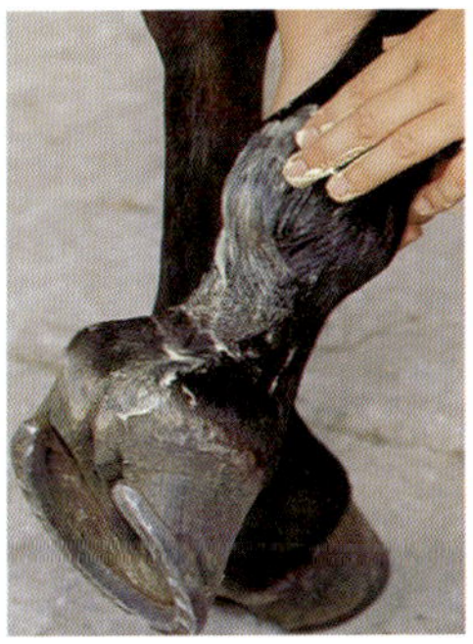

Engrasado de los cascos
Engrasar los cascos impide que la nieve se acumule en su interior.

Engrasado de las patas
Podemos aplicar vaselina o parafina líquida en la parte inferior de las extremidades y en los talones del caballo para mantenerlos a salvo de la humedad y el barro.

Mantenerlo caliente
Un caballo o poni esquilado puede mantener el calor en los climas más fríos si dispone de suficiente alimento y lleva una manta lo bastante gruesa. Es mejor poner otra protección debajo de la manta, o añadir una segunda manta, que cerrar la parte superior de la puerta de su cuadra.

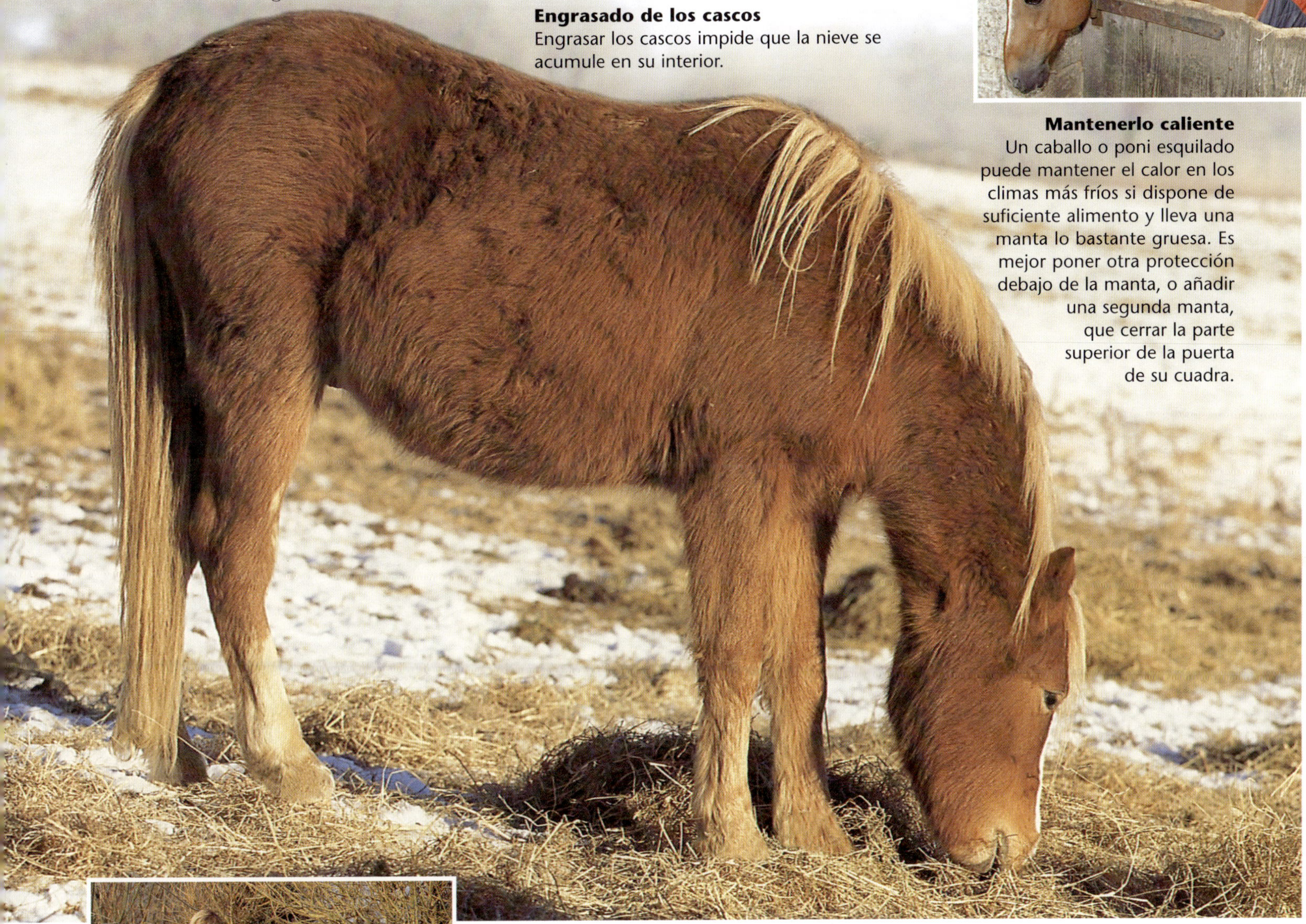

Rompiendo el hielo
En climas extremos, el agua de los abrevaderos puede helarse, sobre todo si están en el exterior. Para asegurarnos de que el animal dispone de agua para beber, romperemos el hielo varias veces al día. Si es posible, rellenaremos los abrevaderos con agua tibia. De esta forma, el agua no se helará con tanta rapidez.

Atención esencial en invierno

Los ponis nativos pueden permanecer en el exterior en invierno sin ayuda de mantas si tienen bastante para comer. Dependiendo de la temperatura, el pasto, el tipo de poni y el trabajo que lleve a cabo, necesitará heno y, posiblemente, alimentos preparados desde mediados del invierno hasta la primavera.

Atención SANITARIA

Los caballos y en especial los ponis son animales duros. No hay más que seguir unas cuantas reglas para que se mantengan saludables. Sin embargo, debemos estar prevenidos para poder hacer frente a cualquier situación que se nos presente.

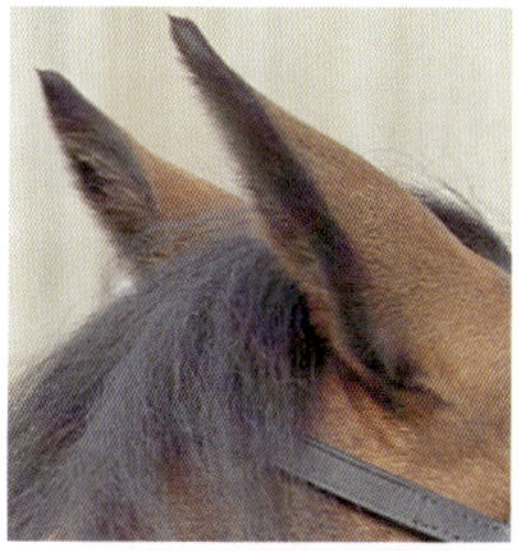

Orejas hacia delante
Aunque las orejas echadas hacia atrás son más un síntoma de irritación que de mala salud, las orejas hacia delante muestran que el animal está interesado en lo que sucede.
Las orejas se moverán para captar el menor sonido.

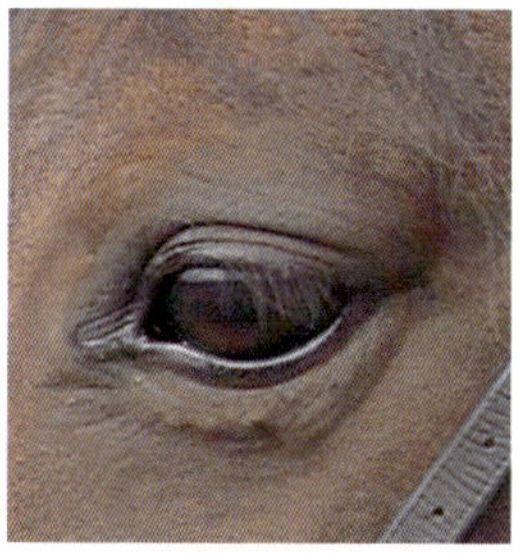

Ojos brillantes
Los ojos tienen que estar brillantes y limpios. Las pupilas deben dilatarse en la oscuridad y contraerse bajo la luz brillante. Los ojos no deben lagrimear, aunque es normal que se acumule en los ángulos algo de suciedad.

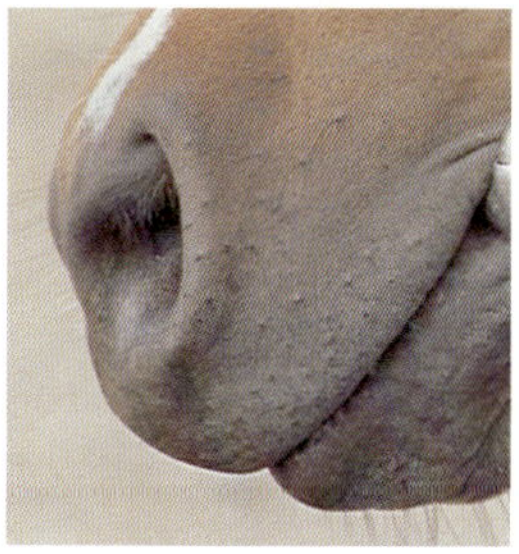

Hocico seco
El hocico del caballo ha de estar seco. Algunos animales alérgicos al polvo pueden mostrar una ligera secreción nasal acuosa.
Si esa mucosidad es grisácea o amarillenta, será síntoma de infección.

Otros aspectos

Un caballo o un poni sano no tiene que estar ni demasiado gordo ni demasiado delgado. Las costillas pronunciadas y el vientre hinchado son senal de que padece lombrices, igual que la tos. La respiración debe ser relajada y regular; hacer ruidos al respirar es señal de alergia al polvo o enfermedad pulmonar. El cuerpo del caballo debe estar caliente, y sus patas y cascos, en buen estado.

Síntomas de buena salud

Un caballo sano tiene los ojos brillantes, el pelaje lustroso, buen apetito y se interesa por lo que ocurre a su alrededor. Los caballos son animales curiosos, por lo que se acercarán a ver lo que estamos haciendo. En el campo se mantendrán en grupo. Si un caballo está alejado de los demás, puede que no se encuentre bien.

Síntomas de enfermedad

Si el caballo o poni tiene la cabeza baja, mal aspecto, mirada borrosa y la piel en malas condiciones, puede estar enfermo. Probaremos a pellizcarle la piel con los dedos; debería recuperar su forma al soltarla. Si no sucede esto, entonces puede que el caballo o poni esté deshidratado, es decir, que esté falto de agua.

Llenos de vida

Aunque los caballos y los ponis pasan la mayor parte del tiempo en el campo pastando, también jugarán y galoparán, en especial si son jóvenes. Esto les ayuda a mantenerse en forma. Los caballos sólo duermen unas cuatro horas al día. Mientras los demás descansan, uno de ellos permanece alerta. Los caballos y los ponis también dormitan de pie.

Rutina sanitaria

La desparasitación y la vacunación regulares son cruciales para la buena salud del caballo. Es muy importante conocer cuáles son las pulsaciones, la temperatura y la respiración habituales de nuestro caballo o poni, así como ser capaz de identificar su comportamiento normal. Estar pendientes de estos detalles nos ayudará a descubrir si algo anda mal y a ponerle remedio cuanto antes.

El veterinario observa siempre los movimientos del animal. Si arrastra uno de los cascos de las patas traseras, puede que sufra laminitis.

Comprobar el pulso y la respiración

Para comprobar el pulso, colocaremos nuestros dedos debajo de la mandíbula del caballo o del poni. Contaremos el número de pulsaciones en un minuto. Lo normal es que esté entre 35 y 45 si el animal se encuentra en en reposo. La tasa normal de la respiración es de 10 a 20 por minuto en reposo.

Hacer trotar al caballo llevándolo de la mano es el método más sencillo para comprobar si sufre laminitis.

Cojera

Si paseamos o trotamos con el caballo o el poni sobre una superficie dura, como un patio, alguien puede decirnos de qué pierna cojea. Si afecta a una pata delantera, el animal inclinará la cabeza cuando esa pata golpee el suelo.

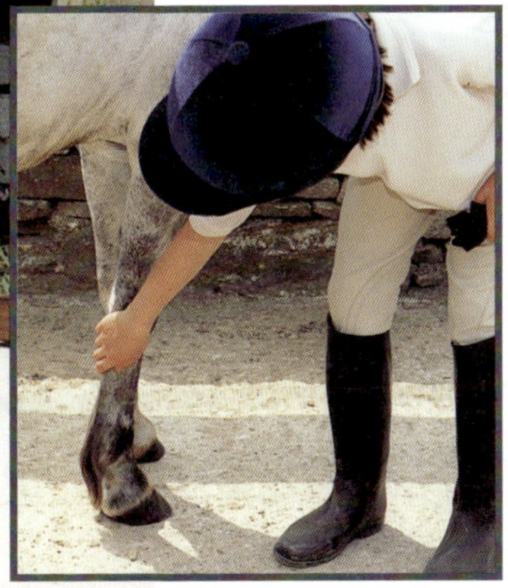

Revisión de las patas

Las patas de un caballo deberían estar frescas y libres de sudor. Así, debemos comprobar todos los días si están calientes o sudorosas. Si lo están, puede ser que el animal tenga una herida, aunque no cojee.

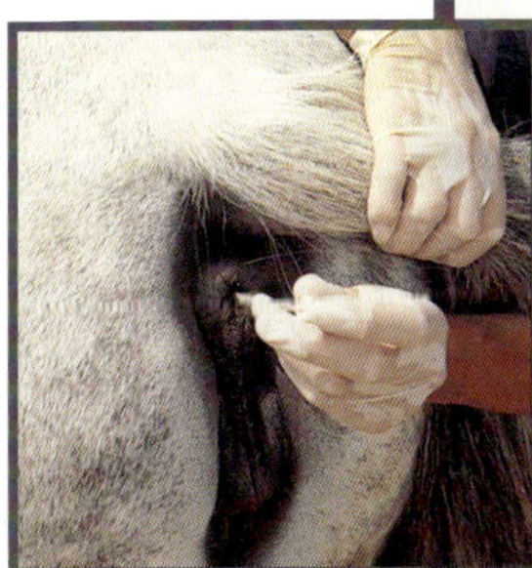

Mantener sujeto el termómetro con firmeza durante un par de minutos antes de extraerlo. Al extraerlo, ya podemos mirar la temperatura. ¡Cuidado, que no se cuele!

Tomar la temperatura

Si pensamos que un caballo está enfermo, lo que haremos será tomarle la temperatura; esto debe hacerlo un adulto. La temperatura normal en un caballo está en torno a los 37,5 °C y 38,5 °C. Aplicaremos vaselina en el extremo del termómetro y lo insertamos con cuidado en el ano.

Desparasitación

Hay que desparasitar a los caballos y ponis cada cuatro o seis semanas. El producto puede administrarse en forma de polvo, que repartiremos en la comida del animal, o de pasta, que podemos introducir en su boca con una jeringa o aplicador. A los ponis no parece disgustarles el sabor. Pediremos ayuda a un adulto para esta operación.

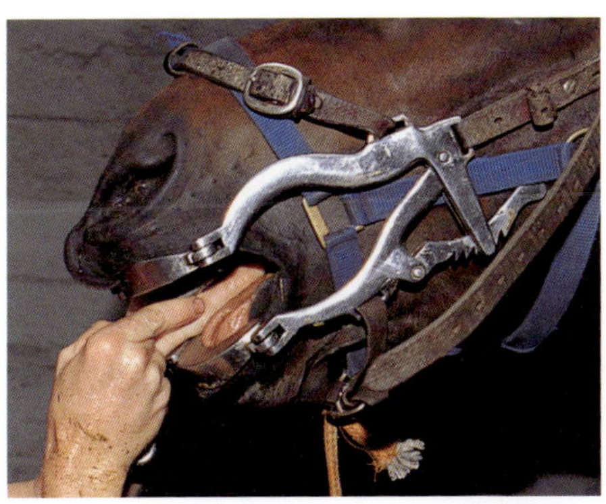

Cuidado de los dientes

A menudo, los dientes traseros de los caballos crecen de manera desigual, y esto les puede provocar incomodidad. Por tanto, es buena idea que un veterinario o un dentista equino les revise la boca una vez al año. Utilizará una mordaza para que el caballo mantenga abierta la boca y no dé mordiscos. Mientras, limará los bordes afilados.

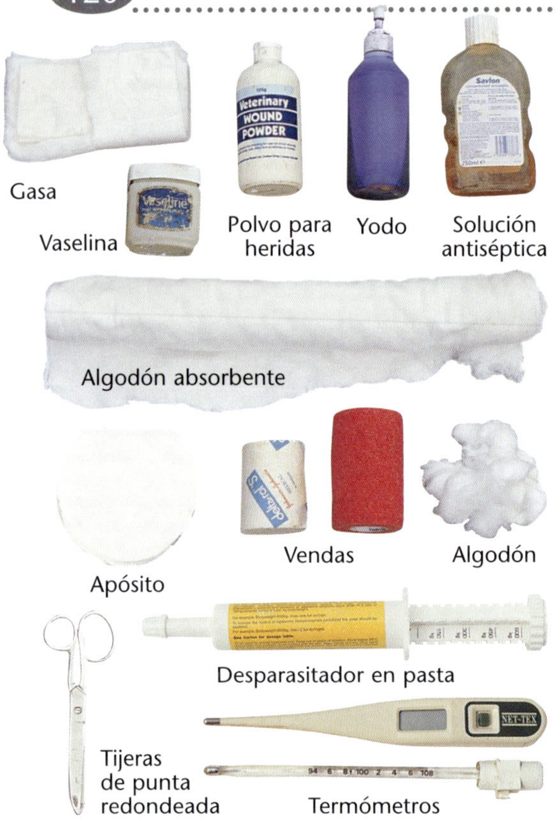

Botiquín de primeros auxilios

Debemos tener a mano un botiquín de primeros auxilios. Lo guardaremos en un lugar seco y limpio, y lo revisaremos de vez en cuando. Siempre que utilicemos algo del botiquín, lo reemplazaremos para emergencias.

Primeros auxilios

Es útil conocer algunas rutinas básicas de primeros auxilios para que podamos hacer frente nosotros mismos a los problemas leves de salud que pueda sufrir nuestro caballo. No obstante, si muestra claros signos de enfermedad, si cojea o presenta una herida grave, deberemos llamar al veterinario. La rápida atención de un profesional puede evitar que el problema pase a mayores.

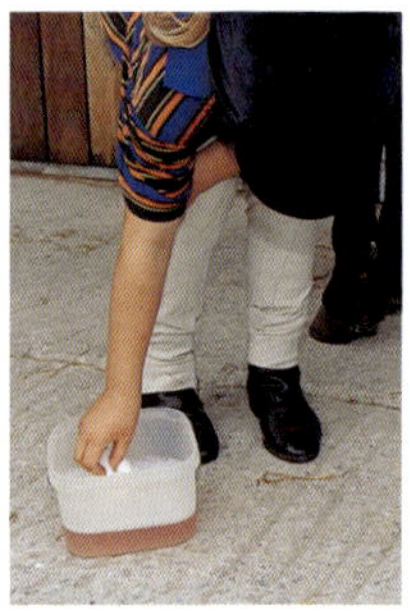

Utilizaremos algodón limpio.

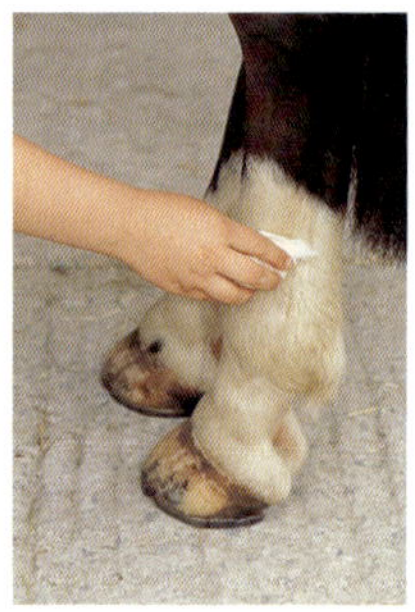

Limpiaremos la herida desde el centro hacia afuera.

Prevenir infecciones

La limpieza a fondo de una herida puede prevenir infecciones y ayudar a que se cure antes. Recortaremos el pelo que hay alrededor de la herida. Echaremos agua tibia en un recipiente y le añadiremos algún antiséptico. Luego, empaparemos un algodón en esta solución, lo escurriremos y limpiaremos con él la herida. Repetiremos este gesto hasta que la herida esté limpia por completo. Si la herida sangra mucho, o se encuentra cerca de un tendón o una articulación, llamaremos al veterinario para que la revise.

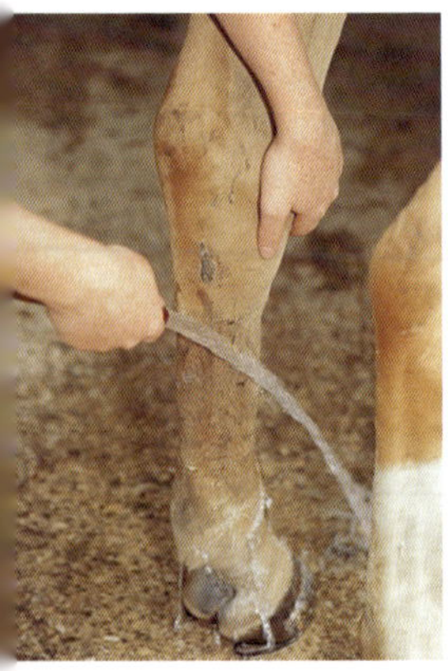

Regar las patas

Regar con agua fría una pata herida puede reducir el dolor. Le pediremos a alguien que nos ayude a sujetar al animal. Entonces, acercaremos la manguera a la pata herida. Transcurridos 15 minutos, nos detendremos y dejaremos que la pata se caliente de nuevo. Repetiremos este proceso una o dos veces más.

Vendar las patas

Los vendajes pueden servir para mantener en su lugar una gasa, para proteger una pata hinchada o herida, y para refrescar una pata caliente. Las vendas se colocan sobre una capa de algodón de uso quirúrgico. Mientras vendamos una pierna nos mantendremos agachados.

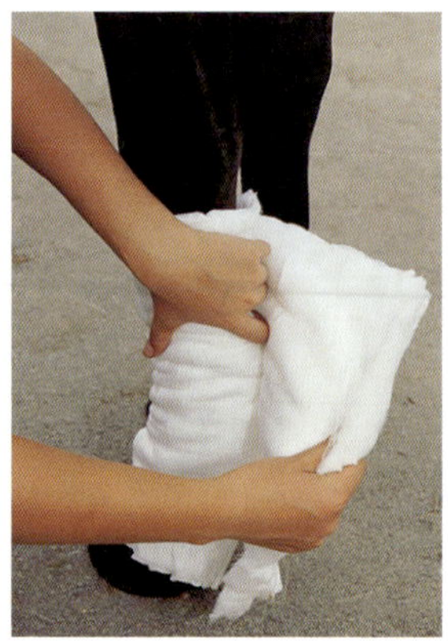

1 Hay que colocar bien la gasa. Envolveremos la pata con el rollo de algodón absorbente. Cubriremos la corona y nos aseguraremos de que el rollo de algodón quirúrgico está estirado.

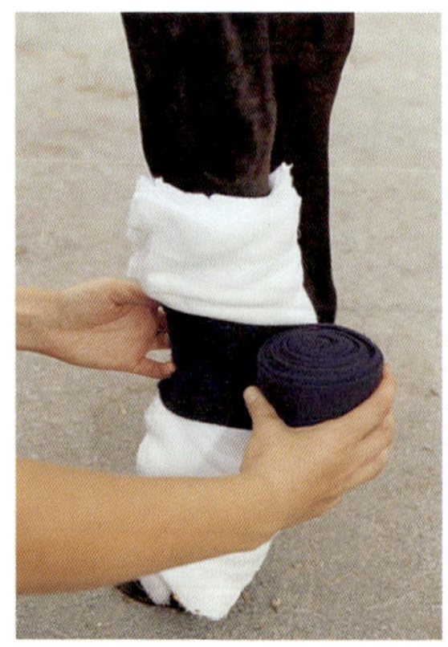

2 Comenzaremos a vendar justo por debajo del corvejón. Manteneremos sujeto el extremo hasta que lo hayamos asegurado con algunas vueltas más.

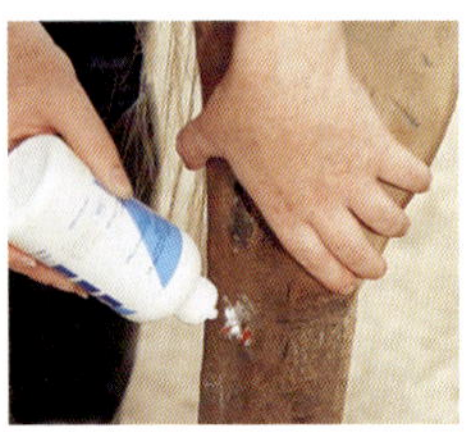

Aplicar antiséptico en polvo

Los arañazos y los cortes no demasiado graves se pueden tratar con un antiséptico en polvo. Primero, limpiaremos la herida del caballo. Le aplicaremos después el antiséptico en polvo. Además de prevenir infecciones, mantendrá a las moscas alejadas.

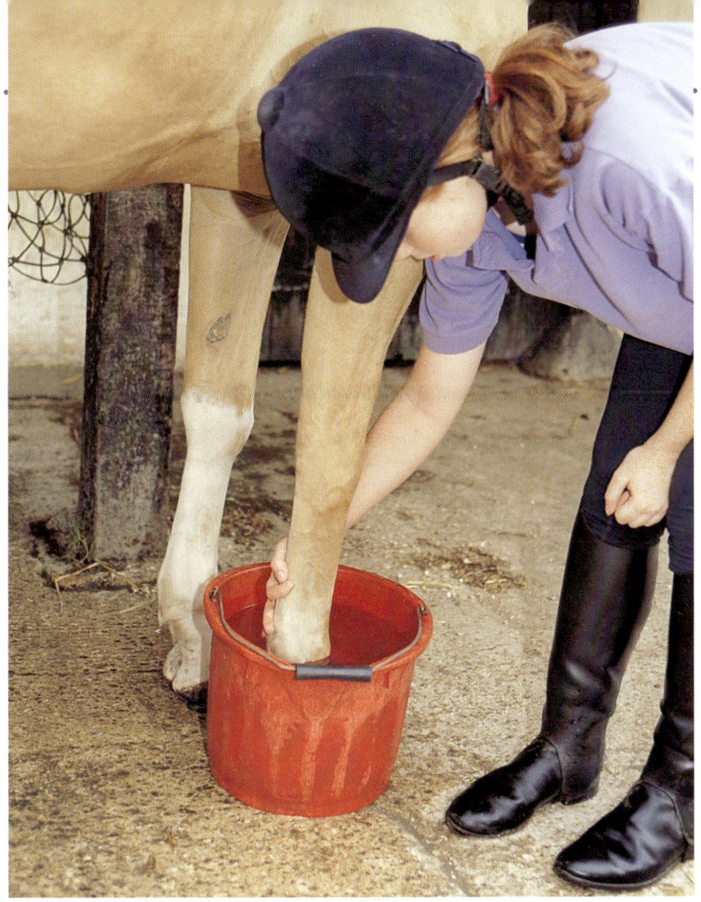

1 Recortaremos el apósito al tamaño adecuado. Los humedecemos con agua fría o caliente. Lo escurriremos con las manos, intentando que se mantenga plano.

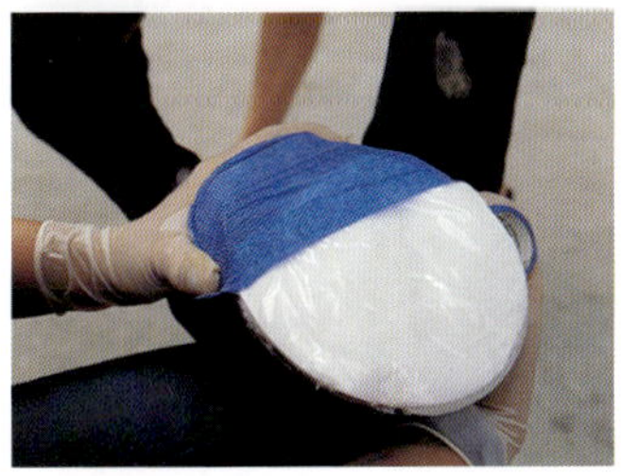

2 Colocaremos el apósito en la suela del casco del caballo y empezaremos a vendarlo. Resulta mucho más sencillo si utilizamos un vendaje elástico autoadhesivo.

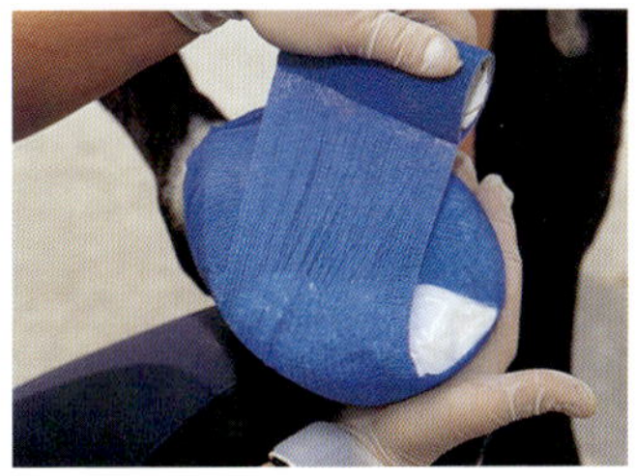

3 Trazaremos un ocho con la venda alrededor del casco. Cuando hayamos concluido, protegeremos el vendaje con algodón o una bolsa sujetos con espadadrapo.

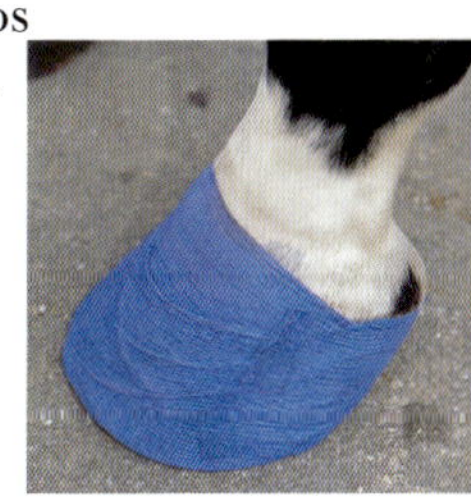

Vendaje concluido

Poner el casco en remojo

Consiste en introducir el casco y la parte inferior de la pata del caballo en un cubo con agua templada y sulfato de magnesio. Esto se hace a fin de curar las infecciones de los cascos. El animal deberá permanecer así 10 o 15 minutos; lo mejor es que lo hagamos dos veces al día. Le pediremos a alguien que nos ayude si sospechamos que el caballo no estará tranquilo.

Cómo colocar un emplasto en el casco

Los emplastos pueden ser fríos o calientes. Los calientes se utilizan para impedir que una herida o un absceso se infecten. Los emplastos fríos reducen las inflamaciones. Podemos adquirir emplastos químicos ya preparados, hechos de algodón o gasa.

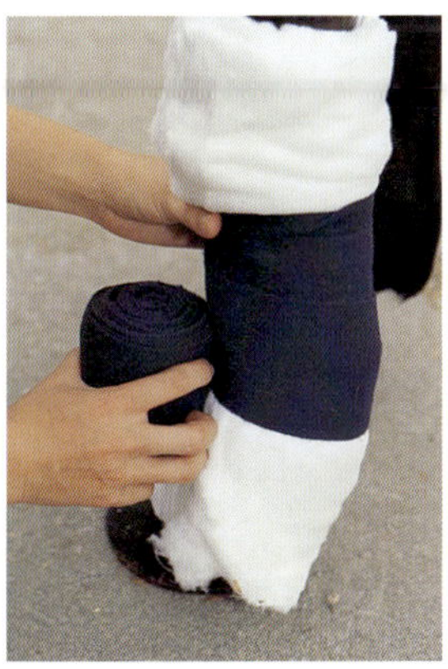

3 Continuaremos vendando hacia abajo hasta llegar a la parte superior del casco. Es importante que la tensión del vendaje sea uniforme.

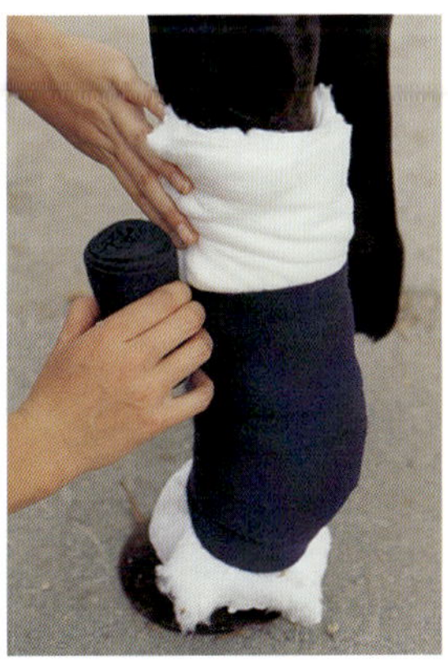

4 Cuando lleguemos a la zona de la corona, seguiremos vendando en la dirección contraria, ascendiendo así por la pata del animal.

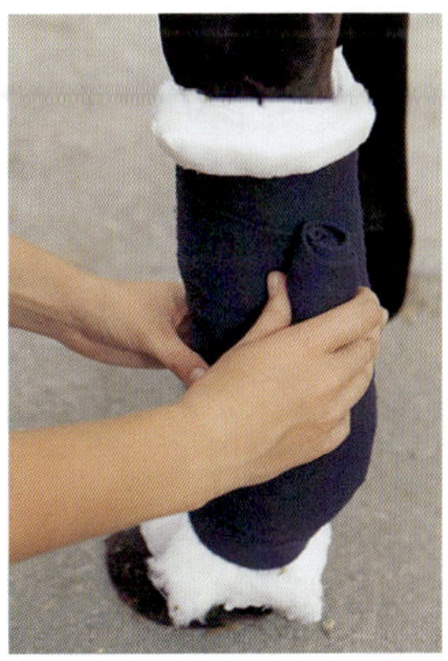

5 Al terminar de colocar el vendaje, deberíamos haber vuelto al mismo punto de la pata en el que habíamos empezado.

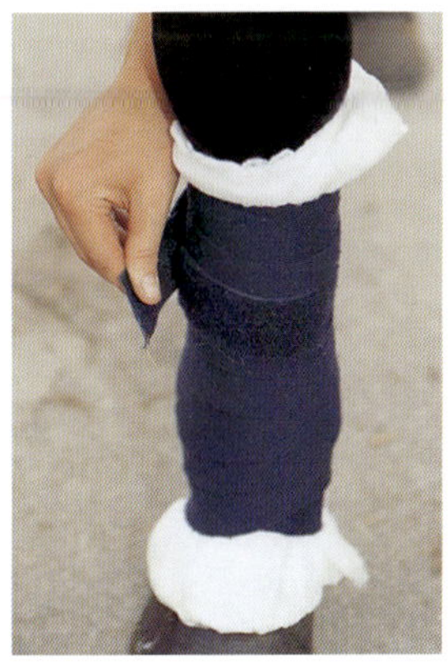

6 Fijaremos la venda con tiras de velcro o con espadadrapo. Esconderemos las puntas que queden sueltas en el interior de la venda.

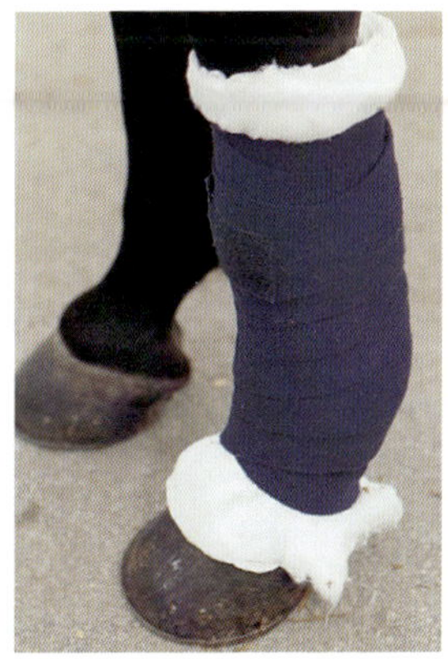

7 El vendaje debería quedar firme, pero no muy apretado. Una vez acabado, quedará a la vista un trozo del algodón por ambos lados del vendaje.

Dolencias comunes

Hasta el poni o el caballo mejor cuidado puede padecer a veces pequeñas dolencias. Una vez que sepamos lo que le ocurre, podremos aplicarle un tratamiento sencillo. Es importante que observemos siempre al animal; de esta forma captaremos comportamientos anormales, zonas irritadas, calvas, inflamaciones, bultos y cojeras. Los cólicos y las laminitis serán, probablemente, los problemas más serios con los que deberemos enfrentarnos. Estas dos dolencias pueden obedecer, simplemente, a un exceso de comida.

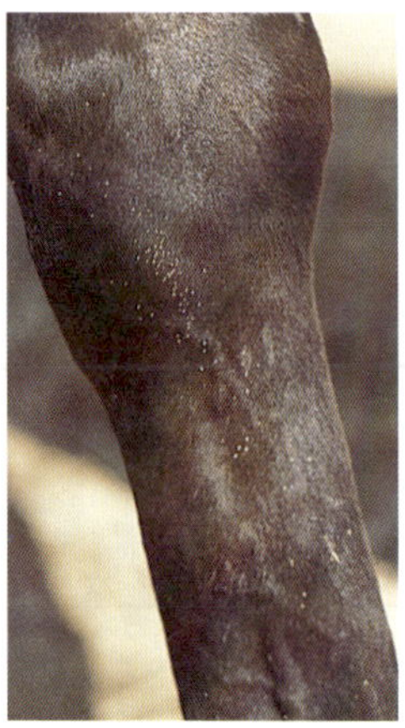

Huevos de moscas

En verano, si vemos unos puntitos amarillos en la parte inferior de las patas de un caballo, debemos saber que son huevos de la mosca estro. Hay que quitarlos rascándolos con un cuchillo. Si el caballo lame los huevos, las larvas se desarrollarán en la boca y en el estómago, así que habrá que desparasitarlo con ivermectina a principios del invierno.

Rascado de las crines

Aunque no padezcan dermatitis, muchos caballos se frotan las crines y la cola en verano. Esto puede ocasionarles heridas e irritaciones. Le aplicaremos benzoato de bencilo, o bien le pondremos una manta ligera especial que le cubra el cuello, y un mosquero en la cara.

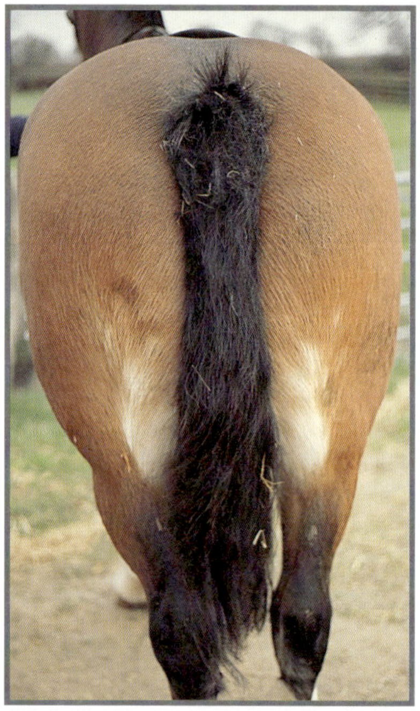

Dermatitis estival

La dermatitis estival reincidente es resultado de la alergia a las picaduras de insectos. Hay caballos que se rascan hasta provocarse calvas para librarse del picor. Afecta también a las crines y la cola.

Los mosquitos suelen picar por la mañana y al atardecer, así que lo dejaremos estabulado a esas horas para evitar este tipo de dermatitis.

Frotar con benzoato las raíces de las crines y la cola contribuye a aliviar los síntomas de esta dermatitis.

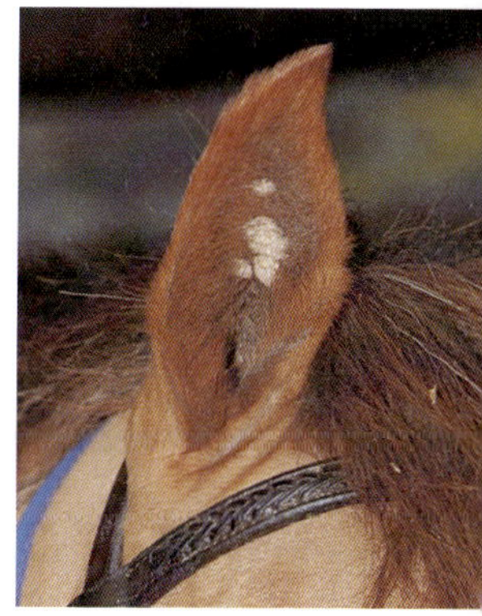

Placas auriculares
Estas zonas de piel blanca en las orejas, llamadas placas, no representan ningún peligro y no necesitan tratamiento.

Buscando ácaros
Como los ácaros son tan pequeños, puede que no los veamos. Con una capa espesa de cera en las orejas podremos eliminarlos.

Problemas con las orejas

Si un animal sacude la cabeza y se rasca mucho las orejas, puede ser que tenga problemas. Puede, simplemente, que tenga parásitos en las orejas, pero también puede que el caballo tenga una infección. Por tanto, si observamos alguno de estos comportamientos en nuestro caballo, debemos llamar al veterinario para que lo examine con atención.

Síntomas de cólico

El cólico es un problema digestivo común. Los caballos enfermos suelen revolcarse por el suelo, pero sin sacudirse después. Suelen tumbarse y levantarse con frecuencia. Incluso, si la cosa es seria, pueden sudar y mostrarse doloridos. Entonces, si vemos que nuestro caballo se comporta así, puede ser que sufra un cólico, por lo que llamaremos al veterinario.

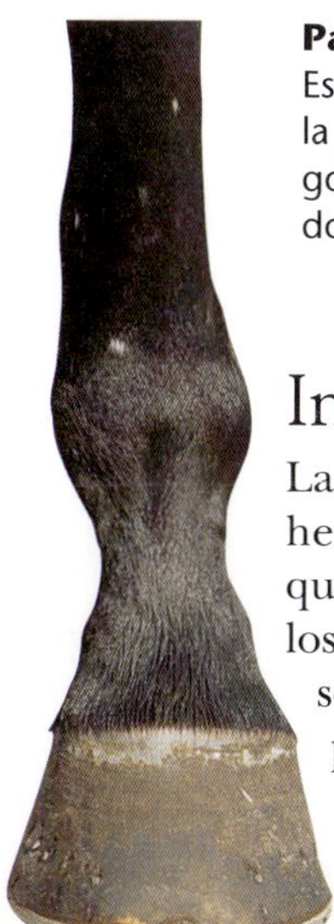

Pata inflamada
Esta inflamación en la parte inferior de la pata puede ser consecuencia de un golpe. El regado de la pata hará que el dolor disminuya (*véase* pág. 120).

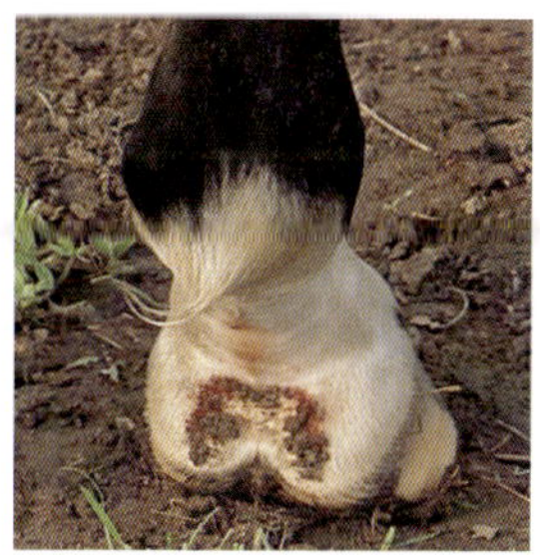

Fiebre del barro
Los cascos irritados o fracturados precisan tratamiento veterinario.

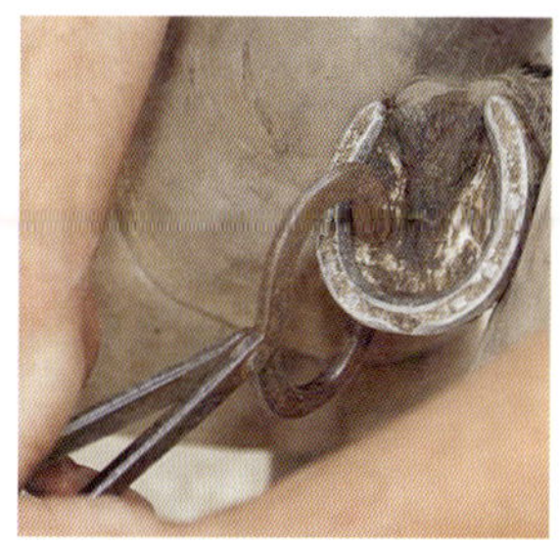

Tenazas para cascos
Para descubrir si se trata de laminitis, aplicaremos presión en el casco.

Inflamaciones en las patas

Las inflamaciones pueden obedecer a heridas en los ligamentos o tendones, quemaduras, artritis, alargamiento de los huesos, entre otros motivos. Pueden ser duras o blandas al tacto, la pata puede estar caliente, y a veces el animal cojea. Generalmente, es mejor pedir consejo al veterinario.

Fiebre del barro y laminitis

La fiebre del barro es una enfermedad invernal. Los caballos que comen demasiada hierba en verano pueden desarrollar laminitis, una inflamación de los cascos muy dolorosa. Normalmente, afecta a los cascos delanteros, que estarán calientes; el animal puede cojear. Si el caballo muestra síntomas de laminitis, hay que sacarlo del campo y llamar al veterinario.

Un caballo enfermo

A un animal herido o enfermo, confinado en una cuadra, le gusta seguir su rutina en la medida de lo posible. Si su estado no es demasiado grave, podemos darle un ligero cepillado diario. Lo mantendremos caliente, cubriéndolo con mantas, si es necesario, y nos aseguraremos de que dispone siempre de agua limpia para beber. Si no puede salir, le ofreceremos hierba todos los días, siempre que el veterinario lo autorice. Nunca le daremos para comer restos de siega.

Cómo darle una medicina

Las medicinas pueden ser en forma de polvo, líquido o pastillas. Cuando se trate de medicinas líquidas o en polvo, pueden mezclarse con la comida; las mezclaremos con un alimento sabroso que ayude a disimular el sabor. Las pastillas pueden deshacerse en una o dos cucharadas de líquido, y ser suministrados del mismo modo. Si no le molesta el sabor, los medicamentos líquidos pueden introducirse en la boca o en la parte inferior del labio con una jeringa.

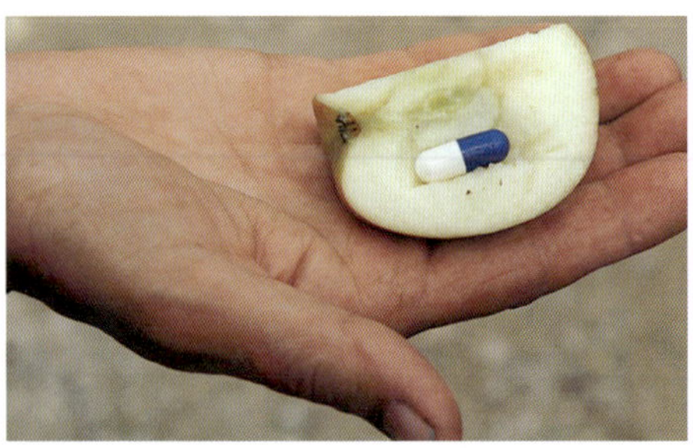

Esconder una pastilla o cápsula en un pedazo de manzana. Hacemos un hueco en el trozo de fruta y empujamos dentro la píldora, de forma que quede entre la pulpa y disimule el sabor.

Podemos espolvorear la medicina en una rebanada de pan untada con melaza. Doblamos la rebanada y se la damos en trocitos del tamaño de un bocado.

Convalecencia

Un caballo o un poni encerrado en una cuadra durante mucho tiempo se aburre mucho, sobre todo cuando empieza a sentirse mejor. Dividiremos su ración diaria de heno en varias dosis más pequeñas y así lo mantendremos entretenido. Lo visitaremos a menudo y le ofreceremos golosinas. A algunos caballos y ponis les hace compañía tener una radio encendida.

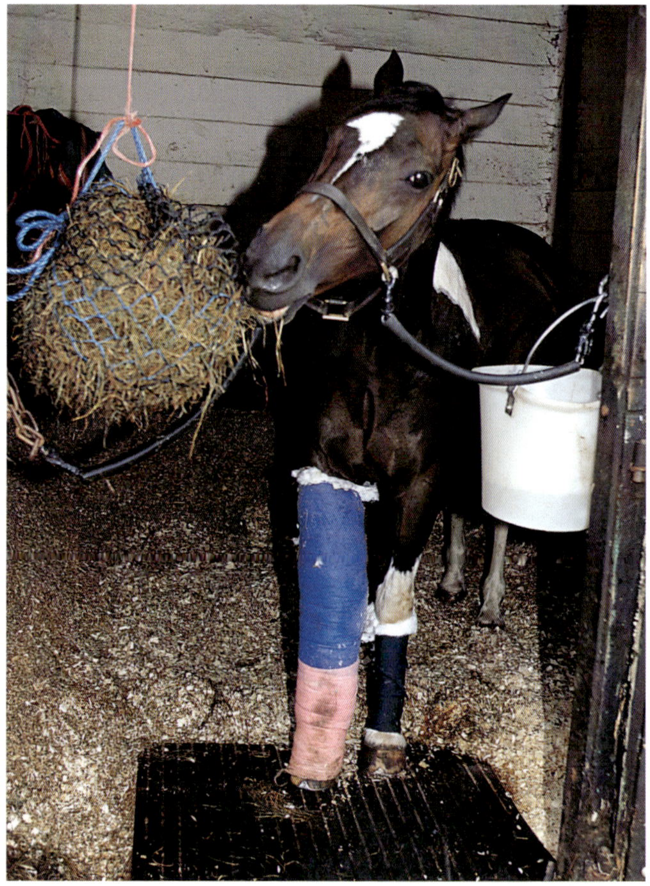

Juguetes para caballos y ponis

Si el animal puede moverse, disfrutará jugando con un balón. En el mercado existen juguetes especiales para caballos; son seguros y están pensados para que sea imposible que los desinfle si los muerde o cocea.

Los juguetes para la cuadra incluyen pelotas colgantes; las podemos untar con melaza.

Un amigo felino

Si un caballo o un poni debe pasar largos periodos confinado en la cuadra y no tiene amigos equinos cerca, apreciará la compañía del gato o el perro de la casa, especialmente si nosotros mismos no podemos ir a verlo con demasiada frecuencia.

Pastar en el césped

Cuando el caballo no puede ir al campo, pero puede salir de la cuadra, pasaremos unos minutos cada día dejándole comer un poco de hierba si el veterinario lo permite. ¡Es un sistema estupendo para mantener el césped recortado!

Proceso de recuperación

Una vez que el caballo se ha recuperado, le ayudaremos a ponerse en forma hasta que pueda retomar su trabajo habitual. Empezaremos con un ejercicio suave; por ejemplo, podemos darle un paseo de la mano todos los días, e iremos aumentando poco a poco el tiempo y la distancia. Si circulamos por una carretera, lo mantendremos bien sujeto al costado de la misma y avanzaremos de cara al tráfico. Nosotros nos colocaremos entre el caballo y los coches.

Casco y guantes: debemos llevarlos cuando paseamos con el caballo por una carretera

El caballo deberá llevar puesta la cabezada con las riendas

Vestiremos con colores ligeros o ropa reflectante

Antes de LANZARNOS

Seguro que han observado alguna vez a los jinetes de una competición, o a los que practican en el campo, y han deseado hacer lo mismo que ellos. Cualquiera puede montar; sólo debemos recibir algunas lecciones.

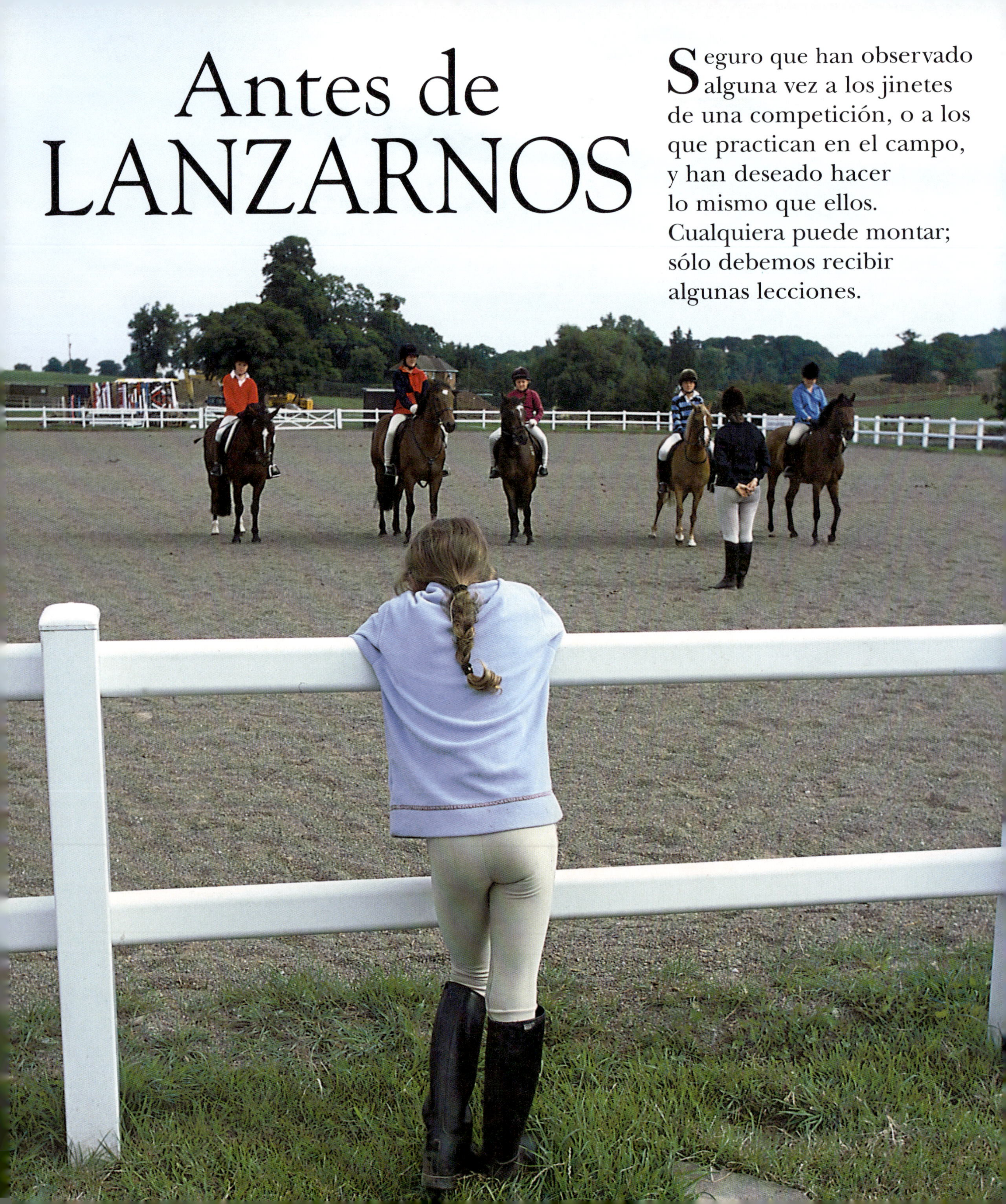

Lecciones de equitación

Hay quien opina que, si el caballo o el poni que vamos a montar es tranquilo, podemos aprender por nuestra cuenta, sin necesidad de recibir lecciones. Eso es verdad hasta cierto punto. Podemos conseguir que el caballo avance, gire y se detenga. No obstante, esos sencillos movimientos no se pueden comparar al estilo de un jinete de doma clásica. Por tanto, si aspiramos a ser un buen jinete de competición, o simplemente queremos aprender a montar por diversión, recibir algunas lecciones será el primer paso en el camino hacia el éxito como jinetes.

Participar en concursos

Hay muchos tipos de exhibiciones: doma, concursos, pruebas o yincanas. Si somos buenos jinetes no necesitaremos nuestro propio caballo o poni para competir. Pueden prestarnos alguno o incluso pedirnos que lo montemos en sustitución de otra persona.

Pasear con amigos

Pasear con amigos por el campo es una de las actividades hípicas más divertidas. Podemos explorar lugares nuevos y descubrir aspectos desconocidos e interesantes de la naturaleza, ya que los animales no le tienen miedo a los caballos. Además, será una actividad que también disfrutará nuestro poni o caballo, a quien seguro que le gusta salir en compañía.

Turismo ecuestre

Podemos probar el turismo ecuestre: hacer senderismo en Escocia, imitar a los *cowboys* en Estados Unidos, explorar las sierras y los montes de nuestro país, o aprovechar para hacer un curso de doma con un profesional. Nos lo pasaremos bien y disfrutaremos aún más si somos buenos jinetes.

Dónde aprender a montar

Si decidimos aprender a montar, es importante escoger una buena escuela hípica. Nos fijaremos en aquellas que cuenten con el respaldo de una organización ecuestre. Intentaremos visitar varios centros y comprobaremos los servicios que ofrecen. La que escojamos debería estar en buenas condiciones y gozar de un ambiente tranquilo.

Instructores amables

Los profesores en una buena escuela de equitación serán amables y colaboradores, incluso si a veces tienen que mostrarse firmes con nosotros. Deberíamos poder plantearles preguntas y, si es necesario, comentar con ellos las dificultades que se nos presenten. Durante las clases, los instructores llevarán casco y botas de montar. Si guían de la rienda a un poni o caballo también deberían llevar guantes.

Caballos felices

Una fila de cabezas limpias y lustrosas, asomadas a las puertas de sus boxes e interesados por todo lo que sucede fuera, es un buen síntoma. Los caballos y los ponis deben tener aspecto de estar bien alimentados. Nos fijaremos en el aspecto del centro: las cuadras deben estar limpias, y el patio, bien barrido.

Guadarnés

Los arreos de los caballos deben estar guardados en el guadarnés, un cuarto limpio y que se mantenga caliente en invierno. Los arreos tienen que estar limpios y en buen estado de conservación. El cuero no debe estar cuarteado, ni las cinchas desgastadas o descosidas. Las monturas y las cabezadas han de estar colgadas en ganchos o soportes.

Seguimiento de las lecciones
Muchos picaderos cubiertos disponen de un espacio donde la gente puede seguir las lecciones. Si el interior es lo bastante amplio, puede que el centro lo utilice para organizar competiciones durante el invierno.

Superficie de prácticas
La superficie de un picadero interior –de arena, cortezas o granulados sintéticos– estará seca, haga el tiempo que haga. También debe estar nivelada.

Lecciones en el interior

Será estupendo si el centro hípico al que vamos cuenta con un picadero cubierto de grandes dimensiones. Haga el tiempo que haga en el exterior, podremos continuar nuestras lecciones sin mojarnos. Durante los meses de invierno, podremos montar hasta última hora de la tarde o cuando ya ha anochecido y está demasiado oscuro en el exterior.

Lecciones en el exterior

Seguramente el centro dispondrán de un picadero exterior. Se trata de un terreno vallado con el suelo de arena o tierra, y bien nivelado. Allí tendrán lugar las lecciones de doma. El picadero nunca debe estar lleno de barro o cenagoso, aunque esté en el campo.

Cuando termina el trabajo

En verano, al final de una larga jornada de lecciones, los caballos deben volver al campo para disfrutar de un rato de libertad bien merecida. En invierno, se devolverán a la cuadra por la noche; allí se les dará de comer.

El equipo para montar

Cada deporte cuenta con una indumentaria especial. En el caso de la equitación, se trata de camisa, corbata, chaqueta, botines o botas, sombrero y guantes. Pero para un día normal la ropa es más informal. Para cualquier ocasión, el elemento esencial de la vestimenta es el casco.

Cascos

Cuando montemos o llevemos al caballo de la mano, llevaremos siempre algún tipo de sombrero rígido. Podemos escoger el clásico casco de caza, o bien un casco normal. Lo importante es que tenga el tamaño correcto. El casco debe cerrarse con un barbuquejo y cumplir con todos los últimos estándares de seguridad.

Casco de caza; es aterciopelado y tiene una visera rígida.

¿Por qué llevar ropa especial?

Es mucho más cómodo llevar unos botines o botas para montar que unos vaqueros y zapatos. Los botines impiden los roces de los pies contra la montura; las botas, además, protegen las piernas y los pies de los estribos.

Protección para el cuerpo

Para cualquier actividad hípica que implique saltos, deberíamos llevar alguna protección corporal. Debemos llevar un chaleco se seguridad que protege la espalda contra los impactos en caso de caídas.

Tiras ajustables en los hombros

Guantes de montar con agarre en las palmas

Guantes

Los guantes para equitación tienen una superficie especial en las palmas para que podamos agarrar bien las riendas. Los guantes pueden ser de cuero o de ante, o con resaltes de goma, muy útiles con tiempo húmedo, cuando las riendas se vuelven resbaladizas. Deberemos llevar guantes siempre que montemos o llevemos de la mano a un caballo o poni.

Ropa informal

Para ir a clase o dar un paseo, lo más cómodo es llevar pantalones ajustados, camiseta, guantes, botas y gorro; llevaremos una sudadera o un chaquetón si hace frío.

El caso de equitación es redondeado, sin visera, normalmente de textura sedosa.

Arnés de seguridad

Las viseras de seda pequeñas, disponibles en varios colores, se colocan sobre el casco.

Hay que ajustar el barbuquejo para que resulte cómodo y para que mantenga en su sitio el casco.

Equipo de rodeo

El equipamiento tradicional para la monta y doma de rodeo consiste en botas y pantalones vaqueros, un pañuelo alrededor del cuello, zahones, una chaqueta con flecos y un sombrero vaquero, aunque muchos usan ropa más informal. Para proteger la cabeza, todos los jinetes jóvenes usan en la actualidad cascos.

Casco de seda

Camisa y corbata

Chaqueta hípica

Camiseta o sudadera bajo la chaqueta

Vestuario de exhibición
Para participar en una prueba o cualquier otra exhibición deberíamos llevar ropa formal. Hay chaquetas especiales para hípica, o bien una de color negro o azul marino.

Vestuario de invierno
Una chaqueta acolchada a prueba de agua es lo ideal para días más fríos. Para mantener las piernas calientes podemos usar polainas, que además nos protegerán las piernas. Y los días húmedos usaremos un impermeable.

Botas

Hay dos clases de calzado para equitación: los botines, que cubren los tobillos y que tienen los costados elásticos; y las botas altas, hechas de cuero o material sintético. Para protegernos las piernas es mejor usar las botas altas, aunque también podemos utilizar unas polainas, perfectas para lleverlas con los botines. Si utilizamos para montar zapatos, deberán ser de un material resistente y, además, deberán tener una suela y unos talones uniformes, sin ranuras.

Botines que protegen los tobillos.

Las botas de montar llegan casi hasta la rodilla y quedan muy ajustadas.

Las polainas se sujetan a la bota con correas u otro tipo de cierre.

Medir un caballo

Tradicionalmente, los caballos y ponis se miden en manos. Una mano equivale a unos 10 cm, aproximadamente la anchura de una mano humana adulta. Hoy también se miden en centímetros.

Una barra de medir
Un palo vertical con una barra deslizante permite medir la alzada del caballo, es decir, su altura.

Hasta la cruz
La barra horizontal se apoya en la cruz del animal. Lo que mida hasta el suelo será la altura.

Tipos de caballos

Los caballos y los ponis pueden ser de diferentes tamaños y formas. Pueden ser compactos y anchos, de modo que apenas podremos rodearlos con nuestras piernas, o bien altos y estrechos. Pueden ser muy pesados, o bien ligeros como el viento. Así, en las primeras lecciones, necesitaremos un caballo o un poni tranquilo. A medida que vayamos mejorando, podremos pasar a uno más activo.

El tamaño adecuado

Es importante que el caballo que montemos tenga el tamaño apropiado para nosotros. Si es demasiado grande o demasiado pequeño, no podremos ayudarnos de las piernas para montar y puede resultar complicado mantener el equilibrio. Además, si nosotros somos muy grandes con respecto al caballo o al poni, el animal sufrirá con nuestro peso y podremos hacerle daño en la espalda.

Un poni demasiado pequeño
Este poni es demasiado pequeño para su jinete. Las piernas del jinete resultan muy largas para establecer el apropiado contacto con los flancos del animal. El poni, además, sufrirá por el peso.

Un caballo demasiado grande
Este caballo es demasiado grande para su jinete. Las piernas de la niña no alcanzan el punto correcto de los flancos, por lo que no podrá sujetarse bien y mantener así el equilibrio.

Un caballo del tamaño apropiado
Tanto el caballo como el jinete tienen el tamaño apropiado. Las suelas de los pies del jinete quedan al nivel de la línea del vientre del animal, de modo que pueda sujetarse de forma correcta.

Caballos y ponis de todo tipo

A lo largo de nuestra carrera como jinetes conoceremos un montón de caballos y ponis. Físicamente, puede ir desde el tipo nativo y peludo al elegante purasangre de conformación ligera. También entraremos en contacto con animales de muy diferente temperamento, desde los más perezosos a los animales más nerviosos. Algunos caballos y ponis necesitan jinetes más experimentados que otros.

Un poni para principiantes
El primer poni puede ser uno de raza autóctona, o bien un poni cruzado. Debe ser tranquilo y fiable.

Caballo media sangre
Uno de sus progenitores es un pura sangre inglés. Es perfecto para un jinete competente y puede realizar la mayoría de las actividades.

Caballo tipo pura sangre inglés
Los caballos de este tipo tienen hermosos movimientos y se lucen en exhibiciones. Precisarán un jinete experimentado.

Poni nativo
Un poni como el galés de montaña es una montura ideal en todas las disciplinas para un jinete con experiencia.

ARREOS o guarniciones

Los arreos o guarniciones incluyen la montura o silla, las riendas, el bocado, y otras muchas piezas que utilizamos en la monta y el enganche de caballos y ponis. Habitualmente están hechos de cuero, o de acero inoxidable, como los estribos o los bocados.

Sillas y cinchas

Tipos de sillas o monturas

Se fabrican monturas de diversos estilos de acuerdo con el uso al que se destinen. En la mayoría de los casos, usaremos una montura de uso general, pero si vamos a tomar parte en concursos hípicos, entonces necesitaremos una montura especial.

Para sentarnos de forma segura y confortable a lomos de un caballo, necesitaremos una silla o montura. La cincha sirve para que la montura quede bien sujeta. Las monturas constan de una estructura rígida llamada fuste. La montura se extiende a lo largo del fuste y acaba en un sillín acolchado. Hay monturas de diferentes medidas y anchuras para adaptarse a caballos de distinto tamaño. Las hay con o sin baticola.

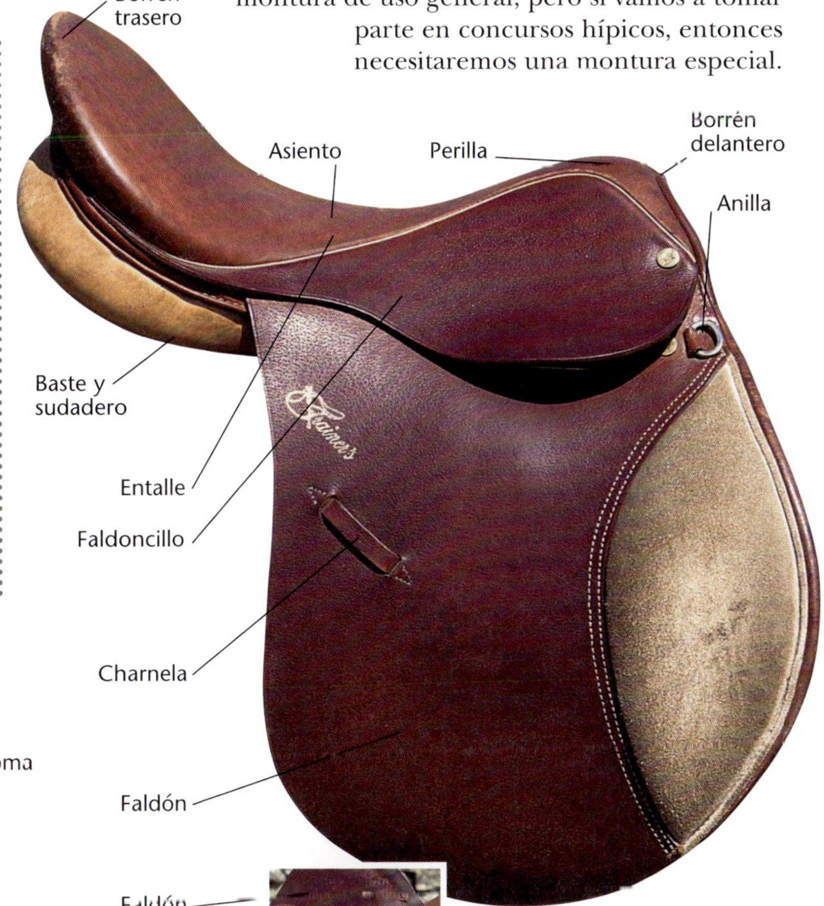

Una silla de doma lleva faldones rectos y tiene el sillín profundo. Suele llevar cinchas extensibles para que las hebillas no interfieran en el contacto de las piernas del jinete con el caballo.

Silla de doma

Una silla de salto lleva los faldones adelantados y, además, una amortiguación delante de las rodillas del jinete y detrás de los muslos que le ayudan a mantener las piernas en la posición correcta al saltar.

Silla de salto

Una silla de uso general tiene los faldones moderadamente recortados y una ligera protección delante de las rodillas del jinete. Es una silla cómoda para la mayoría de las actividades ecuestres.

Tipos de cincha

Las cinchas pueden estar hechas de cuero, tejido o fibras sintéticas. Normalmente, los latiguillos van a pares. Las cinchas de cuero son más costosas pero duran mucho más tiempo; además, pueden tener distintas formas: algunas son rectas, pero otras tienen aberturas en los extremos para no pellizcar cerca de los codos del caballo, como la cincha de cuero de la imagen. Las de cordoncillo son más económicas, pero pueden pellizcar la piel del animal. Las acolchadas son de material sintético, cómodas y fáciles de mantener. Las cinchas deben ir bien colocadas para que no le hagan daño al animal.

Cincha de tela

Cincha acolchada (fibra sintética)

Cincha de cuero

Cincha cordoncillo

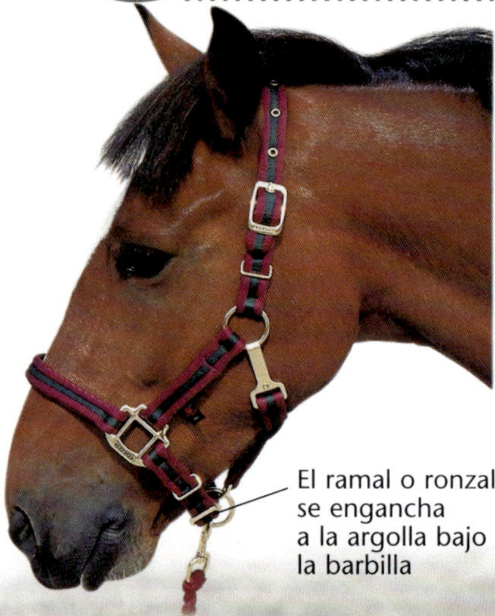

Cabezadas

Ciñe y sujeta la cabeza de los caballos y los ponis. Las cabezadas siempre son de cuero; las que son de tejido se llaman jáquimas. Las jáquimas se usan en la cuadra, y las cabezadas se reservan para las ocasiones especiales.

Cabezadas y embocaduras

El jinete controla al caballo o al poni por medio de las riendas y las embocaduras. Las riendas suelen estar hechas de cuero, y las hay de muchos tipos según sea para caballos o para ponis, y también según la actividad que se vaya a llevar a cabo. En cuanto a las embocaduras, el filete y el bocado son los tipos principales, aunque hay más embocaduras diferentes. Suelen estar hechas de acero inoxidable.

Cabezada simple o de filete

La cabezada simple es la solución más empleada para montar a caballo. Esta cabezada utiliza sólo un par de riendas que van enganchadas a las dos anillas de una embocadura sencilla llamada filete.

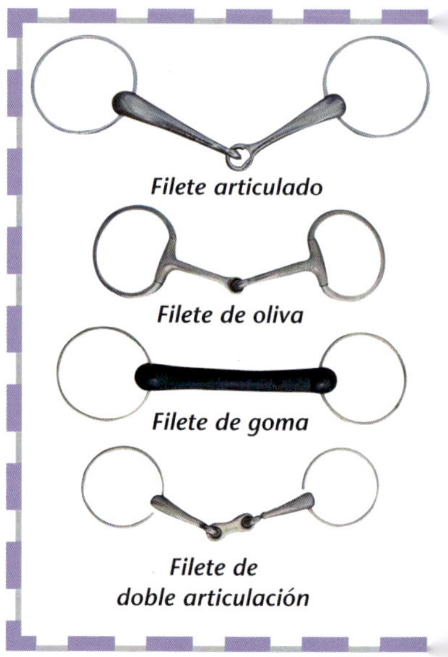

Cabezada doble o de filete y bocado

Una cabezada doble utiliza dos pares de riendas y una embocadura llamada bocado, que incluye también un filete. Sólo la emplean los jinetes experimentados con caballos y ponis bien adiestrados. El filete eleva la cabeza del animal, mientras que el bocado la baja. La cadenilla, colocada en el surco de la barbilla, ofrece un control extra.

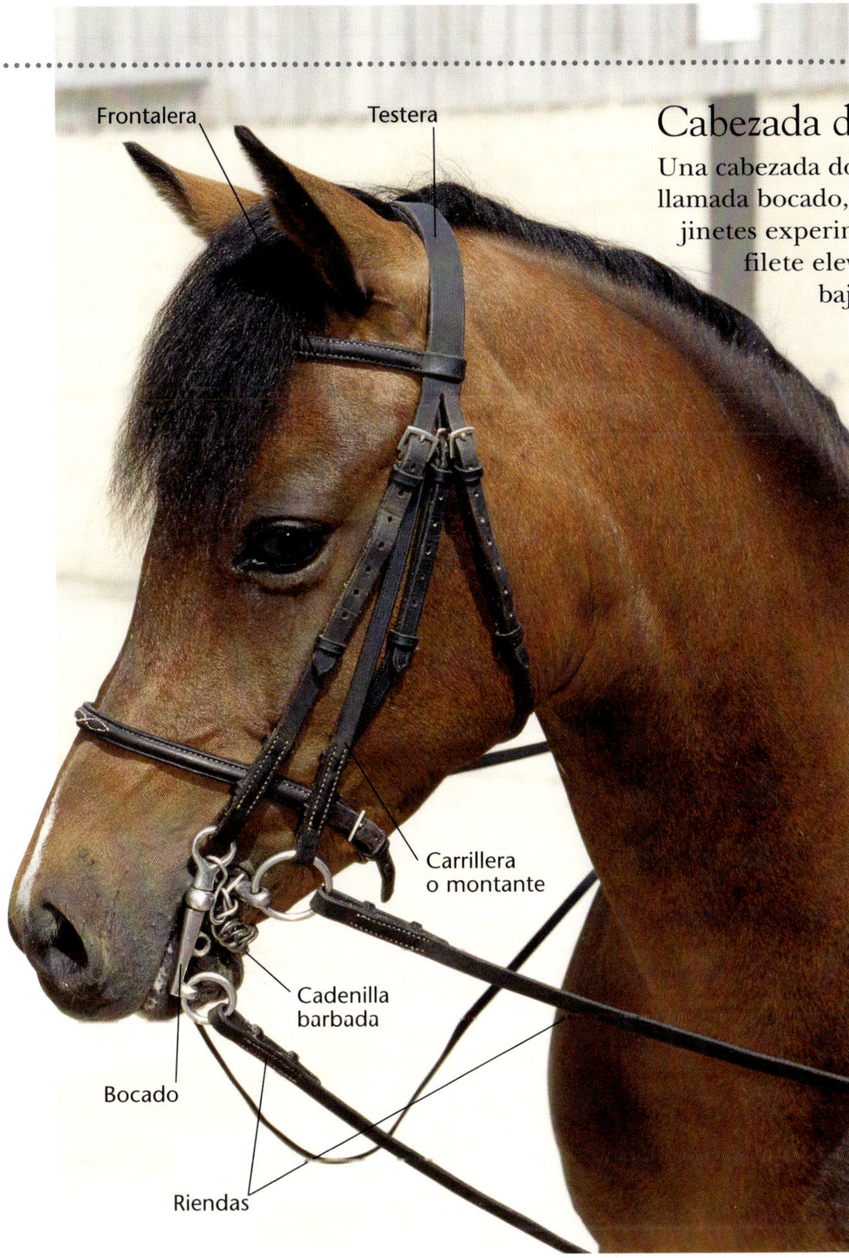

Doble barbada

Son unas tiras cortas de cuero que conectan el bocado con las anillas de un bocado pelham. Las riendas se enganchan a dichas tiras de cuero, por lo que, en este caso, sólo se utilizan dos riendas o riendas sencillas. Su uso implica, por tanto, que las dos funciones del bocado no actúan por separado, aunque con algunos caballos funciona bien.

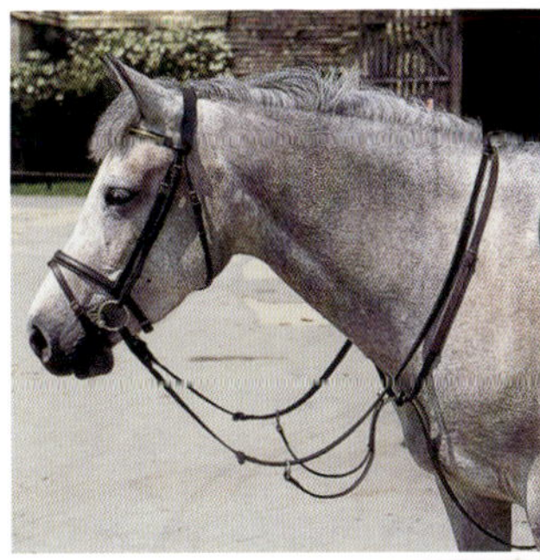

Martingala corredera o tijerillas
Se une a la cincha y al cuello del caballo, y a continuación se divide en dos tiras que terminan en anillas, a través de las cuales pasan las riendas.

Martingala fija o gamarra
Igual que la corredera, se une a la cincha y al cuello del caballo. Sin embargo, la martingala fija lleva una única tira que llega a la muserola de la cabezada.

Martingalas

Las martingalas sirven para impedir que un caballo levante demasiado la cabeza y se libre del control del jinete. Impiden, además, que cabecee en el aire; de lo contrario, un jinete podría recibir un golpe con la cabeza del animal. Deben colocarse con cuidado, no muy prietas para que no le tire demasiado hacia abajo.

Embocaduras

El filete es una pieza para la boca, normalmente articulada, con dos anillas a cada lado. El bocado es otro tipo de embocadura que incluye un filete y que se une a la carrillera para ejercer presión en el testero. Lleva una cadena, que presiona en el surco de la barbilla y va sujeta por una correa al labio.

Bocado goyoana; actúa como un pelham. Es práctico para un animal fuerte.

Las dos piezas de una cabezada doble son el filete y el bocado.

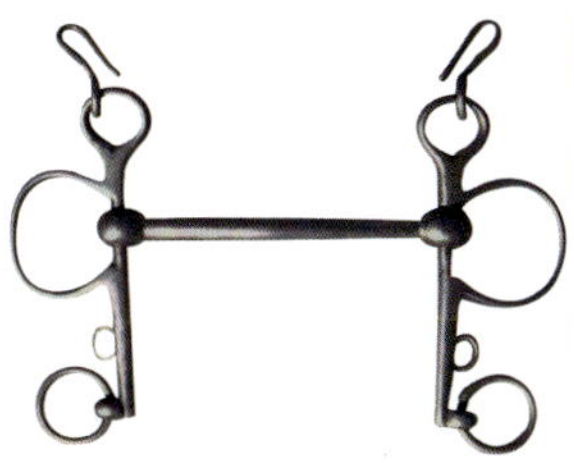

Bocado pelham: combina las acciones del filete y del bocado. Debe utilizarse con cadenilla.

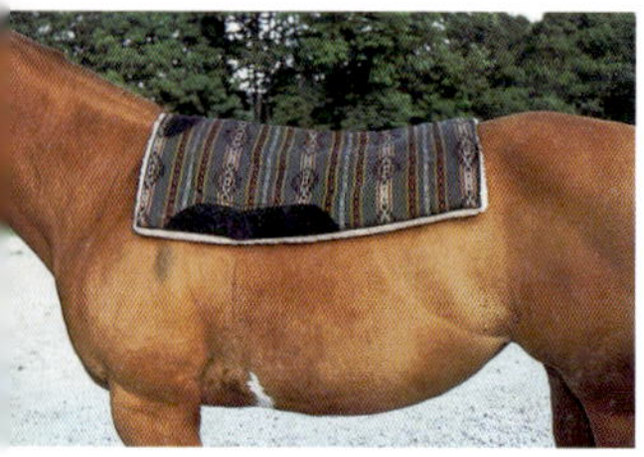

Mantilla

El caballo de la imagen de la izquierda lleva bajo la montura una mantilla de lana para proteger la grupa del roce. Estas mantas se solían tejer, tradicionalmente, a mano con lana de oveja y podían enrollarse como un petate.

Estética western

Cuando hablamos de arreos estilo western nos estamos refiriendo a los utilizados por los *cowboys* norteamericanos. Vivían prácticamente encima de la montura; por eso es muy cómoda y está diseñada para cargar las pertenencias, como mantas, lazos o el rifle. La cabezada tiene riendas largas. El caballo era entrenado para que pudiera permanecer parado como si estuviese amarrado.

La montura western

La montura western es la utilizada por los *cowboys* americanos. Esta silla pesa entre 18 y 22,5 kg. Las sillas de este estilo que se fabrican hoy día son mucho más ligeras, pero todas llevan el pomo delantero al que se ata el lazo y un respaldo alto en la parte trasera para que el jinete vaya sentado con comodidad.

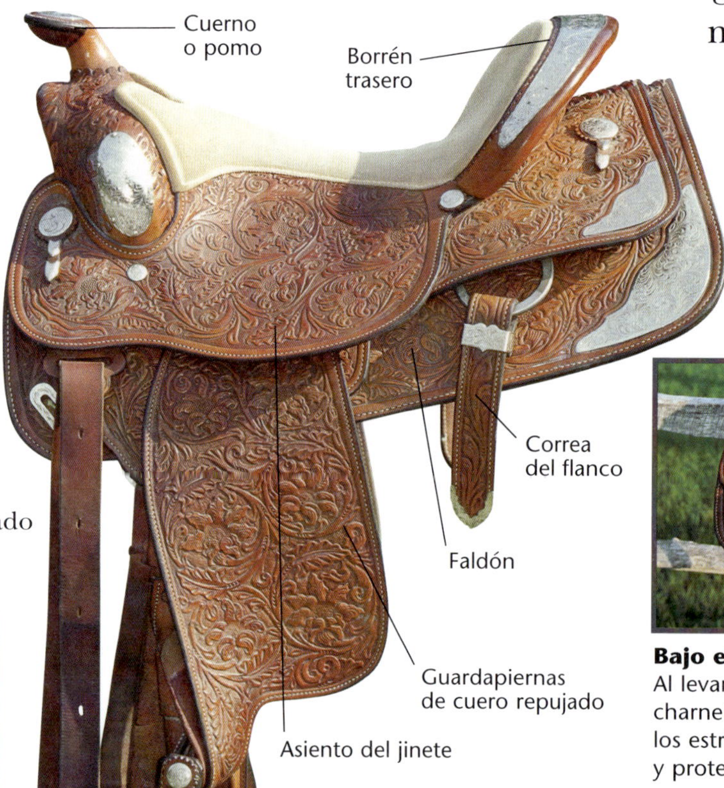

Bajo el faldón de la montura
Al levantar los faldones se pueden ver las charnelas, anchas tiras de cuero que sostienen los estribos. La guardapiernas cubre estas tiras y protege las piernas del jinete.

Estribo de madera
Este estribo está hecho de una única pieza curvada de madera. Suele ir recubierto de cuero.

Colocación de la silla

Puede que necesitemos ayuda para cargar y colocar la montura. Se necesita mucha fuerza para levantarla y situarla encima del caballo. Nunca debemos ensillar al vuelo, como se observa en algunas películas, ya que esto puede asustar al caballo.

1 Primero colocamos la manta y luego situamos la montura en el lomo el caballo.

2 Comprobaremos que la cincha no queda retorcida en el costado derecho antes de ajustarla al otro extremo.

3 La cincha se sujeta con una hebilla o se ata. Una vez asegurada, tiramos del extremo de cuero.

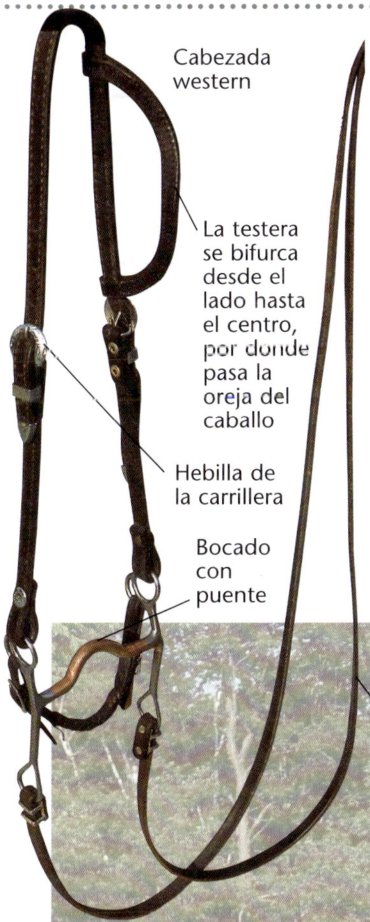

Tipos de cabezada western

En lugar de frontalera, la mayoría de las cabezadas western llevan una pieza que encaja en una de las orejas del caballo para evitar que se escurra la cabezada. Si se trata de un animal adiestrado, la cabezada se ajusta con un bocado con puente. Además, también podemos usar una jáquima, que es una cabezada sin bocado.

Colocación de la cabezada
Una mano coge la cabezada y sujeta al mismo tiempo la cabeza del caballo. Con la otra mano introducimos el bocado.

Jáquima
Es un tipo de cabezada sin bocado. Utiliza una muserola ancha, plana y pesada, llamada bozal o bozalito, para controlar al caballo.

Aparejo completo

Este caballo ya está listo para ser montado. Esta yegua lleva una montura ligera sobre una manta estampada. Las largas riendas no van unidas, sino dobladas sobre el cuello del animal para evitar que arrastren por el suelo.

El tamaño de la cabezada

La cabezadas están hechas de cuero; si son de tejidos sintéticos, entonces hablamos de jáquima. Tanto las jáquimas como las cabezadas sirven para conducir al caballo o al poni, y para atarlo. Se fabrican en diferentes tamaños. De esta manera, un poni muy pequeño, necesitará una cabezada para potro, con tiras ajustables.

Buen ajuste
Esta cabezada de cuero encaja bien. Se ajusta en el lado izquierdo y el ronzal se engancha con un mosquetón a la anilla giratoria bajo la barbilla.

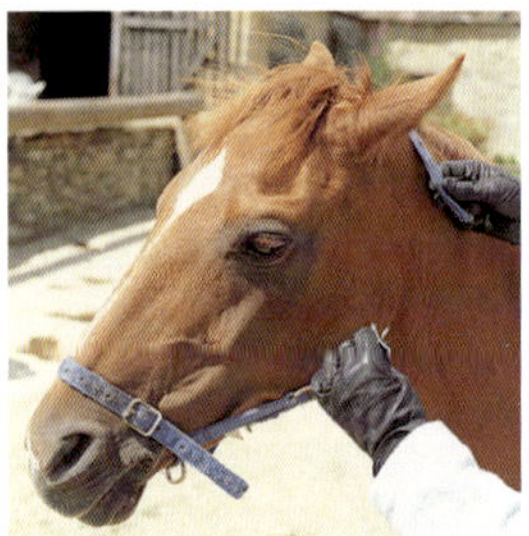

Demasiado pequeña
Esta cabezada está pensada para un poni mucho más pequeño. Ni siquiera permite ajustar la hebilla en el montante o carrillera.

Demasiado grande
Esta cabezada es demasiado grande. El caballo podría sacar la cabeza de la cabezada y escapar. También podría engancharse una pata en ella mientras pasta o se rasca.

Verificación del tamaño

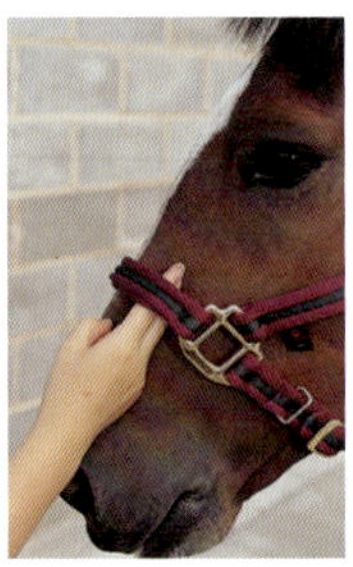

La cabezada tiene que ajustarse a la perfección a la cabeza. Hay que dejar un espacio de dos dedos bajo la muserola; bajo el ahogadero también dejaremos un espacio que nos permita meter una mano. Una cabezada demasiado apretada, sobre todo si es de fibra, puede provocar rozaduras en los huesos de la nariz del animal.

Mantenimiento de los arreos

Los arreos del caballo son la montura, la cabezada, las riendas y otros elementos, como la martingala, que pueda llevar el caballo o poni. Para que cumplan correctamente su función, deben encajar bien, estar ajustados a la perfección y en buen estado. Descuidar su mantenimiento puede resultar peligroso. Pueden producir irritaciones al animal o romperse, y esto puede hacer que se produzca un accidente.

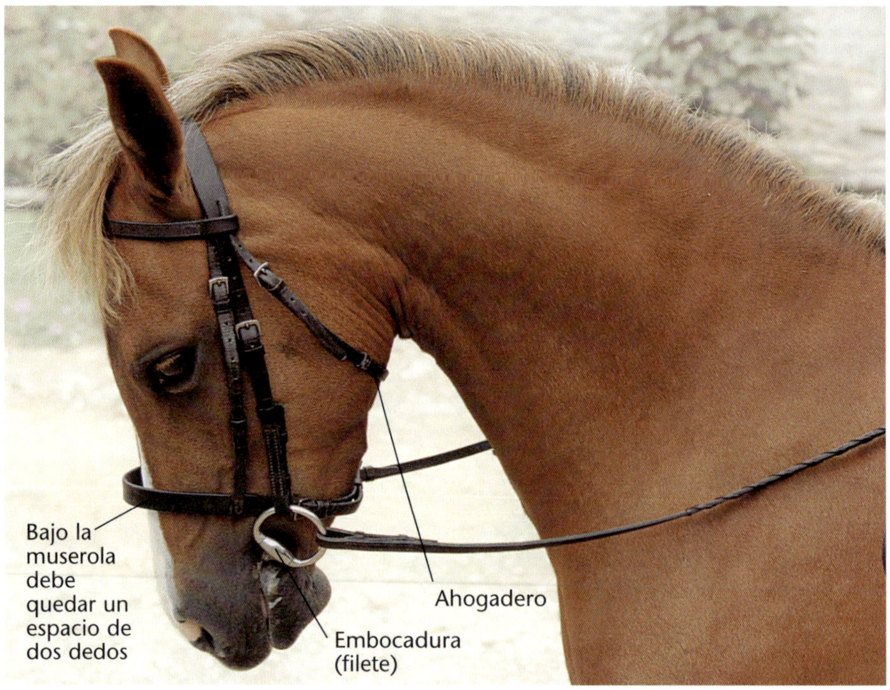

La cabezada bien ajustada

El caballo de la imagen superior lleva una cabezada bien ajustada con un filete de oliva. La frontalera tiene la medida apropiada para que no pellizque las orejas del animal. La muserola y el ahogadero encajan debidamente, y el bocado apenas arruga las comisuras de la boca del caballo.

Guardar los arreos

Hay que limpiar todos los arreos antes de guardarlos. Las cabezadas se cuelgan en ganchos arqueados. Las monturas irán sobre unos soportes atornillados a la pared, aunque también pueden dejarse sobre caballetes.

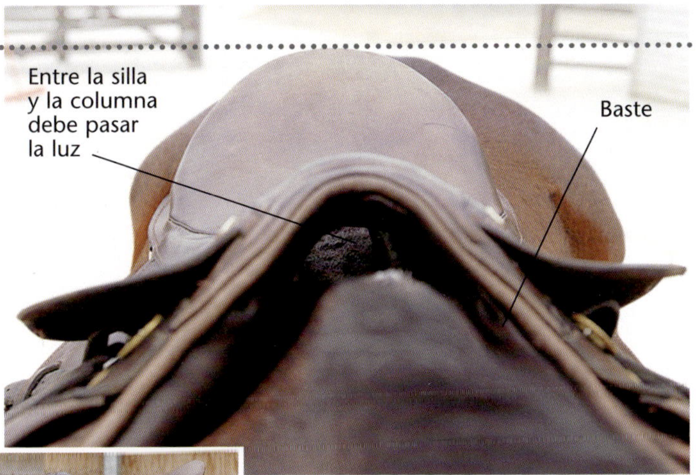

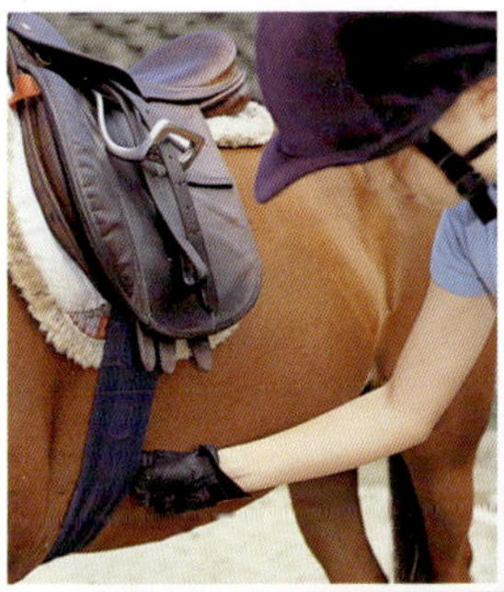

Ajuste de la montura

El tamaño y forma de los caballos y ponis varía mucho, así que es importante que la silla se adapte bien. La montura o silla tiene que ser de la anchura correcta y el relleno de los paneles debe estar nivelado, de forma que el cuero mantenga un contacto equilibrado con la espalda del animal. La silla tampoco debe ejercer presión en la cruz o la columna del caballo.

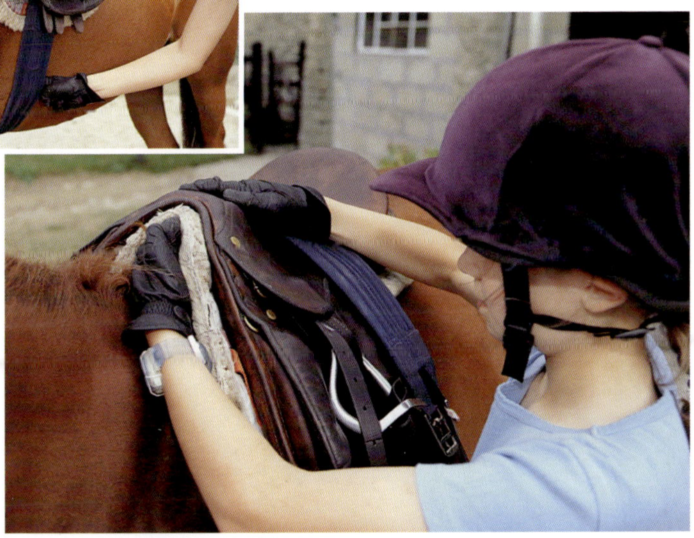

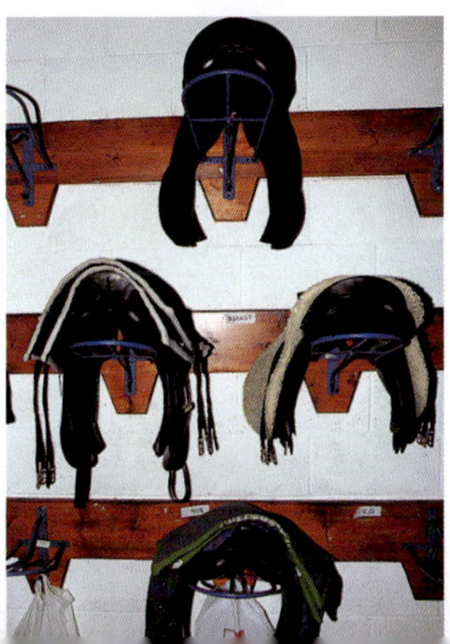

Revisión de la montura

Es importante comprobar que el sudadero de la montura no presiona la cruz del animal. Deberíamos poder insertar tres dedos entre la cruz y el pomo o perilla de la silla, y dos dedos entre la cincha y el cuerpo del poni o caballo.

Limpieza de los arreos

Es importante mantener limpio y flexible el cuero de la montura, la cabezada y las riendas. Si lo hacemos, nos durarán muchos años. Deberíamos limpiar estos arreos cada vez que los usemos. Para ello necesitaremos un cubo de agua tibia, una esponja para retirar la suciedad y la grasa, otra para lavar la silla, y jabón especial.

Limpiamos el bocado con agua limpia y lo secamos. Eliminamos la grasa y el barro de la cabezada y las riendas con una esponja un poco humedecida. Luego, introducimos la pastilla de jabón en agua y enjabonamos la otra esponja.

Frotamos el cuero con el jabón especial. Soltamos las hebillas y los cierres para que no quede ninguna parte sin limpiar. Cuando hayamos acabado, volvemos a cerrar las hebillas.

Eliminamos el barro de la parte metálica de los estribos con una esponja. Después escurrimos bien la esponja y limpiamos la grasa de la parte inferior de la silla, así como las salpicaduras de barro, si las hubiera. Intentaremos no mojar el cuero en exceso.

Si humedecemos la esponja mientras estemos usando el jabón, obtendremos demasiada espuma. En su lugar, humedeceremos la pastilla de jabón. Frotaremos todas las partes de la montura, sin olvidar las tiras de la cincha y el cuero de los estribos.

Un nudo fácil de desatar

Cuando atemos a un caballo o a un poni, sujetaremos su ronzal con un nudo que sea rápido y fácil de deshacer en caso de emergencia.

Hacemos una lazada en el ronzal y la introducimos por el mosquetón. Retorcemos la cuerda varias veces.

Hacemos otra lazada en el extremo de la cuerda; la pasamos a través de la primera vuelta.

Apretamos el nudo tirando del extremo de la cabezada. Para desatarlo, tiramos del extremo libre.

Colocación de la jáquima

Le pondremos una jáquima o cabezada de cuadra al animal dentro de la cuadra para atarlo mientras lo aseamos y lo ensillamos. También nos servirá para atraparlo y llevarlo del campo a la cuadra.

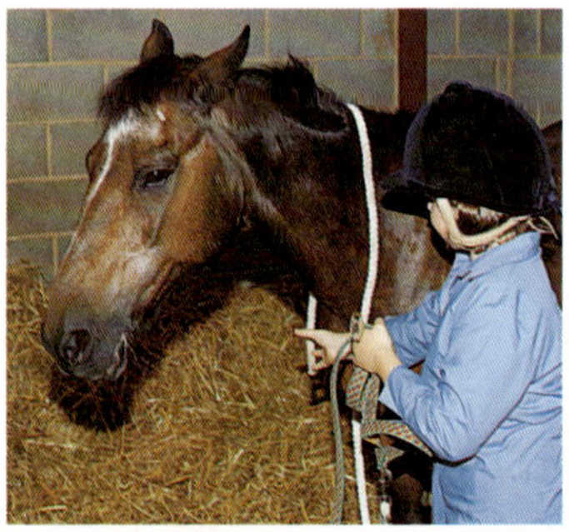

1 Si el animal se encuentra en el exterior, o si puede desplazarse libremente por la cuadra, entonces colocaremos primero el ronzal en torno a su cuello para poder sujetarlo en caso necesario.

2 A continuación, le introduciremos el hocico por la muserola, sujetando la carrillera con la mano izquierda. Pasaremos la mano derecha bajo la barbilla del animal para sujetar la cabezada por la otra parte.

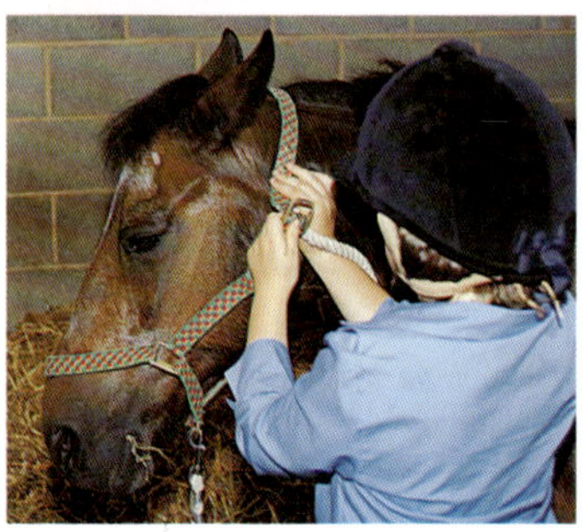

3 Pasaremos la testera por encima de la cabeza del caballo y ajustaremos la hebilla. Amarraremos al poni o al caballo con un nudo fácil de deshacer.

Colocar la montura

Cuando acudamos a nuestras primeras lecciones de equitación, el caballo o el poni estará ya ensillado, con la montura y la cabezada puestas. No obstante, deberemos aprender a hacerlo solos. Comenzaremos atándolo en el establo y cogiendo los arreos. Mientras lo ensillamos, podemos colgar la cabezada en un gancho o en la puerta.

Llevaremos la cabezada sobre el hombro

Cargaremos con la silla en brazos. Apoyaremos la perilla en nuestro codo

Llevaremos los estribos recogidos tirando de las tiras de cuero

Colocaremos la cincha sobre la silla

Trasladar todos los arreos

Para no arrastrar las riendas por el suelo, las enrollaremos y nos las colgaremos, sobre un hombro, igual que la cabezada. Cargaremos la silla sobre el brazo izquierdo y la sujetaremos con la mano derecha. De esta forma llevaremos la montura en la posición perfecta para ensillar al caballo o al poni.

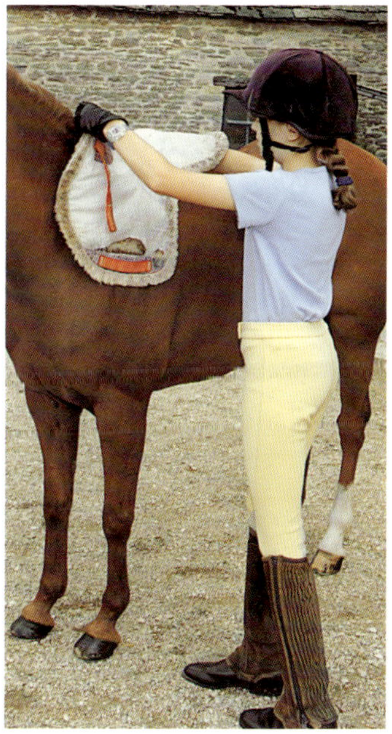

El ensillado

La montura se coloca justo detrás de la cruz del caballo; la cincha rodea el vientre del animal, justo detrás de las patas delanteras. Pondremos la silla desde el lado izquierdo del caballo o el poni; luego tendremos que ir al otro lado del animal para comprobar que el sudadero y la cincha están colocados correctamente y no quedan retorcidos.

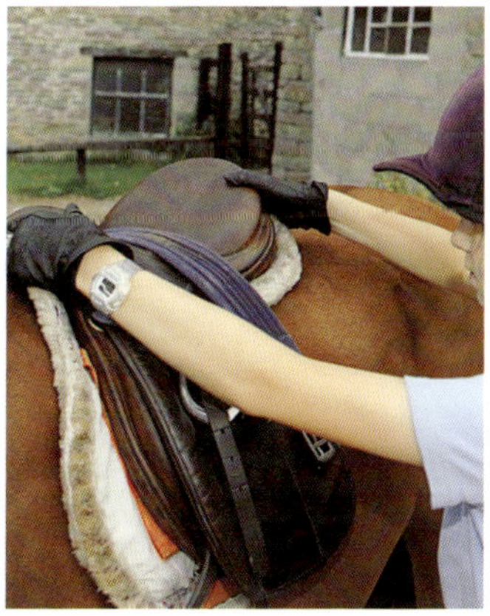

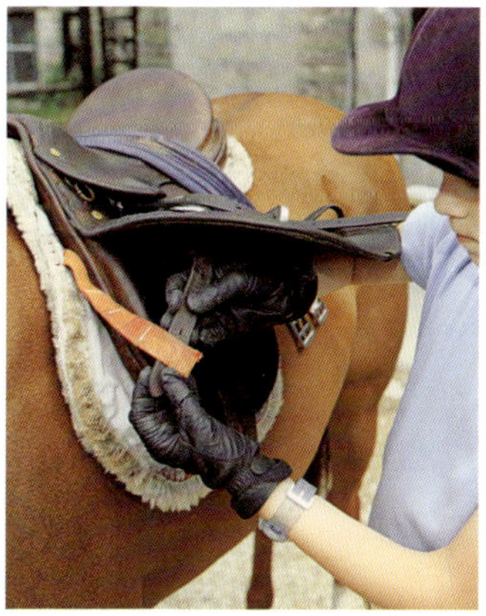

1 Sujetamos el sudadero con las dos manos y lo extendemos sobre la espalda del animal, muy pegado al cuello.

2 Colocamos la montura encima del sudadero. Los desplazamos un poco hacia atrás, hasta la posición correcta en la espalda.

3 Luego deslizamos los latiguillos de la cincha a través de la tira que tiene el sudadero para que éste no se mueva.

4 Cuando hayamos pasado los latiguillos por la tira del sudadero, dejaremos caer la cincha por el costado del caballo.

5 Comprobamos que la cincha no está retorcida.

6 Vamos al otro costado del animal y pasamos la mano bajo su vientre para alcanzar el extremo de la cincha.

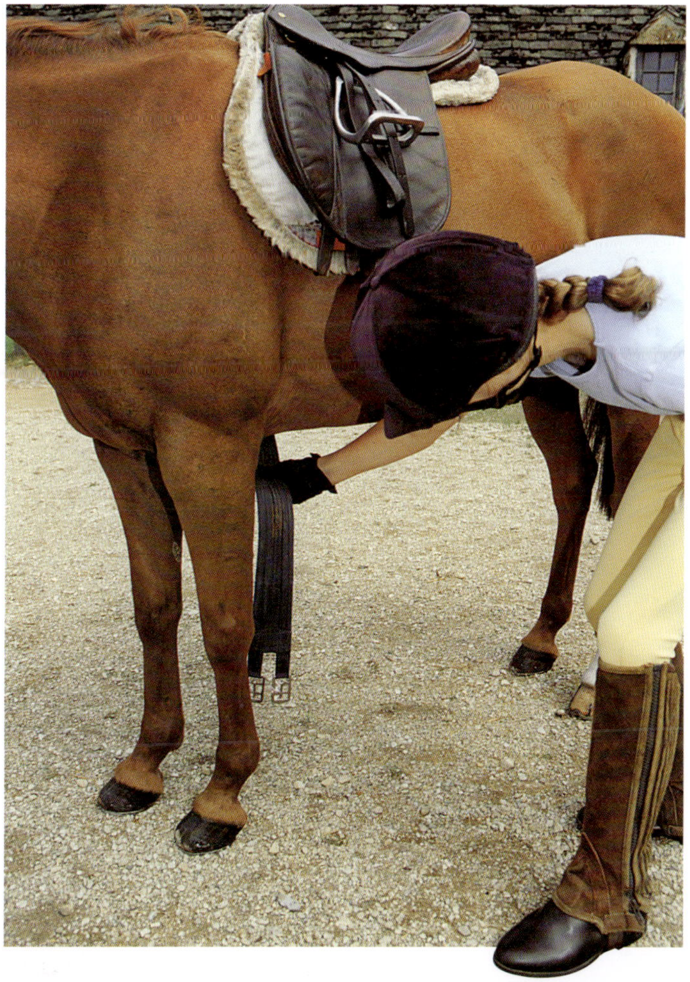

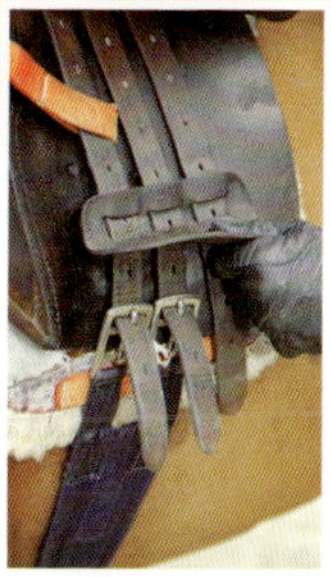

7 Cerramos las hebillas de la cincha en el guardahebillas. Alisamos la piel bajo la cincha.

El guardahebillas es muy importante porque protege al faldón de los roces de las hebillas.

Colocar la cabezada

La cabeza de un poni o un caballo es muy sensible, por lo que siempre deberemos manipularla con delicadeza al ponerle la cabezada. Tendremos cuidado de no rozar nuestro brazo ni las tiras de los montantes o carrilleras con sus ojos. No debemos tirar de la boca al colocar el bocado. Ponerle la cabezada es muy fácil, siempre que lo hagamos despacio y metódicamente.

Cómo poner una cabezada

En la primera etapa de aprendizaje, una cabezada parece siempre una pieza muy complicada. La clave para colocarla bien sin hacerse un lío es sujetarla y observarla atentamente. Debemos introducir la cabeza del animal por la cabezada; el testero va en la parte alta de la cabeza, y los montantes quedan a ambos lados de la cabeza del caballo y sostienen la embocadura. La muserola y la frontalera impiden que la cabezada se vaya hacia atrás; el ahogadero, además, evita que la cabezada se deslice hacia delante.

1 Nos situamos en el lado izquierdo del caballo con la cabezada; entonces le quitaremos la jáquima pero sólo por la parte del hocico. La ajustaremos alrededor de su cuello, como si fuese un ronzal.

Comprobación del ajuste

Un caballo o poni llevará siempre la misma cabezada cuando lo montemos, así que debería quedarle bien sin necesidad de mucho ajuste. Sin embargo, debemos saber cómo se encaja para asegurarnos de que está correctamente colocada.

Antes de colocar la cabezada, comprobaremos que la muserola está recta. Si no es así, la ajustaremos aflojando la frontalera, subiéndola de un lado o bajándola del otro.

Los montantes o carrilleras deberían ir sujetos mediante hebillas a la cabezada, a la altura del mismo agujero en cada lado. De otro modo, el bocado tirará más de un lado que del otro.

La muserola está bien situada cuando queda a medio camino entre la boca y el carrillo del caballo o poni. Debe tener suficiente holgura para que podamos introducir un par de dos entre la muserola y la nariz del animal.

Una vez ajustado el ahogadero, debe quedar espacio para que nuestra mano pase entre éste y el carrillo. Si el ahogadero está demasiado apretado, el animal no podrá respirar bien.

Un filete arrugará ligeramente las comisuras de la boca del caballo si está colocado a la altura correcta. Podemos rectificar la altura alterando la longitud de las carrilleras o montantes a ambos lados de la cabezada.

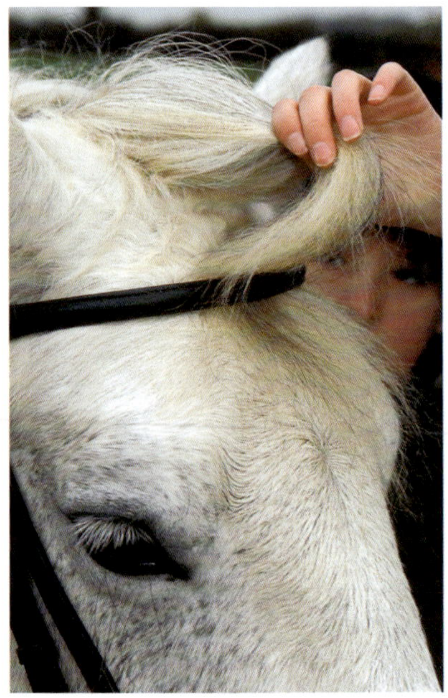

6 Levantamos el copete o mechón de pelo de la frente y lo sacamos por encima de la frontalera. Liberamos y alisamos las partes de la crin que hayan podido quedar aprisionadas por el testero.

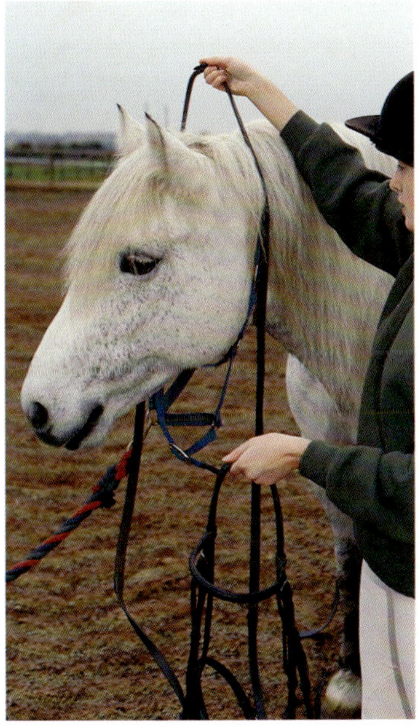

2 Sostenemos en la mano izquierda la cabezada, por el testero. Sujetamos las riendas con la derecha y las echamos sobre el cuello del animal.

3 Luego colocamos la mano derecha bajo la mandíbula del animal mientras sostenemos la cabezada. Sujetamos con la mano plana el filete o bocado y lo presionamos contra los labios del caballo o poni.

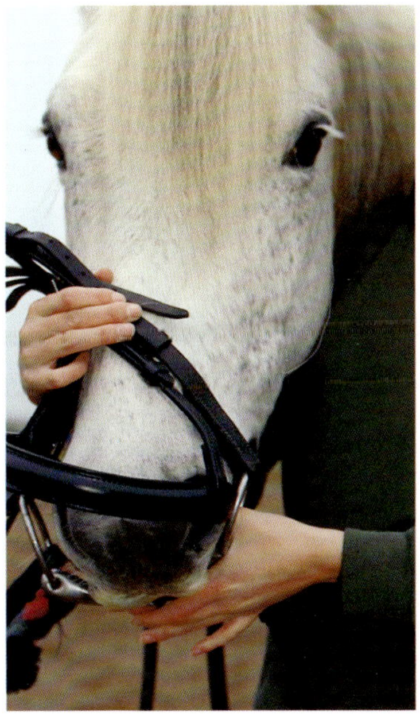

4 Si no quiere abrir la boca, introduciremos el pulgar izquierdo en la comisura, donde no tiene dientes. Empujamos el filete o bocado al mismo tiempo.

5 En cuanto hayamos colocado bien la embocadura, pasamos el testero sobre sus orejas; deberemos doblarlas un poco.

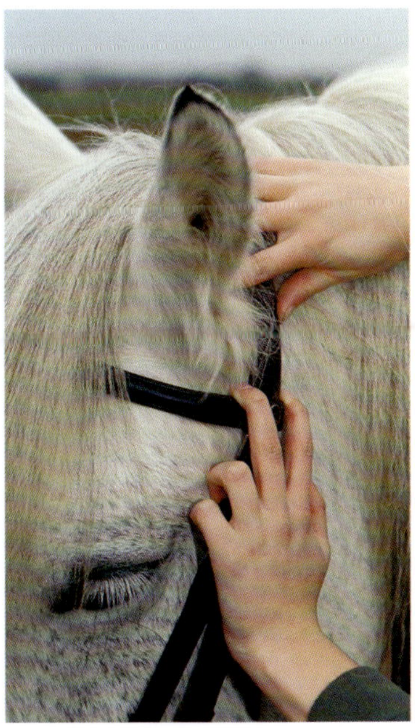

7 Verificamos a ambos lados de la cabezada que la frontalera no queda tan alta que pueda presionar la base de las orejas.

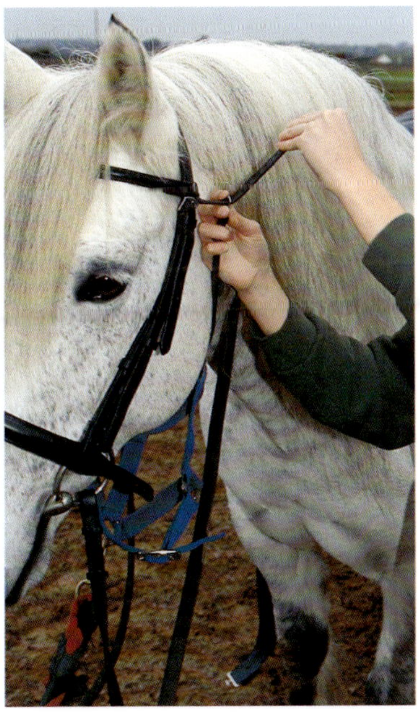

8 Pasamos la mano bajo la mandíbula hasta el lado derecho de la cabezada en busca del ahogadero. Luego comprobamos que no está retorcido y lo sujetamos con la hebilla.

9 A continuación, nos aseguramos de que la muserola está bien colocada y la ajustamos detrás de la mandíbula del poni o del caballo.

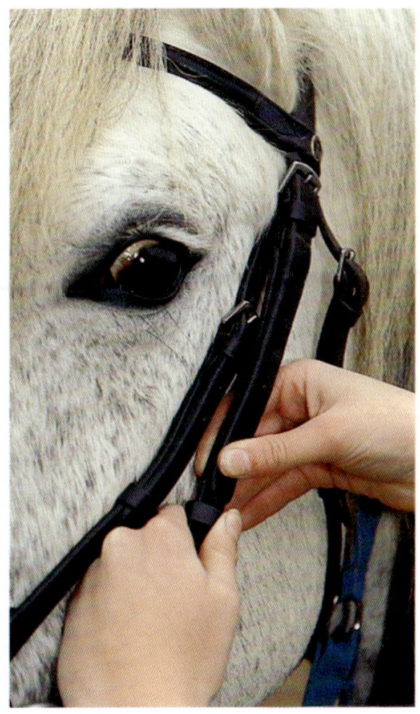

10 Repasamos todas las partes de la cabezada para ver si todas las hebillas están cerradas y los extremos de las correas quedan sujetos.

Las primeras LECCIONES

Probablemente, la primera vez que nos montemos en un caballo o en poni nos sentiremos un poco raros. A medida que avancen las lecciones, nos iremos sintiendo más cómodos sobre el lomo. Deberíamos montar por primera vez sobre un caballo o un poni tranquilo. El instructor y el animal nos cuidarán.

Las presentaciones

Cuando acudamos a nuestra primera clase, el profesor nos presentará al poni o al caballo que vamos a montar. Será un momento muy emocionante, y quizá nos sintamos un poco nerviosos. Si es así, intentaremos que el animal no se dé cuenta. Los caballos y los ponis pueden percibir rápidamente todo lo que sentimos y reaccionan en consecuencia. Si un día estamos preocupados o alterados, él también se sentirá así. Si actuamos de manera positiva, el caballo confiará en nosotros.

Un nuevo amigo

La primera vez que nos acerquemos a un caballo o poni, lo haremos con confianza. Le ofreceremos la mano extendida y con los dedos encogidos, y dejaremos que la huela. Le hablaremos y le daremos una palmadita en el cuello.

Preparándose
Si la lección va a ser en grupo, sacarán a los animales al patio para que los montemos. Pero antes de eso, será necesaria una revisión de los arreos; esto lo haremos nosotros o el profesor. Es muy probable que el instructor nos ayude a montar sujetando al poni o al caballo.

En marcha
Una vez que todos los jinetes han montado en sus caballos y se han comprobado las cinchas y la longitud de los estribos (*véanse* págs. 154–155), el grupo abandonará el patio para dirigirse al picadero interior o exterior.

Nuestras primeras lecciones

Quizá sigamos lecciones individuales o en grupo con otros principiantes. En cualquiera de los dos casos, es posible que el profesor o un ayudante conduzca a nuestro poni por las riendas.

Estableciendo contacto

Antes de que podamos manejar y montar a un caballo, necesitaremos saber cómo son. Los caballos y los ponis son animales muy simpáticos pero también nerviosos; se sienten felices en grupo. Si se asustan por algo, su primera reacción es la huida. Cuando viven en la naturaleza, en manadas, siguen al caballo o poni dominante. Al domesticarlos, asumimos el papel de ese animal y una vez que confíen en nosotros, harán lo que les pidamos.

Acercarse con confianza

Al acercarnos a un caballo, siempre le hablaremos con amabilidad. Le acariciaremos el cuello o le ofreceremos una golosina, y lo sujetaremos con tranquilidad y firmeza. Eso le hará sentirse seguro. Si estamos nerviosos, si titubeamos o lo acosamos, eso se alterará y reaccionará mal.

Conducir a un caballo

Conduciremos al caballo o al poni por su lado izquierdo. Sujetaremos el ronzal o las riendas con las dos manos: la mano derecha sujetará la parte próxima a la cabeza del animal, y la mano izquierda, el otro extremo. Avanzaremos junto a su hombro, con seguridad, sin volver la vista hacia él.

Trucos para manejar caballos y ponis

A un caballo o poni hay que hablarle en un tono amistoso y tranquilo cuando nos dirijamos a él.

Nos acercaremos a su hombro desde el frente, donde pueda vernos.

Nunca hay que gritar, armar alboroto o realizar movimientos bruscos cerca de ellos.

Cuando manipulemos caballos o ponis debemos mostrarnos delicados pero firmes.

Intentaremos seguir con ellos la misma rutina todos los días.

Conducta natural

Los caballos y los ponis salvajes viven en manadas. Si lo sacamos al campo, echará a galopar para reunirse con los demás. Si uno de ellos se atemoriza ante un objeto, los otros harán lo mismo.

¿Nervioso o travieso?

Un caballo que duda ante algo extraño, puede estar asustado o puede que sólo esté jugando. Ante esta situación, primero le concederemos el beneficio de la duda y permitiremos que le eche un vistazo. A continuación, le dirigiremos hacia delante con firmeza, ayudándonos de las piernas y manteniendo la presión hasta que hayamos sobrepasado el objeto en cuestión.

Asumiendo el control

Una vez que el caballo haya dejado atrás el objeto, relajaremos las ayudas y bromearemos con él. Le palmearemos el cuello y le diremos que se ha portado muy bien. Si el caballo se niega a seguir adelante, entonces le haremos describir un círculo y nos acercaremos de nuevo; utilizaremos la fusta para que nos haga caso.

Una gran ayuda

Podemos utilizar un cabalgadero para subir a lomos de un caballo. Así será más fácil y, además, evitará que volquemos la silla al intentar subirnos.

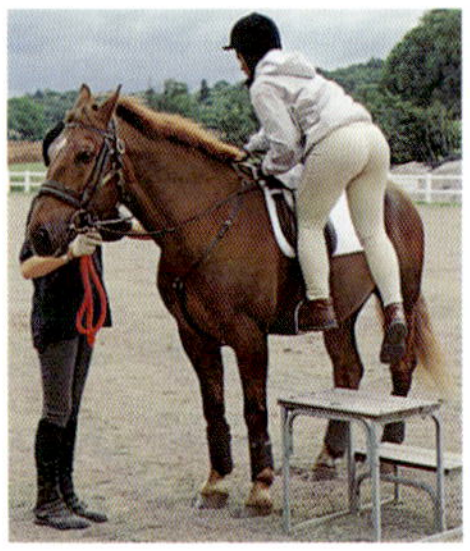

Sujetaremos las riendas con la mano izquierda y pondremos el pie izquierdo en el estribo. Ahora sólo debemos impulsar la pierna derecha.

Pasamos la pierna derecha por encima del lomo del caballo y nos aposentamos en la montura. Metemos el pie derecho en el estribo y sostenemos la rienda derecha.

Tomar impulso

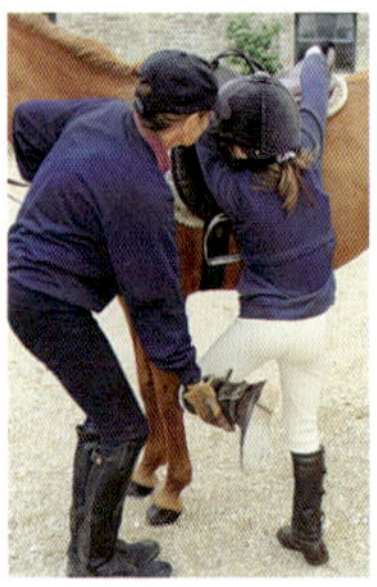

Si no tenemos el taburete, sostendremos las riendas con la mano izquierda y colocaremos la otra mano en la montura. La persona que nos ayuda, sostendrá nuestra pierna izquierda.

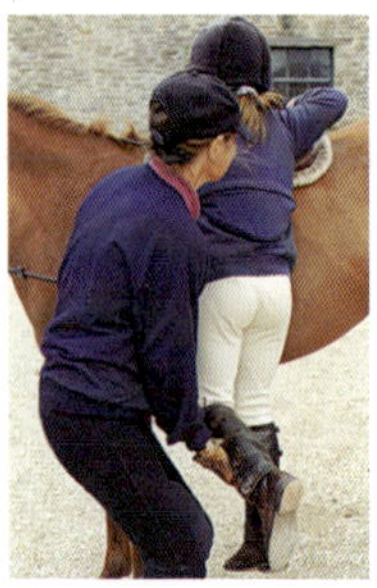

Nos pondremos de acuerdo con la persona que nos está ayudando para que, en un momento dado, nos ayude a auparnos; por ejemplo, podemos contar hasta tres. Entonces nos impulsaremos con los brazos mientras la otra persona nos eleva.

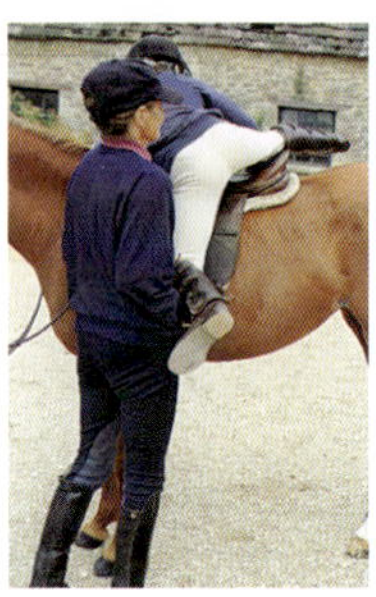

Cuando estemos a la altura de la montura, pasaremos la pierna derecha por encima de la grupa del caballo y nos sentaremos. Ya a lomos del caballo, enderezaremos la espalda, colocaremos los pies en los estribos y cogeremos las riendas con las manos.

Cómo montar

Montar significa subirse a un caballo o poni. Aunque al principio contemos con ayuda, al final tendremos que arreglárnoslas solos. Mientras estamos cabalgando, puede que tengamos que desmontar, para abrir una verja, por ejemplo, y tendremos que ser capaces de subir solos de nuevo. Si nos resulta difícil porque no somos demasiado atléticos y nos falta impulso, o simplemente por nuestra estatura, bajaremos un agujero o dos los estribos.

Cómo montar

Hay varias maneras de subir a un caballo o poni. Podemos usar un cabalgadero, aunque también deberán enseñarnos el modo correcto de subir a una montura sin esta ayuda. Mientras estamos aprendiendo, contaremos con la ayuda de alguien que sujetará al poni. Cuando estemos solos, podemos impedir que se mueva colocándolo delante de un muro o una puerta.

1 Nos colocamos en el costado izquierdo del animal, mirando hacia la cola. Cogemos las riendas con la mano izquierda, y con la otra cogemos el estribo y lo giramos hacia nosotros. Introducimos en él el pie izquierdo.

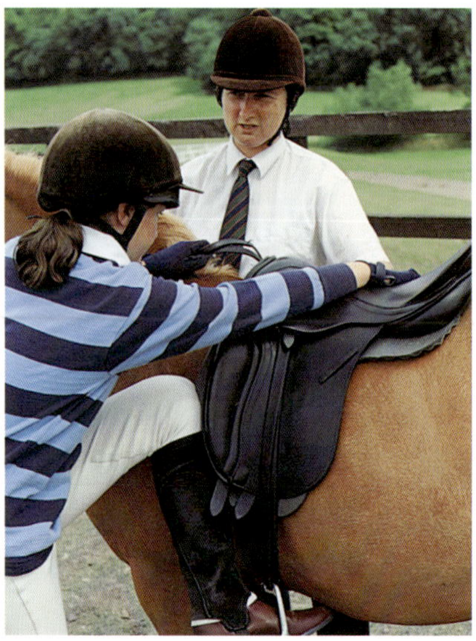

2 Apoyamos la mano izquierda en la cruz del animal y agarramos la montura con la mano derecha. Con el pie aún en el estribo, tomamos impulso y elevamos la pierna derecha.

Giro del estribo

Tanto la parte metálica como la tira de cuero del estribo deben estar orientados en el sentido correcto al montar. Si no es así, el extremo de cuero del estribo ejercerá presión sobre nuestra pierna. Estaremos incómodos y, además, no podremos usar las piernas adecuadamente.

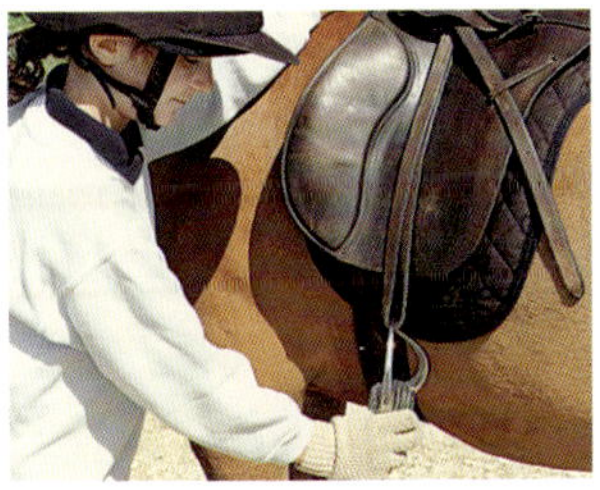

Antes de montar, giramos la parte trasera metálica del estribo hacia nosotros. Al montarnos y girar la pierna y el pie, el estribo girará también y se colocará en la posición correcta.

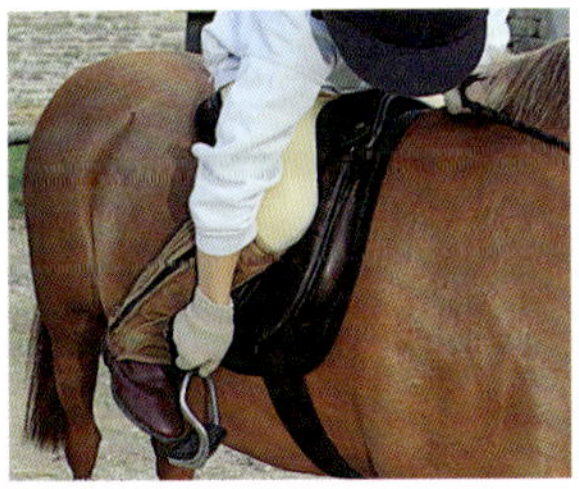

Para meter el pie derecho en el estribo, sacaremos hacia fuera el frente de la parte metálica. Al principio lo podemos hacer con la mano, pero pronto seremos capaces de hacerlo sólo con el pie.

Estilo western

Nos situaremos de frente al costado izquierdo del caballo. Sujetaremos las riendas con la mano izquierda; mantenemos esta misma mano apoyada en el cuerno de la montura western, sin soltar las riendas. Después introduciremos el pie izquierdo en el estribo y colocaremos la mano derecha en la parte de atrás de la montura. Entonces tomaremos impulso y alzaremos la pierna derecha. Tendremos cuidado al dejarnos caer en la silla para no hacerlo de golpe; de lo contrario, podríamos dañar al animal. Por último, metemos el pie derecho en el estribo y recogemos las riendas con la mano derecha.

3 Pasaremos la pierna derecha por encima de la grupa del caballo o del poni; deberemos tener cuidado y evitar darle un golpe con la pierna en la grupa. Si es posible, le pediremos a alguien que sujete el estribo derecho mientras montamos para que impedir que la montura se nos venga encima al impulsarnos.

4 Al tiempo que pasamos la pierna derecha sobre la montura, retiraremos la mano derecha. Tomaremos asiento con delicadeza, sin dejarnos caer para no hacerle daño al animal.

5 Meteremos el pie derecho en el estribo derecho, con la puntera hacia dentro. Sólo falta que agarremos las riendas con las dos manos.

Cómo desmontar

Este método para desmontar, que comienza con ambos pies fuera de los estribos, exige tener cierta agilidad. La mayoría de los jinetes lo consideran el mejor sistema para bajarse del animal porque es el más seguro. Lo más peligroso que puede pasarle a un jinete es que el caballo salga al galope y que lo arrastre por el suelo. Para que esto no nos ocurra, debemos liberar los pies de los estribos antes de saltar. De esta forma, no se nos engancharán en los estribos y podremos aterrizar en el suelo con ambos pies juntos y de forma segura.

Cómo desmontar

Cuando nos bajamos de un caballo, siempre debemos hacerlo con fuerza y en un único movimiento. De esta forma, tendremos los dos pies en el suelo rápidamente y podremos avanzar a su lado si se mueve. Cuando aterricemos a un costado del animal, hay que tener cuidado de no dejar los pies cerca de sus cascos delanteros para que no nos haga daño. Comprobaremos, antes de bajarnos del caballo o del poni, que el terreno es llano y que no nos haremos daño en los pies o en los tobillos.

1 Debemos conseguir que el caballo se cuadre y que se quede firme (*véase* pág. 160), en un terreno uniforme. Si pensamos que puede comenzar a andar, lo haremos delante de una puerta. Sacaremos ambos pies de los estribos sin dejar de sujetar las riendas con las manos.

1 Sujetamos las riendas con la mano izquierda; apoyamos la otra en el cuerno o pomo de la silla. Después, liberamos el pie derecho del estribo.

Un método alternativo

Otra opción es liberar primero el pie derecho del estribo y girarse para aterrizar con ambos pies juntos. A menos que el poni esté entrenado para quedarse quieto, deberíamos contar con alguien que lo sostenga mientras desmontamos de esta manera.

2 Pasaremos las riendas –y la fusta si la usamos–, a la mano izquierda. Apoyaremos esta misma mano en la base del cuello del caballo, justo delante de la cruz.

2 Pasaremos la pierna derecha por encima del lomo y colocaremos la mano derecha en el entalle de la silla. Luego sacaremos el pie izquierdo del estribo.

3 Nos deslizaremos con mucha suavidad hasta el suelo; posaremos ambos pies y doblaremos un poco las rodillas al hacerlo. A continuación, con la mano derecha sostenemos las riendas cerca de la boca del animal para poder conducirlo con normalidad.

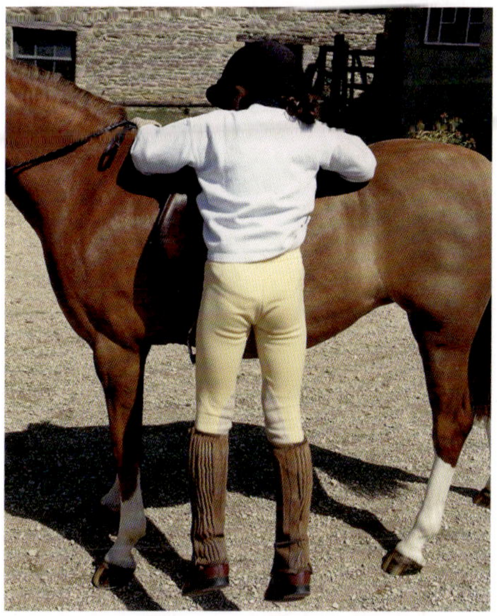

3 Mientras sostenemos aún las riendas con la mano izquierda, pondremos la derecha en la perilla de la silla y nos inclinaremos hacia delante.

4 Pasaremos la pierna derecha por encima de la montura y de la grupa; lo haremos con cuidado para evitar darle un golpe con la pierna al caballo.

5 Nos deslizaremos con suavidad hasta el suelo; posaremos los dos pies y flexionaremos las rodillas. Seguiremos aguantando las riendas con nuestra mano derecha cerca de la embocadura.

Instalarse en la montura

Cuando nos subamos a la montura de un caballo o de un poni deberíamos sentirnos cómodos y relajados, aunque alerta y listos para la acción. Debemos sentarnos bien, con la espalda recta y los muslos y la parte inferior de nuestras piernas en contacto con la silla y el animal. Nuestro cuerpo ha de ser lo bastante flexible para seguir todos sus movimientos.

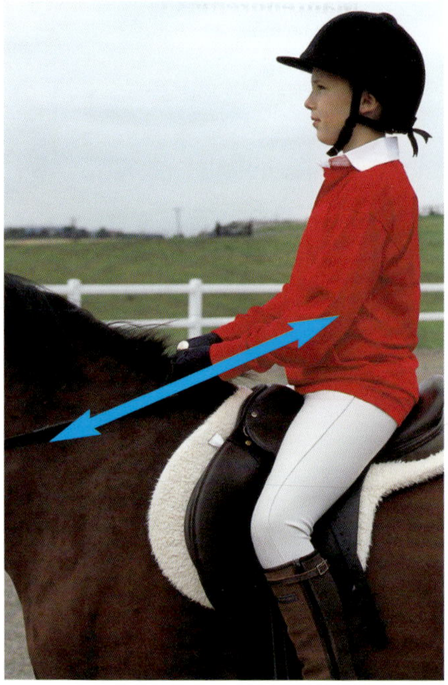

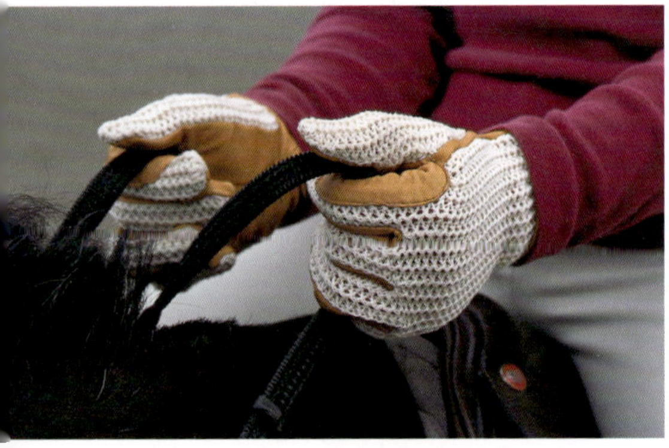

Cómo sujetar las riendas

Tenemos que colocar las manos en una posición relajada, con los pulgares hacia arriba y las palmas enfrentadas, tal y como vemos en la imagen izquierda. Si se trata de riendas sencillas, tienen que pasar entre los dedos meñique y anular, atravesar la palma y pasar de nuevo entre los dedos pulgar e índice.

Línea diagonal

Una vez sentados en la montura, tendremos que colocar nuestros brazos de forma correcta. Si sujetamos bien las riendas, éstas y la parte inferior de nuestros brazos describirán una diagonal que irá de la embocadura del caballo hasta nuestros codos.

Cómo acortar las riendas

Para acortar las riendas, primero sostendremos ambas riendas en la mano derecha y con la mano izquierda acortamos la rienda derecha. Luego sujetamos las dos riendas con la mano izquierda y con la derecha acortamos la rienda izquierda hasta el largo deseado.

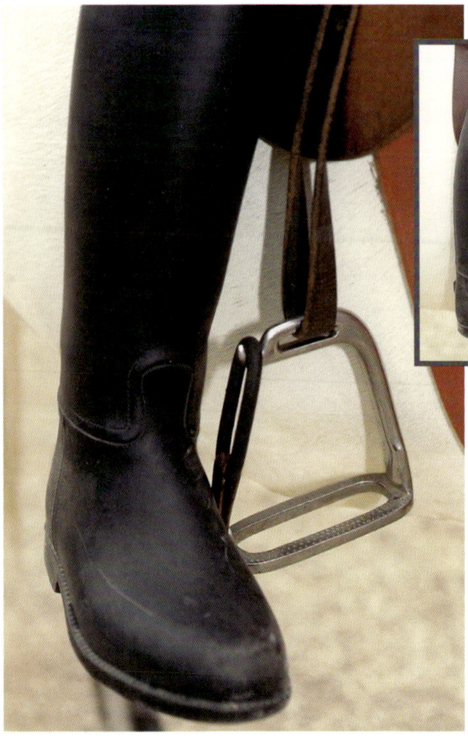

Cómo colocar los pies en los estribos
Para colocar los pies en los estribos de forma correcta, giraremos el extremo delantero de la parte metálica hacia afuera. Apoyaremos la almohadilla del pie en el hierro con las punteras hacia delante y los talones presionando hacia abajo.

La longitud de los estribos

Al sentarnos, dejaremos que nuestras piernas cuelguen normalmente a los lados. Los estribos tendrán la longitud correcta cuando queden a la altura de la parte interior de nuestros pies. Al empezar a montar o cuando saltemos, necesitaremos acortarlos un par de agujeros.

Línea vertical

Cuando estemos sentados en la montura, imaginaremos una línea vertical que recorre nuestro cuerpo hacia abajo. Si nuestra posición es la correcta, esa línea imaginaria debería comenzar en nuestra oreja, pasar por los hombros y terminar finalmente en nuestro talón. Así debemos sentarnos en la montura.

Comprobar la cincha

Aunque antes de montar hayamos colocado la cincha de forma correcta y la hayamos comprobado, es aconsejable que la comprobemos de nuevo cuando el caballo haya caminado unos minutos. Y es que algunos caballos y ponis se relajan después de que los ensillemos y, entonces, la cincha puede quedar demasiado suelta. Por tanto, deberemos ajustarla bien; lo podemos hacer sin bajarnos del caballo.

Sin dejar de sujetar las riendas, nos inclinaremos hacia delante y pasaremos los dedos bajo la cincha. Si podemos introducir más de dos dedos entre ésta y el cuerpo del animal, entonces deberemos apretarla.

Echamos hacia delante la pierna izquierda, alzamos el faldón de la silla y tiramos de las correas de la cincha, de una en una, para ajustarlas.

Ajustar la longitud de los estribos

Podemos regular los estribos sin bajarnos de la montura y sin sacar los pies de los mismos. Con un poco de práctica seremos capaces de hacerlo al tacto, sin necesidad de mirar hacia abajo.

Sujetaremos las riendas con una mano y tiraremos de la correa del estribo con la otra.

Abriremos la hebilla, corregiremos la posición e introduciremos el gancho de la hebilla en el agujero.

Tiraremos hacia abajo de la parte inferior de la correa para ajustar de nuevo la hebilla.

Las ayudas

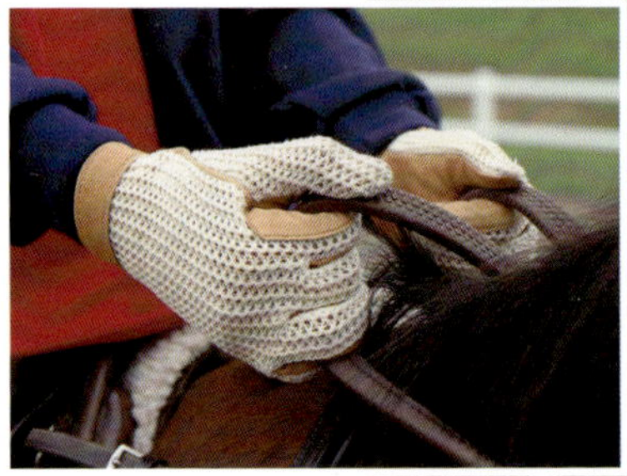

Posición de las manos Cerramos los dedos a la vez que mantenemos un contacto uniforme con la boca del caballo.

Las ayudas son las señales mediante las cuales un jinete indica a un caballo o a un poni lo que desea que haga. Hay dos tipos de ayudas: las naturales, que son las piernas, las manos, la posición y la voz; y las artificiales, es decir, la fusta y las espuelas. Los caballos bien adiestrados responden a la más ligera indicación, pero los que carecen de experiencia suelen necesitar ayudas más energicas.

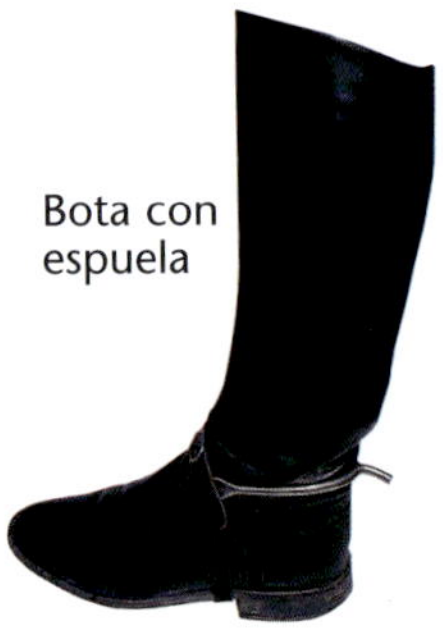

Bota con espuela

Las espuelas se ajustan a las botas de montar con tiras de cuero.

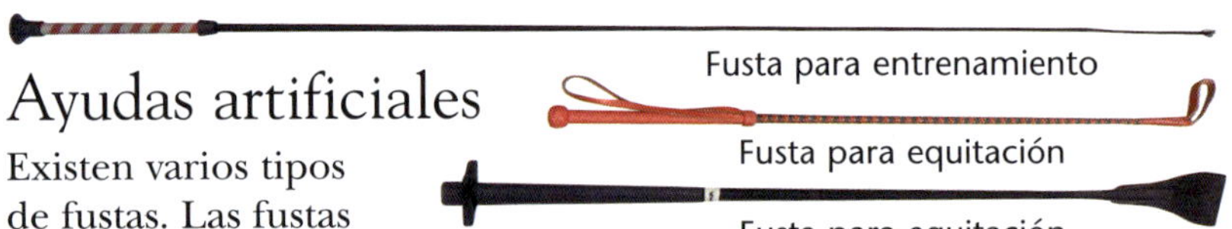

Ayudas artificiales

Existen varios tipos de fustas. Las fustas largas se utilizan en la doma, y las fustas cortas se emplean en la monta diaria. También hay fustas para exhibiciones, que pueden ir forradas de cuero. Tanto las fustas como las espuelas se utilizan como refuerzo, aunque solamente deberían emplearlas los jinetes experimentados.

Posición de las manos Relajamos los dedos y mantenemos flojas las riendas.

Montar a rienda suelta

A veces conviene que el caballo camine a rienda suelta para que estire los músculos del cuello y se relaje. Esto deberemos hacerlo al final del paseo, y en algunos momentos durante el entrenamiento. Cuando montemos de esta forma, debemos mantener la parte inferior de nuestras piernas en contacto con los flancos mientras relajamos la presión sobre las riendas. Aunque sea un momento relajado, debemos estar preparados para recuperar las riendas rápidamente si algo sobresalta al animal.

Paso medio

Las riendas nos ayudan con la embocadura; con la parte inferior de las piernas presionamos los flancos del caballo para indicarle que avance.

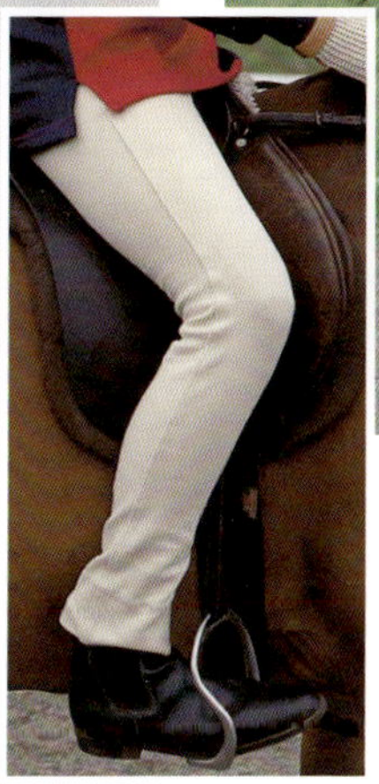

Posición de la pierna Mantenemos los tobillos hacia abajo y presionamos los costados del caballo con la parte superior de las piernas.

Cómo hacer que avance

En ocasiones, a los caballos les desagrada un determinado objeto, o se sienten asustados, y se niegan a avanzar. En esas ocasiones, sujetaremos con firmeza las riendas y presionaremos nuestras piernas sobre sus flancos, con fuerza. De esta forma conseguiremos que continúe adelante.

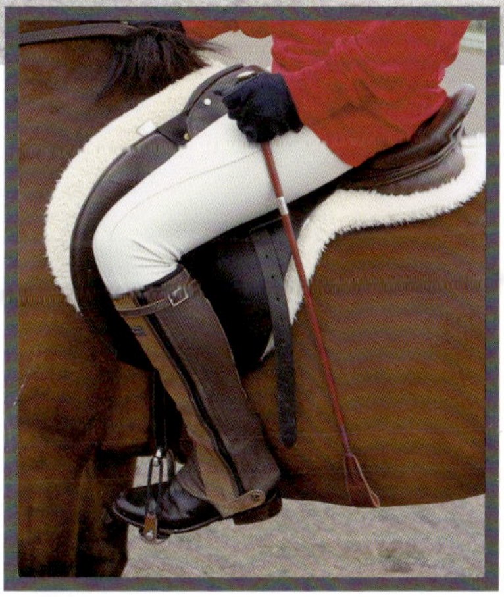

Usar una fusta

Si el caballo o el poni no atiende a las ayudas de nuestras piernas, podemos echar mano de la fusta; un ligero toque detrás del ijar será suficiente. Aplicaremos la fusta con más intensidad en el mismo lugar sólo si el caballo o poni desobedece.

Jinete experto

Si nos fijamos en un jinete experto durante una prueba de doma, notaremos que apenas se aprecian las ayudas. Unos toques ligeros y mínimos desplazamientos del peso en la silla son suficientes para comunicarse con el caballo y para indicarle que realice los movimientos más complejos.

Un jinete de doma monta con estribos largos. En la foto vemos a Nancy MacLachlan en 1998.

Este aire de doma se llama piafé; trote elevado que se hace en único punto, sin avanzar.

«Llevar al caballo de la mano» es el objetivo. Las piernas impulsan al caballo hacia delante y las manos controlan la energía generada.

Con rienda larga o ronzal

Jinete principiante

La profesora mantiene un control directo del poni mediante el ronzal. Para hacer que la alumna se sienta segura en su primera lección, la instructora le pedirá que se agarre a la parte de delante de la silla o a un asa de cuello.

Lo más probable es que en las primeras lecciones se utilice una cuerda o una rienda larga. El instructor controlará al poni o al caballo para que el alumno pueda centrarse en mantener una posición correcta y en aplicar las ayudas. De esta manera se sentirá más seguro en sus primeras lecciones de equitación.

El comienzo
Mientras el caballo va dando vueltas y describiendo un círculo, el jinete se mantiene en la silla sujetando el frontal de la misma.

Ganando confianza
Una vez que el jinete se siente seguro a lomos del caballo, se suelta de la silla y sujeta las riendas en la posición correcta.

Cuerda y volteo

Montar a la cuerda es una buena forma de aprender a mantener el equilibrio en la montura y ganar confianza. Nos permite practicar el uso de las ayudas sin pensar en la velocidad o la dirección del caballo.

Trucos para las primeras lecciones

Debemos sentirnos cómodos en la montura antes de empezar. Nos aseguraremos de que los estribos nos van bien y de que las correas no nos rocen las piernas.

Si nos sentimos inseguros, nos agarraremos a la parte de delante de la montura.

Intentaremos relajarnos. Dejaremos que nuestras manos sigan el movimiento de la cabeza del caballo o del poni.

Pérdida de equilibrio

Cuando una persona pierde el equilibrio mientras está aprendiendo a montar, lo que suele hacer es intentar sujetarse tirando de las riendas. No obstante, esto es algo que nunca debemos hacer; podemos hacerle daño al caballo en la boca.

Demasiado esfuerzo

Cuando montamos por primera vez en un caballo debemos tener en cuenta muchos detalles. Pero no podemos permitir que el esfuerzo por recordarlos haga que nuestro cuerpo se ponga rígido. Por tanto, procuraremos sentarnos con naturalidad y dejaremos que nuestro cuerpo siga los movimientos del caballo.

Sujetar las riendas
Podemos apoyar las manos a cada lado de la cruz del caballo para equilibrarnos

Cabezada
El caballo lleva colocada una cabezada que permite guiarle

Las piernas
Para que el caballo avance, presionamos los flancos con las piernas

Paso lento
Al principio, el instructor conducirá el caballo a paso lento

Nuestro turno

La primera vez que montemos sin rienda larga o ronzal, aprenderemos cómo hacer que nuestro caballo avance y frene. Esto no es tan sencillo como parece. El objetivo es que el caballo o el poni camine con decisión y un objetivo, y que se detenga cuando se lo pidamos. Debería estar alerta, mantener un ritmo correcto y responder siempre a las ayudas.

Las extremidades en paralelo

Para conseguir que el caballo frene y se quede parado de forma correcta, es decir, con las extremidades traseras y delanteras en paralelo, tendremos que impulsarlo con las piernas y frenarlo con las riendas. Aunque permanezca parado, puede estar lleno de energía contenida y listo para salir disparado de nuevo.

Desobediencia

Algunos caballos y ponis ignoran las ayudas de sus jinetes. Las riendas no siempre son suficientes para que el caballo nos obedezca: avanzará perezosamente, con paso pesado y el hocico adelantado. El ritmo del caballo mejorará si presionamos más fuerte con las piernas y acortamos las riendas.

Equilibrado
El caballo está equilibrado y preparado para moverse de nuevo cuando se lo pidamos

Buenas maneras

Al montar, el caballo o el poni debe llevar la cabeza vertical y la boca por debajo del nivel de las manos del jinete. En esta posición, el jinete mantiene un máximo control sobre el animal. Es difícil lograr que el caballo camine de esta forma, sobre todo para el jinete que no tenga mucha experiencia y con caballos y ponis que no hayan sido perfectamente adiestrados. Sin embargo, sólo necesitaremos práctica para conseguirlo.

Posición de la cabeza
El caballo lleva la cabeza justo por detrás de la vertical, pero la zancada es correcta

Caminar, frenar; frenar, caminar

Caminar y frenar son movimientos que se consiguen con las piernas y las riendas. Aunque debemos mantener siempre el contacto con el caballo mediante las piernas y las riendas, la forma de comunicarle lo que queremos que haga será aumenando o disminuyendo dicho contacto. En cuanto responda a estas señales, deberemos relajar la presión para que sepa que ha actuado de forma correcta.

1 Para hacer que avance, tensaremos un poco las riendas y presionaremos sus flancos detrás de la ijada con la parte inferior de nuestras piernas. Cuando obedezca, aflojaremos ligeramente las riendas y la presión de las piernas en los flancos.

2 Para detenernos, aumentaremos la presión de las piernas y tiraremos de la embocadura. Para impedir que continúe avanzando, frenaremos el movimiento con las manos y las riendas.

3 Intentaremos que el caballo se pare en firme. Aunque nos hayamos detenido, no relajaremos nuestra posición por completo. Mantendremos el contacto con las piernas y las manos para que el caballo continúe alerta.

4 Para volver a andar, presionaremos las piernas con más firmeza en los flancos y aflojaremos las riendas un poco para permitir que avance. Después relajaremos las ayudas, pero manteniendo el contacto.

Girar a derecha e izquierda

Cuando queramos girar, deberemos ejercer presión con nuestra pierna exterior y la mano interior –en el caso de que queramos torcer a la izquierda, usaremos la pierna derecha y la mano izquierda–. Además, la pierna interior mantendrá al caballo quieto, y la mano exterior reforzará la acción de la interior. En el momento del giro, el caballo o el poni dejará de avanzar.

Vista desde arriba

Si contemplamos desde arriba el giro de un caballo, podremos ver hasta qué punto se dobla el cuerpo del animal. El cuerpo del jinete sigue al del caballo y su cabeza también gira para mirar hacia el lado al que se dirige.

1 Presionaremos con nuestra pierna derecha el costado del caballo detrás de la cincha y agarraremos la rienda izquierda.

Giro a la izquierda

Cuando describimos un giro a la izquierda, las patas delanteras del caballo y la pata derecha trasera giran alrededor de su pata izquierda trasera. En cuanto hayamos completado el giro, impulsaremos al caballo hacia delante para que camine al paso o al trote en línea recta.

2 Mantendremos la pierna izquierda sobre el flanco. Además, recogeremos la rienda derecha para presionar sobre el cuello del caballo.

3 Al empezar a girar, las patas delanteras del caballo describen un semicírculo en torno a las traseras.

4 Seguiremos aplicando las ayudas de la mano y la pierna hasta que hayamos completado el giro buscado.

1 Presionaremos el flanco del caballo justo por detrás del ijar con nuestra pierna izquierda.

Giro a la derecha

En un giro hacia la derecha, las patas delanteras del caballo y la trasera izquierda se mueven en torno a su pata trasera derecha. El cuello y la columna se doblan en la dirección del movimiento.

2 A continuación, tiraremos suavemente de la rienda derecha.

3 Además, recogeremos la rienda izquierda para presionar sobre el cuello del caballo.

4 Continuamos el giro con ayuda de nuestra pierna izquierda. Hay que procurar que no avance mientras está girando.

Practicar la posición para el trote

Antes de aprender a trotar, practicaremos la posición que deberemos adoptar con el caballo parado. Debemos alzar el peso con los pies en los estribos, nos mantendremos en pie un momento y luego volveremos a sentarnos. Si nos resulta incómodo, descansaremos las manos en el frente de la montura o en la cruz del caballo.

Nos levantamos sobre los estribos, con las rodillas ligeramente dobladas y el peso apoyado en las almohadillas de los pies.

Bajamos despacio hasta quedar de nuevo sentados en la montura. No nos dejaremos caer de golpe.

Aprender a trotar

El trote es un paso en dos tiempos, en el cual las patas del caballo se mueven por pares en diagonal: izquierda delantera y derecha trasera; derecha delantera e izquierda trasera. Este movimiento de las patas hace que el jinete bote sobre la silla. Y para minimizar los botes, la mayor parte del tiempo nos iremos levantando sobre los estribos. Más adelante aprenderemos también a permanecer sentados, pero esto es más difícil de conseguir.

Trote levantado

En este trote, el jinete se va levantando, apoyándose en los estribos, al mismo tiempo que el caballo, en un momento en que el animal le impulsa hacia arriba. Así, el jinete se va levantando y se va sentando siguiendo el movimiento del caballo. No nos levantamos demasiado. Al principio, será difícil coger bien el ritmo.

Cambio de diagonal

Cuando trotamos se dice que montamos en la diagonal derecha o izquierda, de acuerdo con el par de extremidades del caballo que toque el suelo mientras estamos sentados. Para cambiar de diagonal, sólo debemos permanecer sentados un tiempo más antes de seguir alzándonos. Debemos cambiar de diagonal cuando cambiemos de rienda y de vez en cuando mientras montamos.

En la diagonal izquierda, el jinete permanece sentado en la montura mientras la pata izquierda delantera y la derecha trasera del caballo se apoyan en el suelo. La mayoría de los jinetes mantiene la diagonal izquierda cuando trotan en círculo hacia la derecha.

En la diagonal derecha, el jinete se sienta en la montura mientras la pata derecha delantera y la izquierda trasera del caballo se apoyan en el suelo. La mayoría de los jinetes adopta la diagonal derecha cuando describen un círculo a la izquierda al trote.

Trote sentado

Para llevar a cabo este trote, el jinete se mantiene sentado, con los muslos en contacto con la montura y sin botar. Es necesario un buen equilibrio para lograrlo. Además, hay que relajar la parte inferior de la espalda y permitir que absorba los movimientos del caballo.

Transiciones

Se denomina transición a un cambio de aire. Cabalgar más deprisa es una transición ascendente y hacerlo más despacio es una transición descendente. Para realizar las transiciones con éxito necesitamos impulso, la energía que generamos en el caballo mediante el empleo de las ayudas.

Del paso...
Comenzaremos con un buen paso, con el caballo avanzando lleno de energía. Para pedirle que trote, agarraremos las riendas con firmeza y presionaremos con las piernas los flancos. Cuando el caballo empiece a trotar, aflojaremos la presión.

... al trote
Cuando el caballo empiece a trotar, aflojaremos un poco las riendas para permitirle avanzar, pero manteniendo el contacto. Si parece que quiere volver al paso, tendremos que presionar de nuevo con las piernas. En caso necesario, usaremos una fusta.

Trote
Una vez que el caballo ha cogido el ritmo del trote, intentaremos mantenerlo. No perderemos el contacto con las manos y piernas, sobre todo si el animal es muy lanzado.

Del trote...
Para una transición descendente, del trote al paso, nos sentaremos en la montura y presionaremos con las piernas detrás de la cincha. Además, al mismo tiempo, compensaremos el movimiento hacia delante con nuestras manos.

... al paso
Cuando el caballo reduzca el ritmo al paso, relajaremos las ayudas sin abandonar del todo el contacto con las piernas y las manos. Puede que tengamos que guiarlo para conseguir que camine al paso correctamente y sin zancadas.

Galope corto o *canter*

Este galope de entrenamiento, en el que el animal no desarrolla toda su velocidad, resulta un aire muy bonito una vez controlado. En un principio, botaremos sobre la montura, lo que resulta muy incómodo. Para dominar este pequeño galope nos mantendremos en contacto con la montura, y nos relajaremos.

Las ayudas

Para llevar a cabo el galope corto con la mano derecha como guía, presionaremos el costado con la pierna izquierda y tiraremos de la rienda derecha. Mantendremos presionada la pierna derecha. Invertiremos el proceso para el galope corto con la pata izquierda como guía.

Mantenemos la espada recta

Nos sentamos bien en la montura

La pierna izquierda ofrece ayuda para el galope corto de derecha

Trucos para el galope corto

Antes de aplicar las ayudas para el galope corto, el caballo debe estar en buenas condiciones y bien equilibrado. Marchará al trote mientras estemos aprendiendo. Deberemos impulsarle hacia delante con las piernas y controlar la energía con las manos, sin permitirle trotar cada vez más deprisa ni desequilibrarse.

Intentar relajar la parte baja de la espalda en este paso para que nos sea posible seguir los movimientos del poni.

No inclinarse hacia delante por encima de la silla, porque el poni puede interpretar esto como una indicación para que acelere.

Mantener las riendas bastante cortas y en contacto con la boca del poni para que éste no pueda bajar la cabeza.

El caballo debe moverse con ligereza sobre los cascos en el galope corto

La andadura

El galope corto o *canter* es un marcha de tres tiempos, en la que la pata delantera y la trasera de un costado van por delante de las del otro costado. Se dice que el caballo utiliza como mano guía la pata derecha o la izquierda. Cuando la pata guía es la delantera derecha, sus patas tocan el suelo en el siguiente orden: trasera izquierda, derecha trasera y delantera izquierda a la vez, y delantera derecha. Después viene un momento de suspensión, en el que todas las manos están en el aire al mismo tiempo. Un caballo de buena escuela puede cambiar la pata guía estando en suspensión. Esto se llama «cambio al vuelo».

Un buen galope corto de trabajo

El galope corto de trabajo es el paso que aprenderemos al empezar a galopar. El caballo debe desplazarse libremente, a velocidad media, y responder a nuestras indicaciones en todo momento.

Comprobación de la mano guía

Debemos notar qué mano actúa como guía porque el hombro de ese lado estará ligeramente adelantado respecto al del otro lado. Cuando estemos aprendiendo, quizá necesitemos echar un rápido vistazo al suelo para comprobarlo.

Mano guía delantera derecha
La trasera derecha y la delantera izquierda acaban de tocar el suelo.

Mano guía delantera derecha
Ahora todo el peso del caballo recae sobre la pata delantera derecha.

En el aire
Durante un breve momento las cuatro patas del caballo están en el aire.

Galope desunido

Cuando un caballo usa una pata delantera como guía y la trasera opuesta en el galope corto, se dice que va retrotado. Es algo que resulta muy incómodo para ambos. En dicha situación, regresaremos al trote y repetiremos las indicaciones para pasar al galope corto.

Galope largo o de carrera

Galopar es muy emocionante tanto para el caballo como para el jinete. No debemos intentarlo hasta que estemos seguros de que somos capaces de controlar el galope corto. Es importante elegir un lugar adecuado para practicar: un prado llano con una ligera pendiente ascendente es ideal, pues es más fácil detenerse cuando se va ascendiendo. No debemos galopar nunca sobre suelos accidentados, ni cerca de otros caballos o ponis; tampoco lo haremos en un sitio cerrado. Debemos disponer de espacio suficiente para maniobrar.

Posición adelantada

Al galopar, debemos adoptar una «posición adelantada». Esto significa que debemos inclinar el cuerpo hacia delante y cargar nuestro peso sobre las rodillas y los pies. Levantaremos el trasero ligeramente de la montura, sin perder el equilibrio. Practicaremos la posición antes con el caballo detenido.

Pedir el galope

Para hacer que el caballo vaya al galope, primero lo llevaremos hasta el galope corto y adoptaremos la posición adelantada. Le pediremos que aumente la velocidad con las piernas y así pasará del galope corto al galope largo. Mantendremos el contacto con las riendas

El galope

El galope es el paso más rápido, de cuatro tiempos, en el que cada pata toca el suelo por separado. Cuando la pata delantera izquierda sea la guía, la secuencia será: trasera derecha, trasera izquierda, delantera derecha y delantera izquierda.

Posición del cuerpo
Cuando estemos en la posición adelantada, mantendremos la cabeza levantada y miraremos hacia donde nos dirigimos

Suspensión
En el galope hay un momento en que las cuatro patas están levantadas del suelo

Reducir la velocidad

A los caballos les encanta galopar y puede que nos resulte difícil detenerlos. Para reducir la velocidad al galope corto, mantendremos el contacto con las piernas y adoptaremos de nuevo la posición erguida. Luego tiraremos de las riendas con suavidad hasta que el caballo responda. De esta forma frenaremos el movimiento.

A toda máquina

El caballo medio alcanza una velocidad de galope de unos 24 km/h. Esta velocidad puede que no parezca muy elevada, pero cuando nos encontremos galopando con el viento silbándonos en los oídos, seguro que no opinamos lo mismo. El pura sangre inglés es el caballo más rápido del mundo. Galopa a unos 50 km/h, pero su récord de velocidad en carrera es de nada menos que 69,2 km/h sobre una distancia de 0,4 km.

Monta western

En la monta western se usan sólo toques muy ligeros para indicar al caballo lo que debe hacer. Una vez que realice nuestras indicaciones, nos limitaremos a estar sentados, sin hacer nada más. No es necesario que el caballo sienta la presión sobre la embocadura, por lo que llevaremos las riendas muy sueltas, salvo a la hora de transmitir indicaciones especiales. Emplearemos la voz como una ayuda más, para decirle que avance a diferentes pasos y para pedirle que se detenga en un momento dado.

Posición de asiento
Hay que sentarse en la parte más honda de la silla, con las orejas, los hombros, las caderas y los talones alineados. Mantener levantadas las puntas de los pies.

Sujetar las riendas
Separamos las riendas introduciendo entre ellas el dedo índice. Las mantenemos por encima del pomo de la montura, y entre el pomo y el cuello del caballo.

Posición de las piernas
Cabalgaremos con las piernas casi estiradas y los estribos bastante bajos, dejando que las piernas cuelguen ligeramente a ambos costados del caballo.

Cómo sentarnos

Debemos sentarnos erguidos sobre la montura, pero en una posición relajada. Apoyaremos la punta de los pies en los estribos. Las manos se llevan más altas que en la monta al estilo inglés, aproximadamente a la altura de los codos. Además, en el estilo de monta western se pueden sujetar las riendas con una sola mano o con las dos, salvo en competiciones.

Giro a la izquierda

Para girar a la izquierda, sujetaremos las riendas con una sola mano. La rienda interior al giro hace que el caballo mire en la dirección adecuada. La rienda exterior ejerce presión sobre su cuello indicándole así que debe desplazarse en esa dirección.

1 Movemos la mano derecha hacia la izquierda, de modo que la rienda izquierda haga girar la cabeza del caballo en la dirección adecuada y la derecha haga presión contra su cuello.

2 Miramos en la dirección en la que deseamos ir. Al mismo tiempo, relajamos la pierna izquierda y empujamos al caballo hacia la izquierda con la pierna derecha.

Giro a la derecha

Para girar a la derecha, la rienda derecha tira de la cabeza del caballo hacia la derecha y la izquierda hace presión contra su cuello indicándole de esta forma la dirección que debe tomar. Relajamos la pierna derecha y empujamos al caballo con la pierna izquierda.

1 La rienda derecha inicia el movimiento y la izquierda hace presión sobre el cuello del caballo.

2 Miramos hacia la derecha y empujamos al caballo en esa misma dirección con la pierna izquierda hasta completar el giro.

Paso, trote corto, alto

Este tipo de monta se basa en un sistema doble: le pedimos al caballo que se mueva hacia delante o que se detenga; para ello usamos la voz, las piernas y, si es necesario, las riendas. En cuanto el caballo obedece se relajan las ayudas; esta relajación es su recompensa. Así, el sistema se basa en pedir y luego dejar libre. Si el caballo adopta un paso más rápido, levantará la cabeza; en ese caso recogeremos un poco las riendas, para que nos obedezca, pero sin tirar de la embocadura.

Al paso
Para pedirle a un caballo que camine al paso hacia delante usando las ayudas al estilo western, haremos un ruido parecido al cloqueo. Si al principio no obedece, repetiremos el ruido y le daremos un ligero golpecito con las dos piernas en los costados.

Trote corto
Es una especie de trote lento. Le pediremos al caballo que trote utilizando el ruido anterior. Si es necesario, reforzaremos la orden con ayuda de las piernas. Acortaremos las riendas ligeramente cuando el caballo levante la cabeza.

Detenerse
Cargaremos el peso en los talones mientras decimos «Soo». Si el caballo no obedece, estiraremos levemente las riendas para hacer presión sobre la embocadura. En caso necesario, repetiremos la indicación con las riendas.

En la ESCUELA

Una vez hayamos aprendido los pasos básicos de la monta y sepamos cómo controlar un caballo por nosotros mismos, pasaremos a realizar una serie de ejercicios en la escuela de monta. Estos ejercicios aumentarán nuestra capacidad de monta y nos convertirán en mejores jinetes.

Una lección en grupo en el picadero
En una lección en grupo hay que mantener la posición adecuada con respecto al caballo que tengamos delante y estar atentos al trabajo que realice nuestro caballo o poni.

Paso hombro por hombro

Mientras montamos en la clase, puede que tengamos que cruzarnos con otro caballo. Lo haremos de forma que nuestro hombro izquiero pase por el hombro izquierdo del otro jinete. Ésta es también la manera aceptada de hacerlo si nos encontramos con otros jinetes en el campo.

La distancia correcta

Cuando cabalgamos en grupo, debemos dejar la distancia equivalente a la longitud de un caballo entre nuestro caballo y el que vaya delante. Acercarnos mucho a un caballo por detrás, podría alterarlo; es posible que nos dé una coz fuerte y que haga daño a nuestro caballo o a nosotros mismos.

Monta en grupo

Montar en grupo puede ser todo un desafío al principio. Hay que tener en cuenta muchos detalles. Hemos de controlar nuestro propio caballo, y, a la vez, estaremos pendientes de lo que están haciendo otros jinetes. También es posible que nuestro caballo se comporte de modo diferente en compañía de otros. Puede mostrarse más excitable, o puede negarse a separarse de los demás caballos. Aprenderemos observando cómo montan los demás y también de nuestra propia monta.

Ejercicios en la escuela

Un buen modo de poner a prueba nuestra habilidad como jinetes es efectuar ejercicios individuales en la escuela de equitación que implican cambios de paso y dirección, como describir círculos y bucles. Hemos de controlar a nuestro caballo o poni, y darle las indicaciones correctas en el momento preciso. La figura del instructor será muy importante, pues nos ayudará si necesitamos consejo.

Ejercicios de monta en parejas

Si en nuestro grupo hay cuatro o más jinetes, podemos realizar ejercicios en parejas. Pondremos a prueba nuestra coordinación y nuestro buen juicio, y nos divertiremos al mismo tiempo. Nos mantendremos a la misma altura en todo momento; esto puede ser difícil si uno de los caballos tiene una zancada más larga que el otro. Podemos recorrer el picadero, describir círculos en direcciones opuestas y emparejarnos de nuevo. Con un poco de práctica lo haremos al trote o al galope corto.

Ejercicio de doma

La mayoría de los picaderos están marcados con letras como un local de doma. Se pueden usar las letras como puntos en los que hay que cambiar de dirección o de paso. Por ejemplo, podemos ir al paso de K a H, trotar hasta F, y así sucesivamente. Para recordar la secuencia de las letras, podemos recurrir a alguna una frase cuyas palabras empiecen por las mismas letras: como «Arrobas y Kilos Están Haciendo Caer Miles de Bolsas de Fruta».

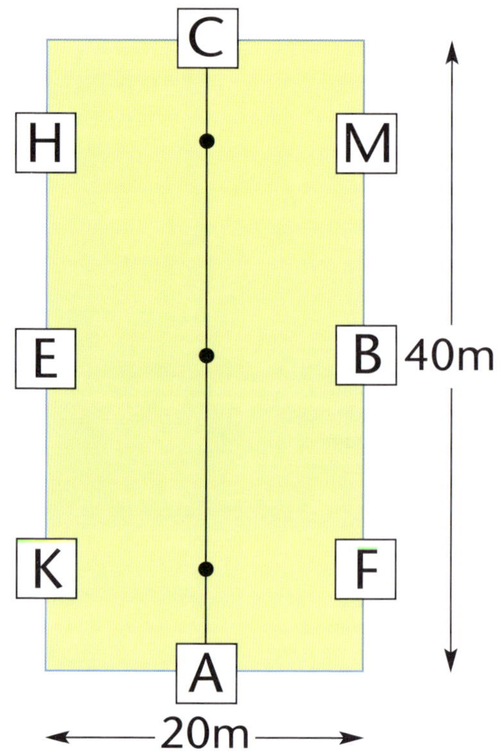

Cambio de paso

Si nos dicen que debemos ir al paso hasta H y luego trotar hasta M, iniciaremos el trote en cuando el hombro de nuestro caballo esté a la altura de la letra. Es todo un desafío: el caballo ha de estar bien equilibrado y obedecer a nuestras ayudas. Tendremos que juzgar exactamente en qué momento aplicarlas y hacerlo con mucha precisión para no confundir al caballo. Deberemos practicar mucho.

Describir figuras

La hilera superior de figuras muestra formas de cambiar la rienda, esto es, de alterar la dirección en la que cabalgamos en torno al picadero. Algunas de las otras figuras también implican cambiar de rienda. El objetivo es describir estas figuras con toda la precisión posible. Por ejemplo, si tenemos que describir un círculo, lo describiremos bien: redondo, no ovalado. Una figura en ocho debe componerse de dos círculos iguales. Los bucles de un serpenteo han de ser del mismo tamaño también.

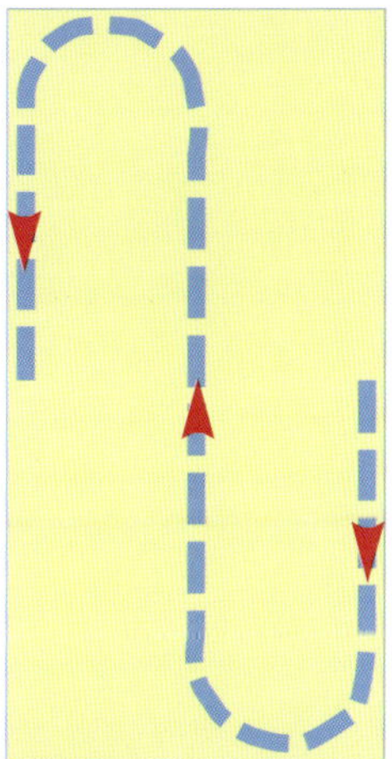

Cabalgar por el centro hacia arriba desde la rienda derecha. Girar a la izquierda para cambiar de rienda.

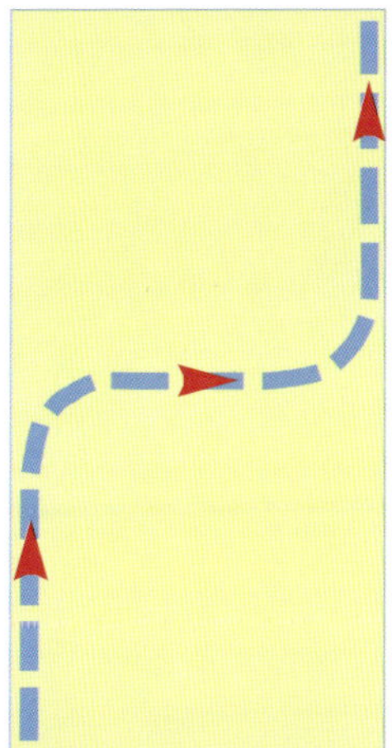

Cruzar por el centro del picadero. Después girar a la izquierda para cambiar de rienda.

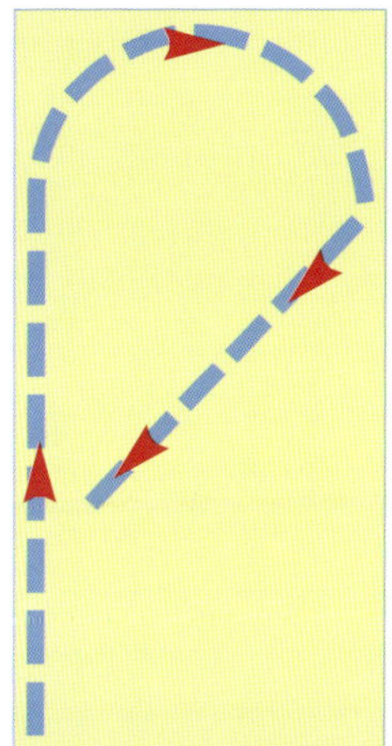

Cruzar describiendo una diagonal corta, por ejemplo, de M a E, o de esquina a esquina.

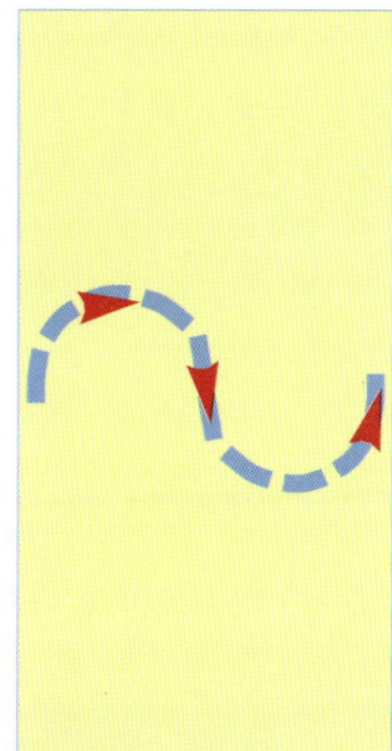

Describir un serpenteo de dos bucles cruzando el centro es otro modo de cambiar de rienda.

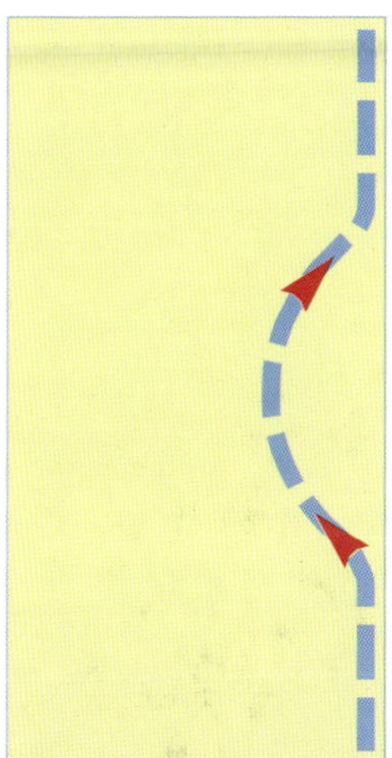

Un bucle de 5 metros es una curva que entra hasta cinco metros hacia el centro del picadero desde uno de los lados.

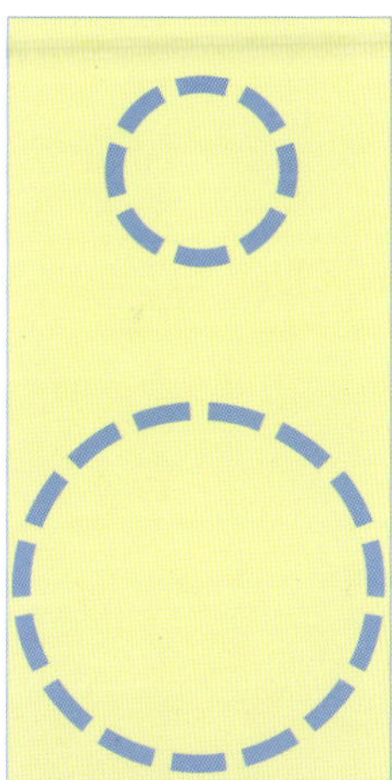

Describir círculos de 10 y 20 metros de diámetro partiendo de diversos puntos.

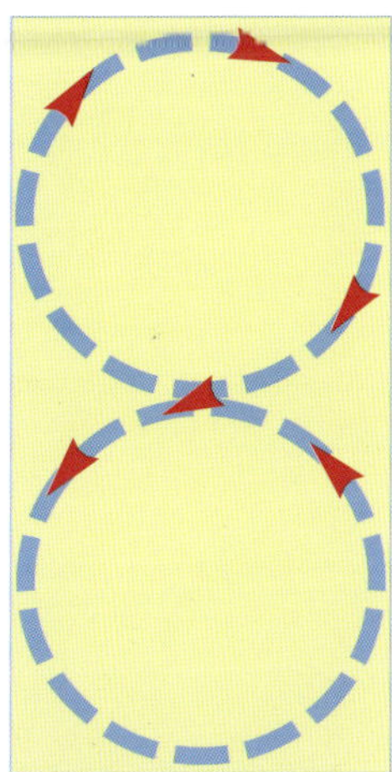

Describir un ocho. Completaremos dos círculos, uno a cada lado del picadero. Implica dos cambios de rienda.

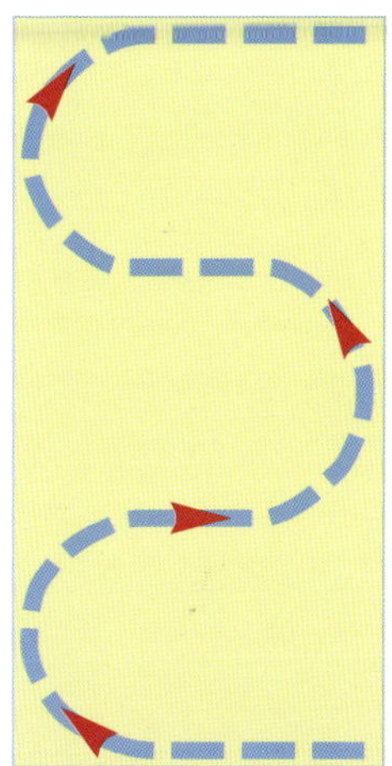

Describir un serpenteo de tres bucles. Acabamos avanzando en la misma dirección en la que comenzamos.

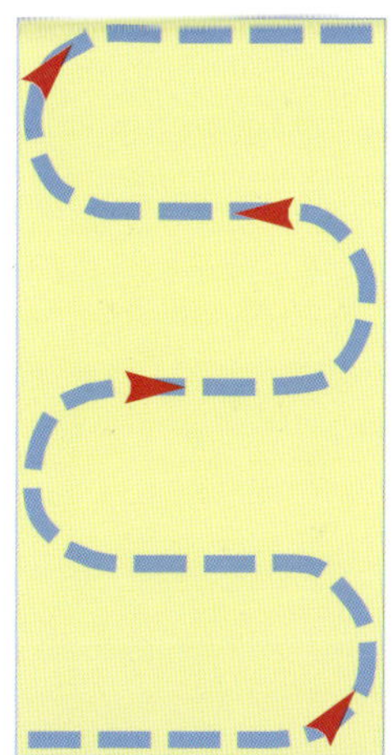

Describir un serpenteo de cuatro bucles. Acabamos moviéndonos en dirección opuesta.

Montar sin estribos ni riendas

Una vez que hayamos tomado algunas lecciones, es posible que nos hagan montar sin estribos. Cabalgar sin estribos es una manera excelente de mejorar nuestro asiento en la montura. Cabalgar sin riendas mejora nuestro equilibrio. Nunca debemos depender de las riendas para mantenerlo.

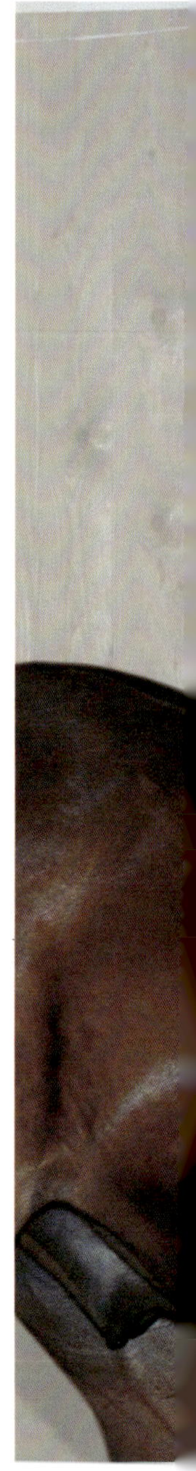

Montar sin estribos

Durante nuestras clases de equitación, es posible que a veces tengamos que montar sin estribos. Para evitar que los estribos se balanceen y den golpes contra los flancos del caballo, los cruzaremos sobre la parte delantera de la silla. La monta puede ser al paso o al trote en grupo, o podemos realizarla por turnos para dar la vuelta al trote, mientras el resto del grupo va al paso.

Al paso en el picadero
Podemos concentrarnos en nuestra posición sobre la montura y usar las ayudas de las piernas para controlar el paso y la dirección del caballo.

Al trote en el picadero
Quizá nos sintamos inseguros al trotar. Si es así, entonces nos asiremos a la parte delantera de la silla con una o dos manos.

Montar sin riendas

Si queremos montar sin riendas, antes deberemos atarlas con un nudo delante de la cruz del caballo para evitar que queden colgando. Cuando montemos así, sin riendas, no tendremos que preocuparnos de dirigir o detener al caballo; aprenderemos a cambiar de dirección usando las piernas.

Sin estribos

Dejamos que nuestras piernas cuelguen a los lados del caballo. Las mantendremos presionadas, con los talones hacia abajo y la punta de los pies levantadas.
Debemos sentarnos de modo estemos bien sujetos a la silla.
Relajaremos la espalda; seguiremos los movimientos del caballo.
Cabalgar así hace trabajar mucho los músculos: puede que tengamos agujetas después.

Agarrarse a la montura

Cuando montemos por primera vez sin estribos, es probable que usemos una mano para agarrarnos a la parte delantera de la montura con una mano y la otra para sujetar las riendas. Puede que el instructor coja las riendas, o una cuerda, y camine a nuestro lado, guiando al caballo, hasta que adquiramos mayor experiencia.

Nos sentaremos con la espalda recta, como si lleváramos estribos

Si sostenemos las dos riendas con una mano, la mantendremos en la posición correcta

El instructor guiará al caballo hasta que nos acostumbremos a estar sin estribos

Sin riendas

Cabalgar sin riendas es una prueba de equilibrio. Un jinete experimentado ha de ser capaz de montar de esta forma.
Usaremos las piernas para indicarle al caballo los giros a izquierda y derecha.
Si perdemos el equilibrio, nos agarraremos a la parte delantera de la montura.
Si nuestro caballo se porta mal, volveremos a cabalgar con las riendas inmediatamente.

Trotar por libre

Una vez adquirida cierta experiencia en la monta sin estribos, nos permitirán montar por nuestra cuenta. Podemos ir al paso, ir a galope corto o incluso saltar sin estribos. Tendremos que utilizar las dos manos para coger las riendas, pero si nos sentimos inseguros podemos apoyar las manos, sin soltar las riendas, en la parte delantera de la montura. Hemos de conservar el contacto con la boca del caballo.

Ejercicios sobre la silla

Realizar ejercicios sobre el caballo es muy divertido. Además, nos ayudará a sentirnos flexibles, y en cuanto tengamos un poco más de práctica, ganaremos confianza como jinetes. Hay que empezar todos los ejercicios sentándonos en posición correcta en la silla (*véanse* págs. 154–155). Es importante que haya alguien con nosotros cuando practiquemos para que sujete al caballo.

Adelante y atrás

Nos sentaremos en la montura con las piernas en posición correcta. Luego nos inclinaremos hacia delante hasta que consigamos tocar la cabeza del caballo, detrás de las orejas, o hasta donde lleguemos. Volveremos a la posición inicial, y desde ahí nos inclinaremos hacia atrás para tocar la grupa, donde empieza la cola del caballo; Giraremos la cintura para hacerlo. Cuando llevemos a cabo esta segunda parte del ejercicio, no tiraremos nunca de la boca del caballo.

La vuelta al mundo

En este ejercicio describimos un círculo completo sin movernos de la montura. Mientras vamos dando la vuelta, mantendremos el equilibrio agarrándonos de la montura.

1 Hacemos un nudo en las riendas sobre la cruz del caballo y sacamos los dos pies de los estribos.

2 Levantamos la pierna derecha y la pasamos sobre el cuello del caballo. Debemos tener cuidado al hacerlo.

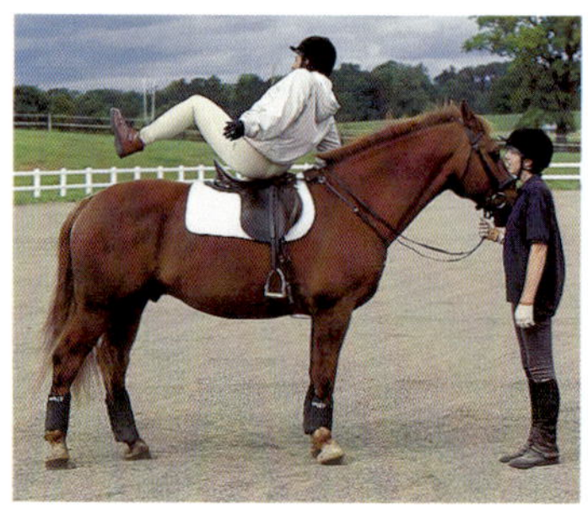

3 Pasamos la pierna izquierda por encima de la grupa. Nos sujetamos a la montura con la mano derecha.

4 Ahora estamos mirando hacia atrás. Nos sentiremos extraños en esa posición, e incluso inseguros.

5 Iniciamos el camino de vuelta girando el cuerpo para pasar la pierna derecha sobre la grupa del caballo.

6 Nos sujetamos a la parte delantera y trasera de la montura al quedar sentados de lado sobre el caballo.

7 Nos preparamos para pasar la pierna izquierda de nuevo al otro lado.

8 Pasamos la pierna sobre la cruz del caballo. Hemos vuelto a la posición inicial.

Ejercicios de brazos

Estiramos los brazos hacia arriba todo lo que podamos. Luego apoyamos las manos en los hombros. Estiramos los brazos hacia los lados, en horizontal, y volvemos a llevar las manos a los hombros. Luego extendemos los brazos hacia delante y empezamos de nuevo.

Estiramiento de las piernas

Nos sentamos sobre la montura y mantenemos los muslos inmóviles. A partir de aquí, balanceamos la pierna izquierda hacia delante todo lo que podamos, partiendo de la rodilla. Repetiremos el ejercicio con la otra pierna. Ahora pondremos las dos piernas en la posición inicial. Primero con una pierna y luego con la otra, dirigimos la punta del pie hacia abajo, todo lo que podamos, y luego hacia arriba. De esta forma realizaremos un estiramiento de los tobillos.

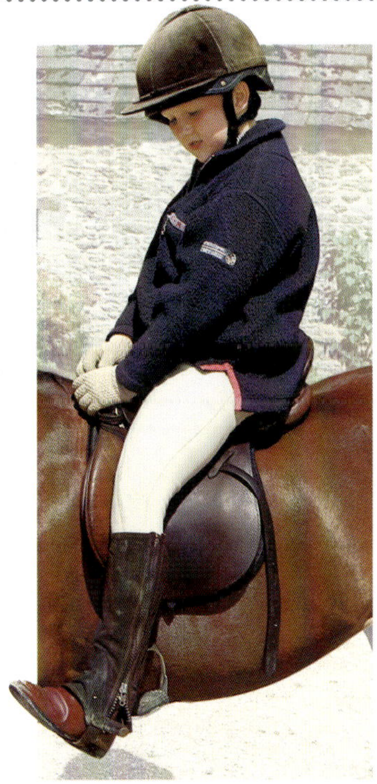

Hacia atrás

Para llevar a cabo este ejercicio, tal vez necesitemos sujetarnos a la parte delantera de la montura. Sin embargo, intentaremos no hacerlo si nos es posible. Consiste en inclinarnos hacia atrás hasta que logremos apoyar la cabeza sobre la grupa del caballo. Mantendremos esta posición unos momentos y volveremos de nuevo a la posición inicial. Con este ejercicio haremos trabajar nuestros músculos abdominales.

Hasta la punta de los pies

Primero levantamos la mano derecha hacia arriba, luego doblamos el cuerpo sobre el lado izquierdo de la montura hasta tocarnos la punta del pie. Nos enderezamos y repetimos el ejercicios con el otro lado: levantamos la mano izquierda, nos inclinamos sobre el lado derecho de la montura y nos tocamos la punta del pie.

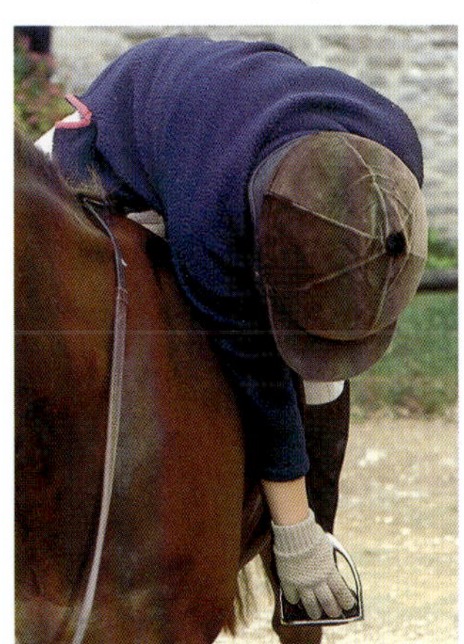

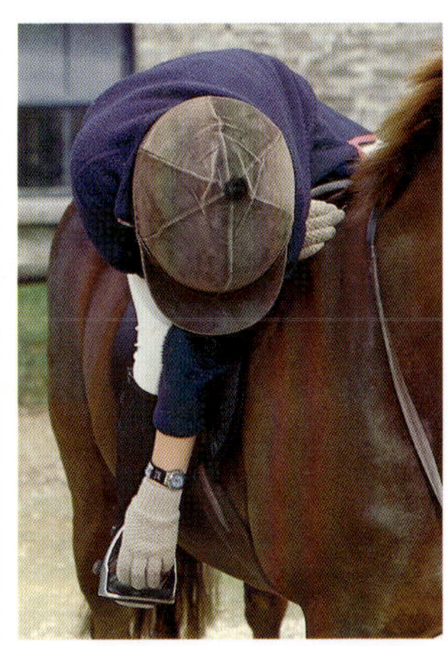

Un paso ADELANTE

Una vez que hayamos aprendido a montar, podremos disfrutar de muchas actividades. Podemos apuntarnos a un club hípico y participar en campamentos. O salir a montar con amigos y participar en exhibiciones y yincanas hípicas.

Señales en la carretera

Cuando vayamos por la carretera, tendremos que señalizar nuestros movimientos a los peatones, ciclistas y conductores; después dejaremos pasar un tiempo antes de realizar el movimiento que habíamos indicado previamente. Sujetaremos las riendas con la mano libre.

Giro a la derecha
Cuando queramos girar a la derecha, antes comprobaremos que no hay ningún vehículo a nuestra espalda. Entonces extenderemos el brazo derecho para indicar el giro. Comprobaremos que podemos girar con seguridad.

Giro a la izquierda
Cuando queramos girar a la izquierda, antes comprobaremos que no hay ningún vehículo a nuestra espalda. Entonces extenderemos el brazo izquierdo para indicar el giro. Comprobaremos que podemos girar con seguridad.

Gracias
Levantaremos una mano para mostrar nuestro agradecimiento a un conductor que reduce la velocidad para facilitarnos las cosas. Si no queremos soltar una mano de las riendas, nos limitaremos a hacerle un gesto amistoso con la cabeza.

Alto
Levantaremos la mano derecha delante del cuerpo cuando queramos indicarle a otro usuario de la carretera que se detenga. No debemos dudar a la hora de pedirle a un conductor que se detenga o que reduzca la velocidad si realmente es necesario.

Seguridad en carretera

Siempre que montemos por la carretera, iremos por el lado correcto y nos mantendremos pegados al arcén. Nunca irán más de dos personas en paralelo, y ni siquiera dos personas si se trata de un camino estrecho; en este caso iremos en línea. Cuando montemos en paralelo, el que se encuentre en la parte interior de un giro debe ser el encargado de realizar la señal correspondiente.

Seguridad en carretera

Debemos aprender las señales de seguridad antes de salir a la carretera. De ser posible, haremos una pequeña prueba previa. Para montar por una carretera, tenemos que ser capaces de controlar a nuestro caballo o poni en todas las situaciones. Evitaremos siempre las carreteras muy transitadas o estrechas, que no tengan arcenes de hierba. Nunca debemos montar por carretera cuando sea de noche o cuando haya niebla.

Cómo pedirle a un conductor que reduzca la velocidad
Extenderemos el brazo exterior hacia un lado y lo moveremos lentamente de arriba abajo. Le daremos las gracias al conductor.

Equipamiento reflectante

No debemos montar en carretera por la noche, y si montamos cuando está anocheciendo utilizaremos siempre ropa reflectante. Podemos adquirir para nosotros cinturones y chalecos reflectantes, y complementos también reflectantes para el caballo y los arreos. En el mercado también hay luces que se sujetan con un clip a los estribos, y llevan una luz blanca delante y una roja atrás.

Chaleco de seguridad
El chaleco de seguridad se coloca por encima de la ropa que llevemos. Puede llevar una banda reflectante en el dorso y otra sobre el pecho, o incluir una advertencia a otros usuarios de la carretera como «Precaución: caballo y jinete», o «Por favor, adelante dejando espacio y reduzca la velocidad».

Salir al campo

Salir a montar por el campo con amigos es divertido. Y si planificamos la ruta con antelación, podemos hacer que la excursión sea más interesante. Podemos aprovechar para pasear por bosques, campos y sierras, recorrer a galope corto una senda para caballos o incluso vadear un arroyo poco profundo. Hay que ser prudentes, así que, antes de salir, debemos avisar de nuestro paseo y de la ruta que vamos a hacer.

Cabalgar a campo abierto

Es muy divertido galopar en un campo amplio. Sin embargo, antes de hacerlo nos aseguraremos de que podemos controlar a nuestro caballo. Es más aconsejable galopar en una pendiente ascendente y mantener una distancia prudente con los demás caballos y ponis.

Cómo abrir y cerrar cancelas

Puede que un día salgamos a montar a caballo por el campo y nos topemos con una cancela. Ésta debería tener un cierre que podamos abrir desde la montura, sin bajarnos del caballo. Una vez abierta y cruzada la cancela, la cerraremos sin desmontar. Antes de intentar hacerlo en el exterior, lo practicaremos en el picadero.

1 Nos acercamos hasta la cancela y nos situamos en paralelo para que podamos alcanzar el cierre.

2 Nos inclinamos hacia delante para soltar el cierre. Hay que mantener al caballo inmóvil sujetando las riendas en la otra mano.

3 Abriremos el portón y lo mantendremos sujeto mientras lo cruzamos. No debemos permitir que se cierre antes de tiempo.

4 Una vez atravesada la entrada, giraremos al caballo para cerrar el portón de nuevo. Comprobaremos que queda bien cerrado.

La monta en caminos de herradura

En algunas zonas dispondremos de caminos de herradura –pistas en las que se permite el paso de caballos y ponis– durante parte o la totalidad de la salida. Cuando cabalguemos por este tipo de senderos, debemos seguir los indicadores y no alejarnos de ellos si atraviesan un prado. Hay que tener cuidado con los animales de granja y nos aseguraremos de que los portones que atravesemos quedan cerrados y bien asegurados.

Cruzarnos con otros animales

Es posible que pasemos ante un campo en el que haya otros animales, como caballos o vacas. Si se acercan y asustan a nuestro caballo, intentaremos que se tranquilice. Llevaremos las riendas cortas y utilizaremos las piernas con fuerza para cruzar por delante de ellos.

Cruzar un arroyo

Sólo cruzaremos un arroyo si estamos seguros de que no tiene mucha profundidad. Muchos caballos y ponis se ponen muy nerviosos con el agua, a menos que sepan que bajo ella hay tierra firme. Así, dejaremos que nuestro caballo se tome su tiempo. Después lo impulsaremos hacia delante con firmeza con ayuda de las piernas y el trasero.

La primera lección de salto

Aproximación
La aproximación es fundamental en el salto. Hemos de impulsar con firmeza al caballo hacia delante usando las piernas.

Aprender a saltar es algo muy emocionante. Hay mucho que aprender, pero si practicamos el trote sobre palos y el salto sobre pequeñas vallas, con el tiempo las vallas altas no serán un problema. Antes de iniciar el salto, el caballo ha de llevar un buen impulso; además, nosotros deberemos seguir sus movimientos durante el mismo.

Posición adelantada

Tanto para saltar como para galopar hemos de adoptar una posición adelantada. Antes de saltar, acortaremos los estribos. Nos levantaremos del todo de la montura y nos inclinaremos hacia delante. De este modo, cargaremos el peso sobre las rodillas y sobre los pies.

Barras en el suelo

En las primeras lecciones de salto, tanto para caballos como para jinetes inexpertos, suele llevarse a cabo un ejercicio con pértigas dispuestas en el suelo. El animal deberá caminar y trotar sobre ellas. En un primer momento, el instructor será el que guíe al caballo por encima de las barras.

La posición de galope

La posición adelantada se utiliza también al galopar para que el peso sobre el caballo sea menor. Entonces, antes de galopar, acortaremos las riendas, mantendremos las rodillas apretadas y los talones bien bajos. Si levantamos los talones, perderemos el equilibrio.

1 Cuando nos acerquemos a los palos, acortaremos un poco las riendas y adoptaremos la posición hacia delante. Usaremos las piernas para que el caballo avance. Mantendremos los talones bajos y la cabeza alta; miraremos hacia adelante.

2 El caballo levantará las patas para trotar sobre las barras. Debe moverse de forma suave y uniforme, sin saltar sobre ellas. Iremos a trote levantado cuando vayamos sobre los palos.

Mantendremos las piernas en contacto con los flancos y los talones bien bajos durante el salto. Debemos sentir las riendas, pero no tirar de ellas.

Inicio del salto
Cuando las patas del caballo lo impulsen hacia arriba, nos inclinaremos hacia adelante para seguir su movimiento. Dejaremos que las manos sigan el movimiento de su cabeza.

Prácticas de trote sobre barras

Trotar sobre barras es un buen ejercicio para un caballo. Colocaremos tres o cuatro barras en el suelo: las dispondremos en paralelo y con una distancia de 1–1,3 m entre las barras, según el tamaño del caballo. El espacio entre barras es el correcto cuando la pata trasera pisa el espacio que queda entre las barras.

1 En primer lugar cruzaremos sobre los palos al paso. Nos acercaremos a las barras desde las dos direcciones. Debemos adoptar la posición adelantada al caminar sobre los palos.

2 Cuando hagamos el ejercicio de las barras al paso y estemos satisfechos, trotaremos un poco por el picadero y, al hacerlo, incluiremos las barras en dicho recorrido. Hay que mantener un buen ritmo durante el trote y mirar hacia delante, no hacia los palos.

Nuestro primer salto

Después de practicar con las barras, aprenderemos a salvar nuestro primer obstáculo. No será muy alto. Los palos cruzados incitan al caballo a saltar sobre el centro, donde el obstáculo es más bajo. Los aleros situados a ambos lados de un obstáculo ayudan a impedir que el animal lo rehúya y se aleje de él. En competición, esto cuenta como una repulsa.

Toma de tierra
Cuando el animal vuelve a tocar el suelo, mantendremos la posición adelantada y cuidaremos de no tirarle de la boca.

Secuencia de un salto

Todo salto puede dividirse en cuatro partes: la aproximación, el inicio, el vuelo y, por último, el aterrizaje. Es posible realizar la aproximación al trote o a galope corto –ambos han de ser equilibrados y rítmicos–. En el inicio es muy importante la distancia para que el caballo pueda salvar el obstáculo. Una vez que haya aterrizado, no hay que dudar, sino dirigirlo directamente hacia la siguiente valla.

Aumentar la dificultad

Una vez que nos sintamos confiados al saltar sobre una valla baja, podemos probar con algo un poco más ambicioso. Mantener las vallas bastante bajas, pero ensanchándolas, es una buena forma de progresar. El caballo tendrá que estirarse más al hacer el salto para librarlas.

Saltos de primera categoría

Para saltar vallas tan grandes como la que vemos en la imagen de la derecha, el caballo ha de estirar la cabeza y el cuello al máximo. Sólo unos pocos caballos y jinetes alcanzan este nivel. En la imagen vemos a Sheila Burke sobre *Genius 79* en Estados Unidos, en 1998.

Un poco más arriba

Si queremos tener éxito en una exhibición de saltos, deberemos dedicar mucho tiempo a adiestrar a nuestro caballo. Hay que entrenar en suelo llano y practicar el salto de vallas. El trabajo en llano es importante porque para saltar bien nuestro caballo ha de ser flexible y obediente; debe atender nuestras órdenes para que no se apresure cuando se acerque a las vallas o para evitar que inicie el salto en el momento inadecuado. Al saltar, ya sea en un entrenamiento o en la pista de exhibición, deberemos impulsar al caballo o al poni hacia delante con el trasero y las piernas, para que sepa con seguridad qué queremos de él.

Observar la zancada

Intentaremos juzgar cuántas zancadas necesita nuestro caballo para iniciar el salto. En esto consiste «ver la zancada». Si el animal se acerca demasiado a la valla, no podrá saltarla. Y si salta demasiado pronto, es muy posible que derribe uno de los palos con las patas traseras.

Salto de agua

Maria Gretzer (imagen superior) salta una ría con *Feliciano*, en Hickstead, Inglaterra, en 1999. Una ría es una especie de piscina pequeña con una valla baja en el lado donde se inicia el salto. El caballo tiene que estirarse para saltar el obstáculo sin pisar el agua.

Combinación doble

Combinación de cuatro vallas

Combinación

Dos o más vallas con un espacio reducido entre ellas cuentan como un único obstáculo, y se llama combinación. Si un caballo rehúsa el salto en alguna de sus partes, deberá saltarlas todas de nuevo. El número de zancadas que un caballo dé entre las vallas de una combinación puede variar.

Aprendizaje de pasos

Una vez que hayamos aprendido a controlar a nuestro caballo y sintamos confianza al realizar los ejercicios básicos en la escuela, podremos pasar a fases más avanzadas. Y aunque no pensemos participar en competiciones, acudir a una buena escuela de doma y equitación hará que nos comuniquemos mejor con nuestro caballo o poni, y que le saquemos el máximo partido.

Cómo controlarlo

Debemos conseguir que nuestro caballo o poni adopte una buena figura cuando lo montemos. El caballo deberá llevar la cabeza alta, la boca por debajo de la altura de nuestras manos. Si el caballo adopta esta posición, lograremos el máximo control sobre él son sólo suaves toques de rienda.

Detenerse correctamente

Si un jinete practica mucho, puede aprender a cuadrar a su caballo, es decir, a que se detenga con las patas traseras y delanteras bien alineadas, en paralelo. Ha de permanecer en equilibrio durante todo momento.

«La pirueta inversa»

El caballo mantiene estacionada una de sus patas delanteras mientras sus patas traseras giran a su alrededor. Si giramos hacia la derecha, tensaremos la rienda derecha, utilizaremos la izquierda a modo de apoyo y presionaremos con la pierna izquierda.

«Espalda adentro»
El caballo camina un poco de lado. Las patas delanteras realizan un movimiento interior alrededor de la pierna interior del jinete. El caballo cruza las patas delanteras al desplazarse, pero las traseras se mueven hacia delante.

Movimientos laterales

Lateral significa «de lado». En estos ejercicios, el cuerpo del caballo forma una curva, es decir, sus patas delanteras se mueven siguiendo un recorrido diferente del de sus patas traseras. Por este motivo, el trabajo lateral también es conocido como «de dos pistas». Hay diferentes ejercicios laterales.

«Grupa adentro»
Las patas traseras del caballo siguen un recorrido interior. Lleva el cuerpo curvado hacia el exterior.

«Cesión a la pierna»
En este ejercicio el caballo se mueve hacia adelante y lateralmente. Su cuerpo permanece recto.

Monta a la amazona

En la monta a la amazona, la jineta mira al frente con la pierna derecha plegada sobre un pomo largo y curvo, llamado «corneta fija». La pierna izquierda reposa bajo una corneta inferior llamada «corneta de salto». Lleva sólo un estribo. La silla va sujeta por una cincha y un correaje de equilibrio. Los caballos que llevan este tipo de sillas reciben un entrenamiento especial. En el lado derecho se coloca la fusta, en vez de la pierna del jinete.

Contragalope

Los caballos y ponis usan la pata interior como guía en el galope corto, excepto en un movimiento que se llama contragalope, en el que han de utilizar la pata exterior como guía. Es un paso difícil de ejecutar y el caballo ha de estar bien equilibrado.

Monta avanzada

Si presenciamos un espectáculo de doma de primera línea, el caballo parece realizar movimientos perfectos sin esfuerzo alguno, sin que las ayudas e indicaciones del jinete resulten visibles. Tendrá que transcurrir mucho tiempo antes de que podamos ejecutar pasos y movimientos de doma avanzada correctamente. Sin embargo, conviene recordar que ni siquiera los mejores jinetes nacieron siendo campeones. Han debido trabajar dura y pacientemente durante años.

El arte de la monta

Escuela española

En el arte de la doma clásica destacan la Escuela Española de Equitación, en Viena, y el Cadre Noir de Saumur, en Francia. Los jinetes de estas escuelas llevan a cabo pasos complicados basados en los movimientos naturales del caballo. El caballo de la imagen está ejecutando una levantada o *levade*, poniéndose de manos de forma controlada.

Giro sobre las ancas

En esta secuencia de imágenes, el caballo mantiene inmóvil una de las patas traseras y, sin moverla, gira a su alrededor con el resto del cuerpo. Utiliza sus otras patas en la misma secuencia que cuando avanza.

Recogida y extensión

«Recoger» significa acortar el paso del caballo. Su paso será más corto y elevado, y el ritmo más lento. La «extensión» es lo contrario: el caballo estira la cabeza y el cuello, y sus pasos son más largos y más bajos, por lo que su velocidad es mayor.

Del paso recogido al extendido
En la secuencia de la derecha, el caballo efectúa una transición del paso recogido al paso más extendido, pasando antes por otros pasos intermedios. De esta manera, el caballo va alargando el paso y estirando el cuello de forma gradual.

Paso recogido

Trote recogido
El caballo de la imagen derecha se desplaza a un paso recogido, pero con energía. Lleva la cabeza y el cuello altos y los cuartos traseros parecen descender.

Trote extendido
En la imagen izquierda, el caballo se mueve más deprisa, con largas zancadas. Por tanto, está llevando a cabo el trote extendido.

Este caballo ha cambiado de manos en el aire y ahora usa la pata delantera derecha como guía.

Cambio de pie en el aire

Si un caballo cambia de mano guía durante un galope corto mientras sus patas están levantadas del suelo, se dice que ha realizdo un «cambio en el aire». Es un movimiento muy difícil de realizar. Un jinete con mucha experiencia puede ejecutar este cambio con cada tranco.

«Apoyar»

Se trata de un movimiento lateral en el que el caballo se mueve hacia delante y lateralmente a la vez. El caballo cruza sus patas exteriores por delante de las patas interiores, girando su cabeza en la dirección hacia la que se mueve. El caballo que vemos en la imagen derecha se está desplazando hacia la izquierda.

Paso recogido/medio

Paso medio

Paso extendido

Paso libre con rienda larga

Galope corto recogido
Se trata de un paso lento y balanceante. El caballo debe estar suelto y muy relajado. El jinete se asentará bien en la silla y seguirá el movimiento.

Galope corto extendido
El caballo extiende el cuello y alarga los pasos para cubrir toda la distancia posible. Los centros de gravedad, tanto del caballo como del jinete, se desplazan hacia delante.

Participar en COMPETICIONES

Es posible que disfrutemos simplemente con montar nuestro caballo por el campo, pero si, además, queremos competir, hay muchas actividades en las que podemos participar. Puede que nos apetezca apuntarnos a un club hípico o salir en cabalgatas patrocinadas. También podemos participar en competiciones de exhibición, salto o yincanas, en eventos locales, y tal vez queramos probar con la doma o con las pruebas de caza.

Centros hípicos
Los centros o clubs hípicos organizan todo tipo de eventos y festejos. Así, si nos hacemos miembros podremos participar en ellos y también estar al tanto de otras actividades ecuestres que se organicen por la zona.

Raid

Es una disciplina hípica en la que se mide tanto la velocidad como la resistencia. Para participar, tanto el jinete como el caballo tienen que estar en muy buena forma. Es posible que en esa actividad se cubran hasta 80 km al día. Los caballos árabes destacan en este tipo de monta, pues tienen mucha resistencia.

Volteo o *vaulting*

Consiste en realizar ejercicios gimnásticos a caballo. Es una actividad que requiere una enorme habilidad atlética, además de hípica. Podemos participar individualmente o en equipo, realizando saltos y equilibrios sobre el caballo, guiado con un ronzal.

Preparación para una prueba

Trenzado de la crin

1 Primero humedecemos la crin. Empezaremos por la parte alta del caballo y la dividiremos en mechones iguales. Aseguramos cada mechón con una goma elástica.

2 Trenzamos cada mechón, con una trenza bien apretada, y las aseguramos con una goma elástica. Luego enhebramos una aguja con un hilo de algodón que combine con el color de la crin.

3 Hacemos un nudo amplio en el extremo del hilo y lo pasamos a través del extremo de una de las trenzas. Luego hacemos un bucle con ésta y la cosemos con firmeza a la base.

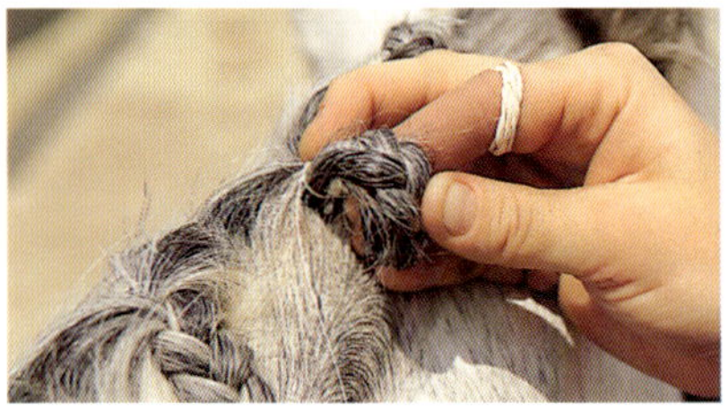

4 Plegamos de nuevo la trenza y la volvemos a coser. Acabamos con un nudo en la parte inferior de la base y cortamos el hilo.

Los preparativos para una exhibición son muy divertidos, pero también conllevan mucho trabajo y tiempo si queremos que todo salga bien. Puede que tengamos que darle un baño a nuestro caballo; pero si hace mucho frío, lo cepillaremos y lo acicalaremos a fondo. También podemos ponerle grasa en los cascos y asegurarnos de que sus arreos estén limpios para que su aspecto sea óptimo.

¿Usamos gomas o cosemos?
Podemos asegurar las trenzas de nuestro caballo con gomas elásticas, pero si pensamos participar en una exhibición o en una competencia de doma, tendremos que coserlas

Cómo sacarle el máximo partido a nuestro caballo

Marcas de cuartos

Realizar marcas sobre la grupa del caballo. Para ello, solamente debemos humedecer la piel y luego cepillarla desde diferentes ángulos. También podemos usar plantillas especiales para hacer cuadrados o rombos. Usaremos laca para el pelo para que las marcas duren más tiempo.

Recortar los mechones y los cabellos más gruesos de la barbada del caballo. **Hacer coletas** y marcas blancas usando tiza y frotándola para que se asiente. **Engrasar los cascos** cuando estén bien limpios para que tengan un aspecto elegante.

Peinando la crin

Peinar bien las crines antes de trenzarlas. Usaremos un peine especial para separar los mechones, empezando por su parte interior y peinando luego hacia las puntas.

Peluquería
Si al acabar quedan algunos mechones sueltos en las trenzas, les aplicaremos un poco de gel para el pelo.

Recorte
Recortaremos con cuidado los pelos más largos de las orejas, pero sólo los que sobresalgan.

Aceite para bebés
Podemos extender un poco de aceite para bebés o vaselina en torno al morro de un caballo de piel oscura para que tenga un aspecto limpio y reluciente.

Trenzado del flequillo o tupé

Humedecemos el flequillo y lo trenzamos igual que la crin; lo coseremos y lo aseguraremos con una goma. Para que la trenza se eleve por el frente, cruzaremos los mechones por debajo al trenzarlos, en lugar de hacerlo por la parte superior.

Trenzado de la cola

Para que una cola no recortada tenga un aspecto más pulcro, trenzaremos los cabellos más largos de cada lado del maslo con los del centro. Iremos tomando más crines de los costados según avancemos a lo largo de la cola. Aseguramos el extremo, lo plegamos por debajo y lo cosemos.

Consejos para el trenzado

El número de trenzas que un caballo debe llevar a lo largo de su cuello debe ser impar, incluyendo las del flequillo. Dependiendo de su tamaño, puede llevar siete, nueve u once trenzas en el cuello. Un elevado número de trenzas hace que un cuello corto parezca más largo. Si se nos da bien el trenzado, podemos hacer que las trenzas queden en vertical o de plano, para que el cuello parezca más ancho o más estrecho, respectivamente.

El desplazamiento

Competir en una exhibición es una actividad muy divertida. Es emocionante montar en la pista con nuestra mejor ropa e intentar hacerlo lo mejor posible. Cuando finalice una prueba y antes de que empiece la siguiente, dejaremos que nuestro caballo descanse a la sombra. Le daremos de beber y algo de heno o pienso. Es estupendo ganar una escarapela, pero no le echaremos la culpa a nuestro caballo ni nos enfadaremos si no lo conseguimos. Siempre habrá otra ocasión de hacerlo.

Descenso hacia atrás
Si nuestro caballo ha de salir de espaldas de su remolque, nos pondremos en pie ante él y le empujaremos suavemente hacia atrás. Debemos pedirle a alguien que se coloque junto a la rampa para guiarlo.

Descenso con seguridad

Hay que desatar al caballo antes de quitar la barra o la correa del remolque. Si es posible, lo haremos bajar por delante. Debemos hacer que baje despacio, pues algunas rampas resbalan y son empinadas, y puede hacerse daño si baja deprisa. Si sospechamos que puede saltar por los lados de la rampa, les pediremos a dos personas que se pongan uno a cada lado de la misma.

Descenso hacia adelante
Siempre es mejor sacar al caballo o al poni por delante, así que aprovecharmos esta ventaja si el tráiler o remolque que usemos tiene rampa delantera. Hay que intentar que el caballo baje despacio.

Lo primero es lo primero
Amarraremos al caballo o le pediremos a alguien que lo sujete mientras le quitamos las botas. Lo examinaremos de la cabeza a los pies para comprobar que está perfectamente después del viaje.

Listo para saltar
Si vamos a participar en un concurso de saltos, hemos de llevar un protector del cuerpo que se ajuste a los estándares de seguridad

Listos para la exhibición
Iremos tan elegantes como podamos para una prueba de exhibición. Hacerlo nos dará confianza

Una espera segura

Dejaremos a nuestro caballo o poni atado a un remolque sólo si estamos seguros de que no se va a poner nervioso. Ataremos su ronzal a un trozo de cordel para que pueda romperlo si se pone demasiado nervioso. Lo más probable es que nos espere si colgamos un poco de heno para que se entretenga con él.

El secretario

Cuando lleguemos al terreno de pruebas, nos presentaremos en la tienda o remolque del secretario del evento. Allí podremos recoger nuestro número y apuntarnos en las distintas clases, si es que aún no lo hemos hecho. También allí nos darán los resultados de las diferentes clases. El secretario los exhibirá sobre unos tablones de anuncios.

Compartir un caballo o poni

Si decidimos compartir un caballo con un conocido, acordaremos con antelación en qué clases participaremos. Es divertido observarnos el uno al otro y ayudarnos en los preparativos. No obstante, trataremos de no exigirle demasiado a nuestro caballo o lo agotaremos.

Diversión y juegos

En las yincanas y exhibiciones hay muchos juegos y carreras en los que podemos participar. Algunos son para equipos y otros son individuales. Para tener éxito en estos juegos, hay que ser muy hábil y, además, hay que ser capaz de pensar y actuar con rapidez. Además, es importante que nuestro caballo sea obediente y veloz. Si pertenecemos a un club, podemos convertirnos en miembros de su equipo y competir por todo el país.

Relevos con banderín
Es un juego en equipo. Consiste en galopar hasta un banderín, inclinarse sobre él y recogerlo, y a continuación regresar al galope y entregárselo al siguiente miembro de nuestro equipo.

Consejos útiles

Hay que tener buenos reflejos y estar en buena forma para obtener buenos resultados en juegos a caballo.
Nuestro poni o caballo ha de ser rápido, ágil y, por encima de todo, obediente. No sirve de nada pedirle que galope si no somos capaces de detenerlo o hacerlo girar.

Carreras de bidones
Un caballo capaz de galopar y girar con rapidez sin perder el equilibrio es lo mejor para participar en esta carrera alrededor de bidones.

La práctica hace al maestro

Sea cual sea el juego en el que participemos, lo importante es practicar. Así, debemos enseñar a nuestro caballo a que obedezca siempre todas nuestras órdenes; este hecho marcará la diferencia en los resultados de las pruebas. Practicaremos los cambios de aire: del paso al galope corto y después al galope largo. Comprobaremos la rapidez con la que podemos montar y desmontar, y aprenderemos a hacer ambas cosas de un salto. También podemos habituarnos a inclinarnos sobre la montura para recoger objetos.

Vaulting

Consiste en montar a lomos de un caballo mientras el animal está corriendo. ¡Será mucho más sencillo si el caballo es pequeño y si nosotros tenemos las piernas muy largas! Tendremos que correr a su lado y saltar sobre él.

El huevo y la cuchara
Para esto hace falta una mano firme. Pese a que los huevos no son de verdad, hay que mantenerlos en la cuchara.

Carrera de neumáticos
Esta carrera consiste en saltar del caballo, pasar por dentro de un neumático y, a continuación, montar de nuevo.

Hacer una torre
Sin bajarse del caballo, el jinete debe inclinarse para amontonar recipientes de plástico sin perder el equilibrio.

Carrera de patatas
Hay que recoger una patata, correr a toda velocidad a lo largo de todo el campo y meterla en un cubo.

MPC

Modalidades de salto

Los saltos son un deporte hípico muy popular. Todas las pruebas tienen un límite de tiempo, y algunas son a contrarreloj, es decir, resulta vencedor el que realice el recorrido sin penalizaciones y en el menor tiempo. Los jueces penalizan a los jinetes si derriban alguna valla, si la rodean y también cuando el caballo se niega a saltar. Además, tres negativas o un recorrido equivocado llevan a la eliminación. Si más de una persona consigue una ronda sin penalizaciones, habrá un desempate para decidir quién es el ganador.

Un paseo por la pista

Antes de que comience una clase de saltos, todos los competidores tienen la oportunidad de recorrer la pista a pie. De esta forma, pueden conocer la ruta que deberán recorrer después y memorizarla. Los jinetes pueden también observar los saltos, los obstáculos, y calcular cuántos trancos necesitará dar el caballo entre un obstáculo y otro en las pruebas combinadas.

En la pista de reunión

En este tipo de competiciones hay siempre un lugar para practicar, normalmente con uno o dos obstáculos. Allí podemos calentar a nuestro caballo o poni antes de empezar una prueba. Una vez iniciada la competición, tendremos que esperar cerca de la entrada a que le llegue el turno a nuestro número.

Barras triples
Tres barras que forma un obstáculo ancho

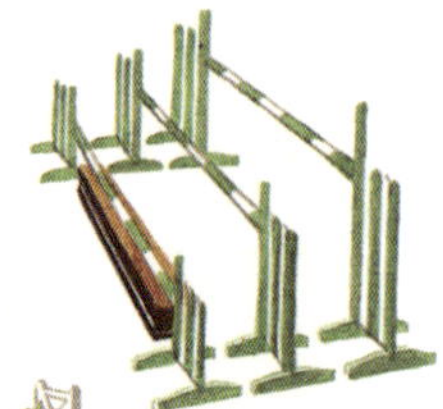

Seto y barras
Un obstáculo ancho con el centro más elevado

Valla
Una valla alta y vertical

Muro
Compuesto de «ladrillos» que se desprenden con facilidad

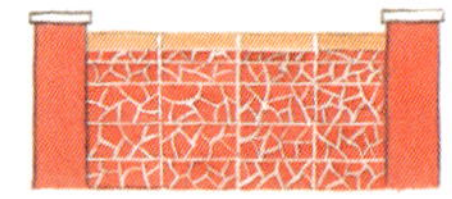

Muro y vertical
Una parte maciza debajo de las barras

Vertical
Barras dispuestas en vertical.

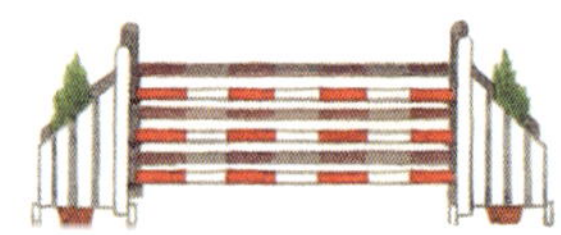

Doble barra
con seto. Dos barreras con un seto en medio

Triple
La barra más alta está en el centro

Tipos de salto

Los saltos se clasifican en categorías: verticales, fondos, combinaciones o salto de agua. Las verticales, al ser varias barras en vertical, son difíciles de saltar. También son difíciles los fondos, pues son varias barras, con espacio entre ellas, y además, pueden tener distinta altura. Las combinaciones son varios saltos juntos, y requieren una valoración adecuada por parte del caballo y el jinete. Para saltar el agua, los animales deben estirarse al máximo.

Anticiparse

Durante toda la ronda, es importante mantener una posición correcta sobre la montura. Hay que impulsar al caballo con confianza al saltar, sin perder de vista la siguiente valla.

Ahorrar tiempo

Es importante memorizar el recorrido antes de entrar en la pista. Así, al acabar cada salto, podremos pensar en el siguiente. En las pruebas a contrarreloj, es posible ahorrar unos preciosos segundos recorriendo el camino el camino más corto entre las vallas.

Ronda sin penalizaciones

No correr a lo loco sobre la pista; nuestro caballo perderá su equilibrio y derribará vallas.
Conducirlo con firmeza hacia cada valla. Si nota que dudamos, es probable que se niegue a saltarla.
Si tenemos la sensación de que va a rehusar, un toque con la fusta detrás de la cincha puede servir de ayuda.
No hay que castigar al caballo si derriba una valla, nos limitaremos a buscar una mejor aproximación la siguiente vez.

Pruebas de doma y exhibición

Para poder competir en pistas de exhibición y doma es necesario contar con un caballo o un poni bien adiestrado. Tanto el jinete como el caballo deben estar muy limpios y presentables. En la pista de exhibición, se tienen en cuenta la conformación del caballo (forma y proporciones), sus pasos y su comportamiento. Tendremos que cabalgar al paso y al trote, y al galope corto con las dos riendas; y a veces tendremos que hacer una exhibición individual.

Exhibición de la mano

Cuando estemos alineados en la pista, se nos pedirá que le quitemos la silla a nuestro caballo para que el juez lo pueda inspeccionar. A continuación, tendremos que hacerle andar al paso y al trote, de la mano, para que el juez pueda comprobar que se mueve de forma correcta.

Pase individual

La exhibición o pase individual es la oportunidad de exhibir las habilidades de nuestro caballo. La mayoría de los jinetes describe círculos al trote y galope corto sobre ambas riendas, o combina ambos para formar la figura de un ocho. Tendremos un tiempo para este pase; al final del mismo, cuadramos al caballo.

Antes de la prueba

Antes de realizar una prueba de doma, hay que trabajar con el caballo a fondo para que se serene y dé lo mejor de sí. Algunos caballos necesitan más trabajo que otros, por lo que nos tomaremos todo el tiempo que sea necesario.

La prueba

Es muy importante estar concentrados y mantener la calma al cabalgar sobre la pista de doma. Los jueces que valoran el ejercicio escriben sus comentarios en una hoja de puntuación, que es un indicador útil de nuestros puntos fuertes y también de nuestras debilidades.

Pistas y consejos de doma

Comprobar que nuestra ropa y los arreos están a la altura de los requerimientos de la competición.

Nos aseguraremos de que tanto nosotros como nuestro caballo estamos perfectamente limpios y atildados. La primera impresión que demos será la más importante de todas.

Pedirle a alguien que nos anuncie cada parte de la prueba mientras practicamos.

Inventarse claves que nos ayuden a memorizar el resto.

Practicar hasta que logremos satisfacer las exigencias de la prueba a la perfección.

Aspirar a lo más alto

Algunos jinetes y sus caballos se especializan en la doma. En la imagen de la izquierda vemos a Isabell Perth y *Nissan Gigolo* realizando un trote extendido en los Juegos Ecuestres del Mundo de 1998. Detrás de las pruebas que realizan los caballos y jinetes de primera fila hay años de entrenamiento.

Seto

Trampolín

Tronco

Neumáticos

Vallas con barras

Cross-country

El *cross-country* es una carrera de obstáculos campo a través donde se mide tanto la velocidad como la resistencia. El recorrido estará lleno de vallas con largos espacios entre ellas. Tanto nosotros como nuestro caballo o poni hemos de ser fuertes y valientes. Perderemos puntos por cada error que cometamos a lo largo del recorrido, como, por ejemplo, no saltar, hacerlo por el lado equivocado de un obstáculo, no seguir el camino correcto, caer al suelo o superar el límite de tiempo. Las vallas tienen banderolas rojas y blancas. Hay que saltar entre ellas, con la roja a nuestra derecha y la blanca a la izquierda. Es posible que tengamos la opción de elegir entre una ruta más fácil y lenta, o una más rápida pero más difícil.

Pruebas de caza (*Hunter trials*)

Las competiciones de salto campo a través reciben el nombre de pruebas de caza. Los recorridos nos llevan frecuentemente a través de campos y bosques, y quizá tengamos que abrir y cerrar algún portón. Hay pruebas para caballos y para ponis. Normalmente se establece un tiempo límite para finalizar una sección determinada o la totalidad del recorrido.

Tipos de vallas

Las vallas para los recorridos de *cross-country* intentan imitar a los obstáculos que se encuentran al cabalgar por el campo, como, por ejemplo, setos, cercados, troncos, muros, zanjas, terraplenes y agua. Estas vallas, sean del tipo que sean, son sólidas y no ceden si chocamos contra ellas. Pueden estar dispuestas para que tengamos que saltarlas al subir pendientes, o al bajarlas.

Pasear por el recorrido

Está permitido recorrer a pie el recorrido antes de hacerlo a caballo. De esta forma podremos examinar las vallas y estudiar el mejor modo de salvar los obstáculos. Comprobaremos el suelo de la zona de aproximación y de caída, y trataremos de fijarnos en todo aquello que pudiera sobresaltar a nuestro caballo o poni para que no nos pille desprevenidos.

Concursos hípicos

En un concurso hípico hay que llevar a cabo ejercicios de doma, recorridos campo a través y salto de obstáculos. Son la prueba suprema para el caballo y el jinete. Para las pruebas de doma hacen falta precisión y entrenamiento; resistencia, velocidad y arrojo para las de campo a través; y flexibilidad y obediencia para las de salto. Los jinetes con experiencia participan en competiciones que duran varios días. En la imagen izquierda vemos a Andrew Nicholson y *New Cork* en una de tres días de duración.

Steeplechase

Los eventos de dos y tres días de duración incluyen una carrera de obstáculos, o *steeplechase*. Los caballos deben saltar unas 12 vallas a lo largo de un recorrido de 3,6 km. El recorrido debe realizarse a una velocidad aproximada de 41 km/h, lo que significa que el caballo ha de comportarse como un caballo de carreras. En los grandes acontecimientos, los participantes tienen que cabalgar también por carretera y senderos, tanto antes como después del *steeplechase*.

Tiro y ENGANCHE

Acostumbrándose

Cuando el caballo o el poni se ha acostumbrado a llevar los arreos del enganche, se les puede atar a los arreos un neumático para que se acostumbre a arrastrar algo a sus espaldas. El entrenador caminará detrás de él agarrando las riendas largas.

Cuerda larga con embocadura

Estas riendas largas van sujetas a la embocadura del caballo y pasan a través de unas anillas del sillín. Además, la rienda exterior pasa por detrás de los cuartos traseros del caballo.

La doma y el entrenamiento de un caballo o un poni comienza cuando todavía es un potrillo. Si es tratado con amabilidad, firmeza, paciencia y comprensión, crecerá confiado, y aprenderá a confiar en la gente. Esta confianza será la base de toda su educación. Cuando tenga tres o cuatro años de edad, el adiestramiento empezará a ser más especializado, es decir, estará centrado en la monta, el enganche o en ambas cosas. Mediante una educación cuidada y paciente, y mucha práctica, unos cuantos caballos se convierten en estrellas en sus propia área de especialización, ya sea la doma, el salto, las exhibiciones, el trabajo policial, el tiro de carruajes ceremoniales, etc.

Adiestramiento del caballo

Un caballo o poni adiestrado es aquel que acepta a su jinete y que además comprende las señales o «ayudas». Así, el caballo ha de habituarse a llevar una silla, una cabezada y un bocado. De esta forma, el uso del ronzal y las riendas largas ayudan a fortalecer sus músculos y a hacerlo más flexible.

La cabezada para el trabajo a la cuerda

Las cabezadas que se emplean para el trabajo a la cuerda tienen una muserola almohadillada con tres anillas sobre eslabones giratorios.

El trabajo a la cuerda con riendas laterales

Dar cuerda al caballo usando riendas laterales, filete y cinchuelo ayuda a ajustar el equilibrio del caballo, pues se moverá como si llevara un jinete. También le anima a entrar en contacto con la embocadura.

Con montura

Una vez que el caballo se ha habituado a llevar una montura, es posible entrenarlo con ella puesta y las riendas laterales. Es otro paso adelante en su educación.

El trabajo a la cuerda

El trabajo a la cuerda, también llamado «dar cuerda al caballo», consiste en que el caballo se mueve alrededor del entrenador al paso, al trote y a medio galope. Con el tiempo el caballo obedecerá al entrenador sólo con su voz.

El uso de riendas largas laterales

El uso de las riendas largas enseña al caballo a cambiar de dirección y aire de acuerdo con las riendas. Así también aprende a mantener el equilibrio y desplazarse liberado del peso de un jinete.

Acostumbrarse a la cabezada o jáquima

Se acostumbra al potro a usar una cabezada o jáquima y ser guiado junto a su madre cuando tiene unos pocos días de edad. Una vez que éste se habitúa a ser guiado, una sola persona puede hacerse cargo tanto de la madre como del potrillo.

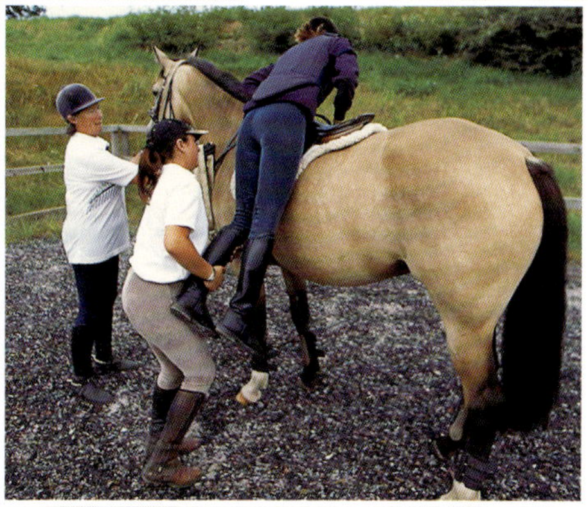

Antes de subirse a la montura

Antes de sentarse en la montura por primera vez, el jinete se apoya sobre ella. De esta forma, el caballo se va acostumbrando poco a poco a llevar al jinete y a su peso.

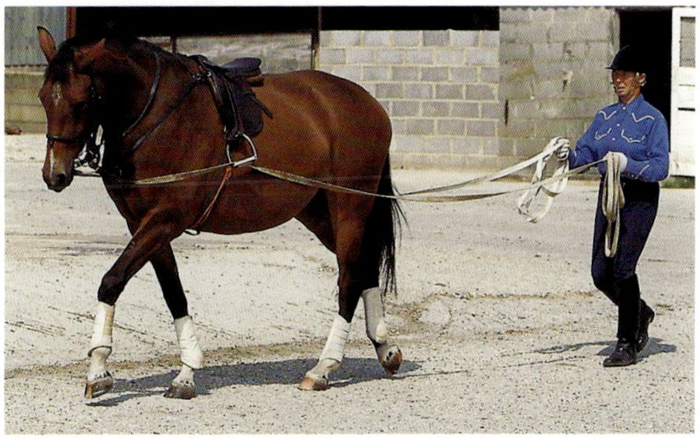

Uso de una silla

Otra forma de usar las riendas largas es usar una montura y pasar las riendas a través de los hierros de los estribos. Acortaremos las correas de los estribos para que no le hagan daño al caballo en los flancos.

Primeras lecciones

Una vez sobre la montura, es mejor ir sin estribos por si hay que desmontar con rapidez. El jinete irá en silencio sobre el caballo mientras otra persona lo guía en torno al picadero.

Cómo conducir un caballo

Al conducir un caballo o poni, hay que controlarlo mediante la voz, las riendas y el látigo. Decir «arre» y «al trote» con un tono alentador indican al caballo o al poni que debe moverse hacia delante, mientras que el «soo», pronunciado lentamente y con el refuerzo de las riendas, le indican que reduzca el paso o que se detenga. Así, un caballo bien educado obedece a los más ligeros toques y órdenes.

Enganche

«Enganchar» significa sujetar el vehículo a los arreos del caballo. Las riendas van por encima del lomo del caballo, desde la embocadura hasta el conductor. Una persona debe sujetar al caballo mientras otra acerca el vehículo y lo engancha a los arreos.

Los portavarales

Los portavarales tienen forma de brazalete. A través de los portavarales pasan los varales del coche de caballos. A su vez, estos varales van sujetos a los arreos del enganche. Hay que fijar bien los varales para que el vehículo no se incline hacia delante o hacia atrás.

Fijar la retranca
La retranca es el conjunto de correas que rodea los cuartos traseros del caballo. Sirve para contener al carro en las bajadas.

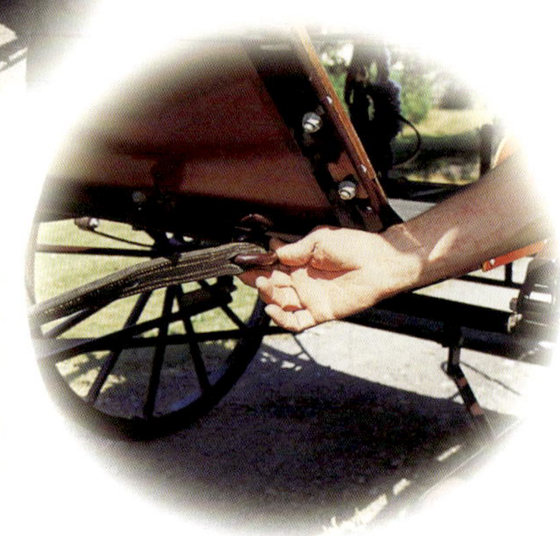

Tiro
Son las correas que unen el collar con los varales (en el caso de los carros de varas) o con la parte delantera del carro (en los carruajes que no llevan varales).

Pruebas contrarreloj

Se trata de una competición en la que destacan los ponis de pequeño tamaño, como los Shetland. Se mide el tiempo empleado por cada concursante en recorrer una pista de obstáculos. Al tomar las curvas, los coches de caballos se inclinan peligrosamente.

Uso del látigo

Al conducir un carruaje, la voz y la fusta indican al caballo que se mueva hacia delante. La fusta sólo debe rozarlo suavemente entre la cruz y los arreos.

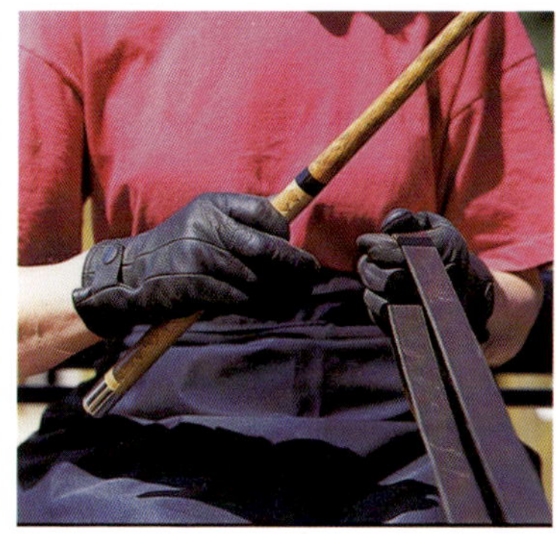

Cómo sujetar las riendas y la fusta

La mano izquierda sujeta ambas riendas, como en la imagen; la rienda izquierda va en la parte superior. La mano derecha sujeta la fusta.

Giros

Si sujeta las riendas como puede verse arriba (rienda izquierda entre el pulgar y el índice; rienda derecha entre los dedos corazón y anular), un conductor experto puede hacer que el caballo gire a la derecha volteando la mano izquierda, de modo que la palma quede hacia arriba. De esta manera se tensa la rienda derecha y se afloja la izquierda. Para girar a la izquierda, la palma de la mano se vuelve hacia abajo, tensando la rienda izquierda y aflojando la derecha.

Giro a la izquierda Cuando estamos aprendiendo a guiar, y siempre que necesitemos una ayuda más fuerte, la mano derecha puede reforzar la presión de la rienda izquierda sujetando ésta justo por delante de la mano izquierda.

Giro a la derecha Para una ayuda más intensa a la hora de girar a la izquierda, usaremos la mano derecha para añadir presión directamente sobre la rienda derecha. La mano derecha no debe alejarse demasiado de la mano izquierda.

Guarniciones del enganche

Los arreos del enganche y los carruajes varían de acuerdo con el fin para el que se utilizan. Un caballo que tira de un vehículo ligero, como una calesa, usa unos arreos mucho más ligeros que un caballo que arrastre un carruaje pesado. El caballo puede llevar un petral (o pecho petral) o un collar, y puede ir adornado con piezas de metal. Para tirar de un carro puede usarse un único caballo o poni, o varios, y pueden disponerse de muchas maneras diferentes (en pareja, uno al lado del otro, llamado tronco, o bien uno detrás del otro, llamado tándem), en grupos de cuatro (cuarta), etc.

La cabezada y el bocado de Liverpool

La cabezada del enganche suele incluir anteojeras para que evitar que el caballo vea el vehículo que va detrás de él y se asuste. El bocado de Liverpool (imagen izquierda) tiene tres posiciones para las riendas. La más alta, sobre el anillo, es la más suave; la inferior, la más severa.

Potencia o tres en fondo

Tres caballos dispuestos en paralelo recibe el nombre de potencia o tres en fondo. Otros tipos de enganche son en limonera, a la larga, gran potencia, media potencia y tresillo, entre otros. También hay muchos tipos de carros, como el charrete o la jardinera.

Calesa

Durante el siglo XIX las calesas eran un medio de transporte popular. Hoy se siguen utilizando pero sólo por afición. Ligeras y elegantes, pueden ser tiradas por uno o dos caballos o ponis.

Carruaje real

Este espléndido carruaje ceremonial es propiedad de la reina Isabel II. Los arreos y las libreas de los cocheros van ricamente adornados. La fotografía fue tomada en la Exposición Real de Caballos en Windsor.

Caballos especialmente entrenados

Caballos como los que trabajan con la policía y los que participan en ceremonias oficiales, son sometidos a un entrenamiento especial tras una primera domesticación. Los de la policía suelen comenzar su preparación cuando tienen entre cinco y siete años. Todos aprenden durante unos seis meses «en el colegio» a no asustarse con el ruido, las banderas o las multitudes descontroladas. A partir de aquí viene un periodo de seis meses de prácticas en compañía de un caballo con más experiencia. Los caballos del ejército siguen una preparación similar.

Drum horse británico

Son siempre caballos pesados, pues deben cargar, además de con su jinete, con dos tambores de 27 kg de peso cada uno. El jinete controla a su caballo con riendas de pie.

Caballos policía en Estados Unidos

Controlar a la muchedumbre en el centro de las ciudades es una tarea cotidiana para estos animales en todo el mundo. En muchos lugares, como en Gran Bretaña, los caballos que realizan este tipo de trabajo llevan protecciones en los ojos y la cabeza.

Regimiento de Caballería Británico

El cuerpo de la King's Troop Royal Horse Artillery participa en ceremonias en Gran Bretaña: dispara las salvas de saludo, proporciona caballos para tirar de los carruajes, como los caballos negros de los funerales de Estado. Además, son famosos por lo que se conoce como «Musical Drive», cuyo clímax es el movimiento en tijera, en el que equipos de caballos al galope, que arrastran carros de artillería, se cruzan en el centro con una magnífica coordinación de fracciones de segundo.

Desfiles

Entre las obligaciones de la policía de Londres está la de escoltar a las bandas militares en los desfiles. Un caballo no adiestrado se sobresaltaría con el ruido; sin embargo, los caballos de la policía están tranquilos, impávidos.

Anillo de fuego

Atravesar de un salto un circulo en llamas es uno de los momentos más espectaculares de una exhibición de la policía. Primero se entrena a los caballos para que salten sólo el obstáculo y después para que lo hagan a través del aro. A continuación, se prende fuego a una parte del aro. Un caballo experimentado es el que salta primero y hace las veces de guía.

Glosario

El mundo del caballo y el poni tiene su propio lenguaje y es posible que no comprendamos algunos de los términos.

A la larga: Tipo de enganche que consiste en varias parejas de caballos situados perpendicularmente de dos en dos. Lo más común son cinco caballos: dos parejas y uno solo delante llamado pericón. A esta modalidad se le conoce como «cinco a la larga».

Acción: Movimiento del caballo o forma de llevar a cabo un ejercicio. Por ejemplo, se dice que la acción es brillante si llama la atención por su elegancia y delicadeza, o acción alta si el animal levanta mucho la rodilla. Se aplica, además, a la velocidad en el galope. También, sinónimo de estribera.

Ahogadero: Parte de la cabezada que pasa bajo la cabeza del caballo. Impide que la cabezada se deslice hacia delante.

Aires: Son las diferentes formas que un caballo tiene de desplazarse. Los aires pueden ser naturales, como el paso, el trote y el galope, o artificiales o de doma, como el piafé o la cabriola. Éstos últimos son aprendidos. También se usa el término *andadura.*

Alazán: Capa de caballo. Los caballos alazanes tienen el cuerpo de color marrón rojizo. Tanto las crines como la cola presentan este mismo color.

Albo: *véase* calzado.

Almohaza: *véase* rasqueta.

Alzada: Es la altura del caballo. Es la línea perpendicular imaginaria que va desde el punto más alto de la cruz hasta el suelo.

Amazona: Mujer que monta a caballo. También recibe el nombre de jineta.

Amazona, monta a la: Estilo de monta propio de las mujeres. En la monta a la amazona, la jineta monta con la pierna derecha plegada sobre un pomo. Se utiliza una montura con un único estribo.

«Ambladura rota»: *véase rack.*

Ancas: Caderas y posaderas del caballo.

Andaduras: *véase* aires.

Anteojeras: Piezas de cuero adosadas a la cabezada que se utilizan para que el caballo sólo mire al frente. Se utiliza en el enganche.

Arreos o guarniciones: Equipo que se utiliza para montar a caballo o engancharlo, como la montura, la cabezada, los petrales, etc.

Ayudas: Estímulo que el jinete comunica al caballo para guiarlo o impulsarlo, con las manos, la voz, las piernas, las riendas o el cuerpo. Se consideran ayudas artificiales el uso de espuelas, fusta y martingala.

Babilla: Región de la extremidad posterior que comprende las partes blandas que rodean la articulación femorotibial.

Bandera blanca: Señal utilizada en los deportes hípicos para indicar el extremo izquierdo de un obstáculo. También se emplea para señalar una pista establecida y se debe pasar siempre por la derecha.

Bandera roja: Marca utilizada en deportes hípicos para señalar el extremo derecho de los obstáculos. También se emplea para indicar la pista establecida y siempre debe pasarse por el lado izquierdo.

Barbada: Parte inferior del belfo. Cadena enganchada en los asideros de una embocadura.

Barra: Palos que se utilizan en los obstáculos de saltos. Según el número de barras y su disposición, el obstáculo recibe un nombre diferente. Parte del remolque de caballos que cierra el paso al animal y que impide que éste se desplace hacia delante o atrás. Instrumento para medir la alzada del caballo, es decir, su altura.

Barrera: Obstáculo vertical utilizado a menudo en concursos de salto.

Baticola: Correa que llevan algunas monturas. Sale de la parte trasera de la montura y llega por la grupa hasta la cola del caballo. En dicho extremo adopta forma de ojal, en el cual se introduce el maslo. Evita que la montura se deslice hacia delante.

Bayo: Capa del caballo. Los caballos bayos tienen el cuerpo de color marrón claro, o amarillo, y las crines, la cola y las parte inferior de las extremidades de color negro.

Bloque o piedra de sal: Al caballo hay que ofrecerle una piedra de sal. Por un lado, le proporciona minerales. Además, al darle sed, hace que el caballo beba más y esté hidratado. Además, lo mantiene muy entretenido.

Bocado: Tipo de embocadura. Instrumento, normalmente de metal o de caucho, que va unido a la cabezada y se coloca en la boca del caballo para regular la posición de la cabeza y ayudar a controlar el paso y la dirección. Se maneja por medio de dos pares de riendas: un par va unido al filete y el otro par puede ir al bocado o a la muserola.

Borrén: Almohadilla de cuero de la parte delantera y trasera de la silla.

Box: *véase* cuadra.

Bruza: Cepillo con cerdas duras para abrillantar el pelaje del caballo.

Cabalgadero: Taburete que sirve para montar a lomos de un caballo cuando el animal es muy alto o el jinete aún no tiene la experiencia suficiente para montar sin ayuda.

Cabezada: Parte de los arreos de un caballo que se coloca sobre la cabeza. Las hay simples y dobles. La cabezada simple es la que lleva dos riendas y un filete. La doble lleva dos pares de riendas y filete y bocado. *Véase* también jáquima.

Cabriola: movimiento de alta escuela. El caballo da un salto, y suelta un par de coces mientras se mantiene en el aire.

Calzado, caballo: Caballo que tiene las patas de color blanco. Estas marcas reciben nombres específicos según sea la altura de la mancha blanca. También se habla de caballo albo, de modo que el caballo será unalbo, dosalbo, tresalbo o cuatralbo según sea el número de patas que tengan este color blanco.

***Canter*:** *véase* galope corto.

Capa: Color del caballo. Depende del color del cuerpo, las crines, la cola y las patas, y sus combinaciones. Ejemplos: tordo, castaño, alazán, pinto, palomino, negro, ruano, etc. Estas capas, además, presentan variantes, como el tordo rodado.

Careto: Caballo que tiene la cara blanca en comparación con el cuerpo. *Véase* también semicareto.

Carrera de caballos: Competición hípica de animales con jinete, que se celebra sobre terreno liso o con obstáculos, dentro de una zona determinada y sobre una distancia también prefijada, bajo el control de jueces o comisarios profesionales. Pueden ser de vallas, de enganche, combinadas, etc. Las lisas son aquellas en las que los caballos no tienen que saltar obstáculos.

Carrillera o montante: Correas de la cabezada que sujetan la embocadura.

Casco o pezuña: Cubierta córnea insensible que protege las partes sensibles del pie del caballo. Se utiliza también este término para referirse al pie entero.

Cepillo: Instrumento para la limpieza del caballo. Puede ser de raíces, para eliminar el barro seco; o de agua, para humedecer y alisar la crin y la cola, y para limpiar los cascos.

Cerneja: Pelo, más o menos abundante, en la parte inferior de las extremidades.

Cerviz: Parte dorsal del cuello.

Charnela: Gancho por el que pasa la acción del estribo.

Charrete: Coche de caballos de dos ruedas y dos o cuatro asientos. Viene del francés *charrette*.

Cincha: Banda, normalmente de cuero o nailon, que pasa por debajo del vientre del caballo o poni para sujetar la montura.

Cinta equinométrica: Es una cinta que sirve para medir al caballo, es decir, para calcular su alzada.

***Cob*:** Caballo pequeño, compacto y de patas cortas, generalmente de temperamento tranquilo.

Cólico: Dolencia abdominal aguda, a veces con síntomas de flatulencia, consistente en una obstrucción causada por una masa de alimento endurecido, o de excrementos en el intestino, y que puede ocasionar un retorcimiento o inflamación intestinales.

Collar, collarín o collarón: Pieza de cuero que se coloca alrededor del cuello del caballo en el enganche.

Comisario de carreras: Persona responsable, en una carrera, de que todo se lleve a cabo según las reglas.

Concurso completo de equitación: Prueba hípica de dos o tres días de duración que consta de tres fases: doma, *cross-country* o campo a través, y concurso de saltos.

Conducción a mano: Forma de exhibición que consiste en llevar al animal con una cabezada de exhibición y sin ningún otro arreo (excepto en los caballos de tiro, que muchas veces se exhiben con todos sus guarniciones), de manera que los jueces puedan valorar su constitución y forma física.

Contacto: Unión física que debe existir entre las manos del jinete y la boca, a través de las riendas, y también entre las piernas del jinete y los flancos del caballo.

Contrabarbada: Cadena pequeña que pasa por la barbada y une las piernas del freno.

Contragalope o galope trocado: Galopar (el caballo) en círculos y curvas con la mano exterior como guía.

Contrarreloj: En concursos hípicos, las pruebas a contrarreloj son las que se resuelven por tiempo; resulta ganador el participante que realiza antes el recorrido completo y con el menor número de errores.

Corvejón: Articulación situada entre la parte inferior de la pierna y superior de la caña, y a la cual se deben los principales movimientos de flexión y extensión de las patas traseras de los caballos y ponis.

***Cross-country*:** Carrera de obstáculos campo a través.

Cruz: Parte más alta del lomo de un caballo. Es la zona que se utiliza para medir la alzada de un caballo, es decir, su altura.

Cuadra: Lugar cerrado para los caballos. Estancia individual. También se utiliza el término inglés box.

Cuadrar: Parar el caballo con las cuatro extremidades en firme.

Cuarta: Tipo de enganche; van cuatro caballos enganchados, dos delante y dos detrás.

Cuartilla: Parte que media entre los menudillos y la corona del casco.

Cuerda, dar: Hacer girar al caballo en círculo, sujeto por una cuerda. También se le llama trabajo a la cuerda. Es un ejercicio muy aconsejable.

Delegado técnico: En una competición internacional, persona encargada de que todo se lleve a cabo de acuerdo a las reglas internacionales y de que el circuito sea correcto. Normalmente, esta persona procede de un país distinto de aquel en que se celebra la prueba para garantizar la imparcialidad.

Doble barbada: Correas cortas de cuero que conectan el bocado con las anillas de un bocado pelham.

Doma: Preparación inicial de un caballo, cualquiera que fuera el uso para el que se le requiere. Se pretende que el animal realice todos sus movimientos de manera equilibrada, ágil, obediente y hábil. Se conoce también como *dressage*.

Embocadura: Instrumento de metal o goma unido a la cabezada e introducido en la boca del animal para dirigirlo. Los hay de varios tipos diferentes, pero los dos principales son el filete y el bocado.

Enganche: Amarrar las caballerías a los carruajes de manera que puedan tirar de ellos.

Escurridor: Hoja curva de metal con mango de madera, utilizada para limpiar el sudor a los caballos. Recibe también el nombre de limpiasudor.

«Espalda adentro»: Ejercicio lateral que se ejecuta en dos pistas. Cuando realiza este movimiento, el caballo marcha con la espalda hacia el centro del picadero.

Espejuelo: Excrecencia córnea que tienen las caballerías en la parte inferior e interna del antebrazo y en la superior y algo posterior de las cañas en las patas traseras.

Espuela: Espiga de metal terminada comúnmente en una rodaja o en una estrella con puntas y unida por el otro extremo a unas ramas en semicírculo que se ajustan al talón del calzado, y se sujetan al pie con correas, para picar a la cabalgadura.

Estabulado: Es el caballo o poni que vive la mayor parte del tiempo dentro de una cuadra o establo. Debe pasar también parte del día en el exterior para mantenerse en forma.

Estribo: Pieza de metal unida a la montura y que sirve para soportar los pies del jinete.

Faldón: Parte inferior de la montura. A la superior se la denomina falso faldón.

Fiebre del barro: Enfermedad equina por una exposición constante a la humedad y el barro.

Figuras: Movimientos y aires de alta escuela de doma, que pueden ser básicos o avanzados.

Filete: El más antiguo y simple de las embocaduras; existen diversos tipos, pero consta principalmente de una sola barra con una anilla en cada extremo a la que van unidas un par de riendas.

Fleshmen: Los caballos y los ponis curvan hacia arriba el belfo superior cuando perciben un olor o un sabor inusuales. Esta curiosa reacción permite que el aire llegue a un órgano sensorial situado en el cielo de la boca de modo que puedan analizarlo.

Frontalera: Parte de la cabezada que cruza la frente del caballo por debajo de las orejas.

Fusta: Vara flexible o látigo largo y delgado que se usa para estimular a los caballos.

Galope: Es el movimiento natural más rápido. Consta de tres tiempos, alternando en ellos las patas delanteras y las traseras. En general, se habla de dos tipos de galope: el galope corto o *canter*, y el largo o de carrera.

Galope corto o *canter:* Galope de ejercicio diario o entrenamiento para los caballos de carreras.

Galope trocado: *véase* contragalope.

Gran potencia: Tipo de enganche que consiste en tres caballos delante en paralelo y otros tres detrás, también en paralelo.

Gregario: Dicho de un animal, que vive en rebaño o manada, como los caballos.

Grupa: Cada una de las dos mitades laterales de la parte posterior de los caballos y ponis.

Guadarnés: Espacio cerrado donde se guardan las guarniciones o arreos de las caballerías. Se aconseja elegir una estancia seca y limpia para que los arreos se mantengan lo mejor posible.

Guarniciones: *véase* arreos.

Herrado en caliente: Herrado que consiste en calentar previamente en un horno o fragua la herradura antes de aplicarla al casco del caballo. El animal no siente dolor porque la parte córnea del pie es insensible, igual que nuestras uñas.

Herrador: Profesional que se encarga de herrar las caballerías.

Herradura: Hierro semicircular que se clava en los cascos de caballos de silla y de enganche, para protegérselos e impedir que se resquebrajen.

Herrar: Ajustar y clavar las herraduras a las caballerías.

Hocico: La medida más corta de distancia por la que un caballo puede ganar una carrera. Parte de la cabeza de un caballo compuesta de la boca y los ollares.

Hipódromo: Recinto diseñado para carreras lisas y/o de vallas, junto con las dependencias anexas, como las tribunas, las cuadras, las oficinas, etc.

***Hunter trials* (pruebas de caza):** Competiciones hípicas en las que los caballos cubren un recorrido con obstáculos construidos de forma que se parezcan lo más posible a los que pueden encontrar en la naturaleza. Los jinetes tienen que completar el recorrido en un tiempo determinado y con los menos fallos posibles.

Isabelo: *véase* palomino.

Jáquima: Cabezada sin bocado, generalmente de tejido o cuerda. Suele usarse para conducir al caballo y también para amarrarlo en la cuadra. Para las ocasiones especiales suelen utilizarse cabezadas, que tienen embocadura y que, por lo general, son de cuero.

Jineta: Arte de montar a caballo que consiste en llevar los estribos cortos y las piernas dobladas, pero en posición vertical desde la rodilla.

Laminitis: Dolorosa inflamación en el interior del casco del caballo, normalmente causada por un exceso de comida.

Levantada o *levade*: Paso de alta escuela en la que el caballo se pone de manos, con los pies delanteros recogidos hacia dentro, mientras los cuartos traseros están profundamente doblados en las ancas y soportan todo el peso.

Limonera, enganche en: Tipo de enganche en el que se utiliza un único caballo, sujeto entre dos varales.

Limpiacascos: Instrumento de metal en forma de gancho que se utiliza para quitar las piedras y la suciedad del casco de un caballo.

Limpiasudor: *véase* escurridor.

Mano: Unidad para medir la alzada de un caballo. Una mano equivale a 10 cm. Nombre que recibe la pezuña delantera de un caballo. Dirección de la marcha del animal.

Marcas de cebra: Rayas horizontales oscuras en la parte inferior de las extremidades que aparecen en razas antiguas.

Martingala: Arreo utilizado para ayudar a mantener en posición correcta la cabeza del caballo. Está compuesto generalmente de una correa, o una serie de correas, enganchada a la cincha por un lado, que pasa entre los remos delanteros y, según el tipo, por el otro extremo va unida a las riendas, la cabezada o directamente al bocado. Los dos tipos principales son la martingala corredera y la fija.

Maslo: Inicio de la cola del caballo.

Media potencia: Tipo de enganche. Consiste en dos caballos detrás, en paralelo, y tres caballos delante, también en paralelo.

Media sangre: Un caballo o poni con un progenitor de pura sangre.

Montante: *véase* carrillera.

Montura o silla de montar: Guarnición que se coloca sobre el lomo de un caballo o poni para montar sobre él.

Mosquero: Instrumento que se coloca sobre la cabeza del animal, normalmente atado a la cabezada o jáquima, y que está compuesto por tiras de cuero o cuerda. Sirve para espantar las moscas. También los hay como adorno; igualmente van atados a la cabezada.

Muserola: Correa de la cabezada que da vuelta al hocico por encima de la nariz.

Obstáculo: Dificultad natural o artificial situada en una pista o en el campo donde se realizan las pruebas hípicas. Pueden ser sencillos, dobles, combinados, verticales, etc.

Ollar: Cada uno de los dos orificios de la nariz de las caballerías.

***Paddock*:** Recinto de un hipódromo en el que desfilan los caballos montados por sus jockeys antes de la carrera. También se llama así a un cercado cubierto de hierba, próximo a un establo, donde los caballos pueden salir.

Palomino: Capa del caballo. Los caballos palominos tienen el cuerpo de color amarillento o beis, y las crines y la cola de color blanco. También se les llama perlas e isabelos, pues eran los caballos preferidos de la reina Isabel la Católica.

Pasaje: Ejercicio de alta escuela que consiste en un trote espectacular muy elevado.

Paso: Movimiento natural del caballo en cuatro tiempos. Es el aire menos veloz, el más regular y también el más cómodo.

Paso español: Paso de alta escuela en que el animal va levantando mucho cada una de las patas delanteras al avanzar.

«Paso lento»: *véase slow gait.*

Pastor eléctrico: Es una línea eléctrica galvanizada que se coloca alrededor de la zona en la que queremos que los animales se mantengan. Se puede usar con caballos, pero también con otros animales, como vacas y ovejas.

Pecho petral: *véase* petral.

Pelham: Tipo de bocado simple pero con dos riendas y una cadena de freno. Recibe el nombre del inventor.

Perfil o nariz romana: Un caballo tiene perfil romano cuando la zona de la frente hasta el hocico presenta una forma convexa.

Perilla: Parte superior del arco que forman por delante los fustes de la silla de montar.

Permeabilidad: Capacidad de influir mediante la tensión de las riendas, por el camino de la nuca, del cuello y del lomo sobre las patas del mismo lado, haciéndolas obedecer.

Perla: *véase* palomino.

Petral o pecho petral: Correa o faja que, asida por ambos lados a la parte delantera de la silla de montar, ciñe y rodea el pecho de la cabalgadura.

Piafé: Ejercicio consistente en un trote muy elevado, cadenciado y con suspensión en el que el caballo no avanza.

Picadero: Recinto cerrado, exterior o interior, que se usa para adiestrar y trabajar los caballos, y donde las personas aprenden a montar.

Piedra de sal: *véase* bloque de sal.

Pinto/pío: Los caballos pintos o píos son los que presentan grandes manchas de color sobre la piel. Suelen ser alazanes y blancos, o negros y blancos. Para muchos, los términos pinto y pío son sinónimos. Para otros, en cambio, los pintos son los negros y blancos, mientras que los píos son alazanes y blancos.

Pista: Zona en la que discurren las competiciones hípicas. También, señal que deja el caballo en el suelo durante el apoyo.

Polainas: Especie de media calza, hecha regularmente de paño o cuero, que cubre la pierna hasta la rodilla y a veces se abrocha por la parte de fuera. Suele usarse con los botines para protegerse la pierna.

Polo: Juego practicado entre grupos de jinetes que, con mazas de astiles largos, impulsan una bola de madera hacia una meta.

Ponerse de manos: Levantarse (el caballo) sobre sus extremidades posteriores.

Poni: Caballo de cierta raza de poca alzada.

Portavaral: Correa de cuero que sujeta los varales de los carruajes.

Posición adelantada: Posición que hay que adoptar cuando vayamos a galopar o saltar con el caballo. Consiste en levantarse de la montura, apoyando el peso del cuerpo en los estribos. De esta forma, disminuimos nuestro peso y el caballo no debe esforzarse tanto al llevar a cabo tanto el galope como el salto.

Potencia o tres en fondo: Enganche formado por tres caballos situados en paralelo.

Potranca: Caballo hembra de menos de cuatro años.

Potrillo: Caballo joven de menos de doce meses de edad. También llamado añal.

Potro: Caballo macho, no castrado, de menos de cuatro años.

Prepotencia genética: Es la cualidad de algunos sementales de producir crías con características similares a las de sus padres. Es una cualidad muy apreciada.

Prueba de caza: *véase hunter trials.*

Pruebas combinadas: Denominadas también *eventing* y concurso completo, constan de doma, *cross-country* y salto.

Rack **(«ambladura rota»):** Aire rápido, en el que cada casco toca el suelo por separado en una sucesión rápida.

Rascadera: *véase* rasqueta.

Rasqueta: Instrumento para el aseo de los caballos. Las que son de plástico o caucho se utilizan para limpiar la suciedad más difícil de quitar del caballo, como el barro seco. Las de metal se emplean para limpiar los cepillos. También llamada rascadera o almohaza.

Raya dorsal o de mulo: Raya negra que tienen algunos caballos a lo largo del lomo.

Recoger: Tirar suavemente de las riendas, con la mano baja, para que el caballo marche más airoso.

Rehusar: Negarse (el caballo) a saltar un obstáculo.

Remo: Cualquiera de los miembros de un caballo.

Retranca: Correas del enganche que rodea los cuartos traseros del caballo.

Ría: En concursos de saltos, obstáculo extendido u horizontal, consistente en una artesa hundida y llena de agua con una anchura mínima de 4,20 m y una longitud de hasta 4,80 m. Generalmente, se coloca un pequeño seto de maleza en el lado donde se inicia el salto.

Riendas: Correas de cuero, unidas al bocado o a la muserola, que el jinete utiliza para dirigir y controlar al caballo. Hay varios tipos, como la rienda larga, que sirve para enseñar a un caballo sin jinete.

Rodeo: Deporte que consiste en montar a pelo potros salvajes o reses vacunas bravas y hacer otros ejercicios, como arrojar el lazo.

Semental: Caballo macho destinado a la reproducción.

Semicareto: Caballo con parte de la cara de color blanco. *Véase* también careto.

Silla de montar: *véase* montura.

Sillín: Silla diseñada para uso en carreras; hay un tipo muy ligero de menos de 1 kg empleada en carreras lisas, y otro más pesado y sólido para las de vallas y *steeplechase.* También, parte de las guarniciones del enganche que rodea la cintura del caballo.

Slow gait **(«paso lento»):** Aire en cuatro tiempos, lento y elevado.

Sobrecincha: Cinturón o cincha, normalmente de 6 a 10 cm de ancho, que pasa sobre la silla y sobre la cincha y se utiliza para mantener ésta en posición. También se puede utilizar, en lugar de la faja, para asegurar la manta.

***Steeplechase*:** Modalidad de carreras sobre una pista determinada y de una distancia específica, en la que hay obstáculos que los caballos han de saltar.

***Stud book*:** Registro de animales que pertenecen a una raza.

Sudadero: Manta que se coloca debajo de la montura para proteger al caballo de las rozaduras.

Sulky: *véase* tílburi.

Tachón: Tachuela de metal introducida en la herradura para que el caballo tenga una mejor sujeción en superficies resbaladizas.

Talla: *véase* alzada.

Tándem: Tipo de enganche donde dos caballos van uno detrás de otro; uno en limonera situado entre los varales, y otro delante llamado caballo pericón o de guía.

Temperamento: Carácter del animal. En la terminología ecuestre se mantienen los temperamentos relacionados en la antigüedad con determinados humores orgánicos. Así, se habla de temperamento linfático, nervioso o sanguíneo.

Tercio: La tercera parte de la altura de un caballo. Cada uno de tres periodos en una carrera.

Tercio delantero: Parte del cuerpo del caballo que queda delante del jinete: la cabeza, el cuello, los hombros, la cruz y las patas delanteras.

Testera: Correa de la cabezada que pasa por detrás de las orejas del caballo. Impide que la cabezada se deslice hacia abajo.

Tílburi: Carro ligero de dos ruedas, en inglés *sulky.* El tílburi suele usarse con el caballo trotón francés.

Tiro: Correa del enganche que une el collar del caballo con los varales, o bien con la parte delantera del carruaje (en el caso de que no lleve varales).

Tordo: Capa del caballo. Los caballos tordos son animales que nacen de color gris oscuro y que, con el paso de los años, van volviéndose de color blanco hasta tener todo el cuerpo de ese color. Existen algunas variantes, como por ejemplo, el tordo rodado, que es cuando la piel del animal es gris pero ya le están apareciendo manchas blancas, creando un efecto parecido a lunares. Otra variante es el tordo vinoso, que es el tordo con un tono amarillento. La capa torda es muy típica de los caballos de pura raza española (PRE).

Trabajo a la cuerda: *véase* cuerda, dar.

Tranco: *véase* zancada.

Transición: Se denomina transición a un cambio de aire, por ejemplo del paso al trote, y del trote al galope corto.

Tresillo: Enganche formado por tres caballos. Dos caballos en tronco (en paralelo) y otro delante llamado pericón.

Triple: En concurso de saltos, obstáculo combinado, compuesto de tres saltos separados. La triple barra es un obstáculo extendido que consta de tres grupos de palos dispuestos a modo de escalera ascendente.

Tronco: Pareja de caballos o ponis enganchada a un carruaje y dispuesta en paralelo.

Trote: Paso en dos tiempos en el que las patas se mueven por pares en diagonal. Se distinguen varios tipos de trote, como el trote levantado, el trote sentado, el reunido y el extendido.

Uña: *véase* casco o pezuña.

Varal: Cada una de las varas del carro. No todos los carros llevan varales.

Volteo o *vaulting*: Deporte ecuestre que consiste en realizar ejercicios gimnásticos a caballo.

***Yearling*:** Término inglés utilizado para designar a los potros que tienen entre un año y dieciocho meses.

Yincana: Conjunto de juegos realizados a caballo, casi siempre para niños menores de dieciséis años, muchos de los cuales son adaptaciones de juegos infantiles.

Yunque: Bloque de hierro con superficie suave y lisa, normalmente de acero, en el que se moldean las herraduras.

Zahón: Prenda de cuero en forma de delantal que se usa para proteger las piernas. Por lo general, se abrocha a la cintura.

Zaino: Color de capa castaño oscuro. Hay variedades, como el zaino con motas blancas, el zaino azulado y el zaino dorado.

Zancada o tranco: Término aplicado al espacio que abarca el caballo en un paso completo.

Índice

DIRECCIONES ÚTILES

www.aecca.com
Asociación Española de Criadores de Caballos Árabes

www.aepcc.com
Asociación Española de Propietarios de Caballos de Carreras

www.ancades.com
Asociación Nacional de Criadores del Caballo de Deporte Español

www.ancce.es
Asociación Nacional de Criadores de Caballos de Pura Raza Española

www.angloarabe.net
Asociación Española de Criadores de Caballos Ánglo-Árabes

www.anprf.com
Asociación Nacional de Caballos Frisones

www.caballoandaluz.com
Asociación Andaluza de Criadores de Caballos PRE

www.juecespre.iespana.es
Asociación Colegial de Jueces de Caballos PRE

www.realescuela.org
Fundación Real Escuela Andaluza del Arte Ecuestre

www.rfhe.com
Real Federación Hípica Española

ADVERTENCIA A LOS LECTORES

Las páginas aquí listadas estaban operativas en el momento de la impresión.
No obstante, debido a la naturaleza cambiante de internet, las direcciones y el contenido pueden variar. Algunos enlaces pueden no ser recomendables para niños.
El editor no se hace responsable de las modificaciones en las direcciones o los contenidos, ni de la información obtenida a través de terceros.
Recomendamos encarecidamente que las búsquedas sean supervisadas por adultos.

AGRADECIMIENTOS

Queremos dar las gracias al inspector Alan Hiscox de la Policía Metropolitana y al instructor jefe de la Household Cavalry, el capitán Mark Dollar.
A todo el personal de la Talland School of Equitation, especialmente a la familia Hutton y a Patricia Curtis.
A todo el personal del Hartpury College Equestrian Centre, en particular a Margaret Linington-Payne

LA AUTORA

Sandy Ransford trabajó en el mundo editorial muchos años antes de convertirse en escritora. Es autora de más de treinta libros para niños, entre los cuales se incluyen obras dedicadas al mundo de los caballos y de la equitación, los perros y la conservación. Vive en el campo cerca de Welshpool, en Gales, con un caballo, dos ponis, dos cabras enanas, dos ovejas y un gato.

¡Ah, y con su marido!

MODELOS

Tom Alexander
Alison Jane Berman
Anna Bird
Emily Brady
Blake Christian
James Cole
Emily Coles
Patricia Curtis
Wesley Davis
Sam Drinkwater
Parker Dunn
Amelia Ebanks
Naomi Ebanks
Theo Freyne
Helen Grundy
Sarah Grundy
Simon Grundy
Emma Harford
Brian Hutton
Charlie Hutton
Pippa Hutton
Hannah James
Pete Jenkins (dentista equino)
Olivia Kuropatwa
Sophie Kuropatwa
Eric Lin
Margaret Linington-Payne
Rhiannon Linington-Payne
Ella McEwan
Thomas McEwen
Lucy Miller (equitación avanzada)
Charlotte Nagle
Alasdair Nicol
Gemma Oakley
Andrew Poynton (herrador)
Jay Rathore
Nicola Ridley
Ignacio Romero Torres
Ros Sheppard (asesor de equitación western)
Victoria Taylor
Max Thomas (herrador)
Sophie Thomas
Camilla Tracey
Ayako Watanabe
Laura Wilks
Sawako Yoshii

CRÉDITOS FOTOGRÁFICOS

Art Archive p10abi, p10c, p10/11a, p10/11ab, p11ad; Hougtons Horses p31abd, p32ab, p37ai, p46abd, p50abd, p54abi, p56abd, p56abi, p61c, p69ad; Only Horses Picture Library p36adi, p43ab, p45abi, p65ab; Sandy Felsenthal/CORBIS p214/215ab.